法律
与
社会

主编／高鸿钧　鲁楠

印度法的精神

〔美〕唐纳德·R. 小戴维斯　著
高鸿钧　袁开宇　鲁楠　等译

The Spirit of Hindu Law

商務印書館
创于1897 The Commercial Press

Donald R. Davis, Jr.

THE SPIRIT OF HINDU LAW

本书根据剑桥大学出版社 2010年版译出

This is a simplified Chinese translation of the following title published by Cambridge University Press:

The Spirit of Hindu Law
ISBN 978-0-521-87704-6

总　序

18世纪法国著名思想家孟德斯鸠在其名著《论法的精神》中曾谈到，我们应从法与诸社会现象的关联中探寻其精神，而这种精神往往表现为一个地域、族群或国家的生活样式与意义系统。这种视角使孟德斯鸠不同于当时的其他启蒙思想家，成为法律与社会研究的先驱。

近三个世纪以来，沿着这条道路，无数思想家投入法律与社会研究，使其成为一个内容丰富、方法多样、特点突出的研究领域。不同国家的学者基于各自学术传统，形成了不同的研究进路。在德国，法律与社会研究深受以马克思和韦伯为代表的古典社会理论影响，寻求社会理论与法学的结合，很多创见源自著名社会理论家，如哈贝马斯、卢曼等人。而在法国，这种研究可追溯至涂尔干，此后发展出以狄骥为代表的社会连带学说。二战后，法国的法律与社会研究一方面深受以列维-施特劳斯为代表的结构主义影响，另一方面又在福柯和布尔迪厄等学者的推动下，向着后结构主义方向迈进。在英国，法律与社会研究可追溯至梅因的比较历史法学，二战后吸收了韦伯及马克思社会理论的养分，在权力社会学上大放异彩，其中迈克尔·曼与吉登斯等人的作品成为法学研究的重要参考，但在法学家中，罗杰·科特雷尔可谓一枝独秀。与欧陆的发展有所不同，战后美国的法律与社会研究最初围绕着对帕森斯社会理论的赞成、修正和批判而展开，形成了以威斯康星学派为代表的研究中心，其中麦考利、楚贝克和格兰特是核心人物。

法律与社会研究在中国走过了一条蜿蜒曲折的道路，世界上的各种流派都汇入其中。20 世纪 20 年代，陶希圣就开始运用梅因的理论分析中国亲属制与中国社会问题，进而经由狄骥的社会连带说和庞德的社会法学说，开创性地提出了法律社会史的研究路径。其后，瞿同祖受陶希圣的影响，先后出版了《中国封建社会》《中国法律与中国社会》，有意识地用法律与社会的研究透视传统中国法的内在机理，其思想和关怀与梅因之《古代法》颇为相通。1949 年之后，法律与社会研究深受马克思主义影响，亦可谓独树一帜的法律与社会研究方式。改革开放以来，通过引入西方的不同研究方法，中国的法律与社会研究呈现出异彩纷呈的局面，除了传统的马克思主义法学之外，还有接续欧陆，特别是德国社会理论传统的“社会理论之法”，以及深受美国法律社会学影响而形成的“法律与社会科学”。后者偏重经验，前者重视理论，可谓各擅胜场，互相补充。近年来，随着留法学人的增加，一些源自法国的法律与社会研究成果开始陆续被引入，福柯、布尔迪厄乃至拉图尔等思想家的作品引起了法学界的关注。

总体而言，法律与社会研究形成了四对不同的观察视角。第一对是外部视角与内部视角。所谓外部视角，是从社会看法律，更重视影响法律的社会条件；而内部视角则从法律来看社会，由此更重视法律影响社会的观念、技艺与制度。第二对是理论视角与经验视角。理论视角是指从社会理论高度总体把握法现象，而经验视角则更强调经验考察，从实践中提炼理论。这两种视角一个胜在高屋建瓴，一个贵在田野扎根，各有千秋。第三对是冲突视角与协作视角。过去中国的法律与社会研究受马克思主义影响，采取冲突视角；而改革开放以来，协作视角日益受到重视，团结取代斗争成为时代主题。第四对是功能视角与意义视角。所谓功能视角，是从法律对社会所发挥之作用、影响的方面考察，而意义视角则强调法律扎根于文化、价值等规范内容。前者或借鉴帕森斯的结构功能论，或吸收卢曼等人的功能结构论，版本不一；后者则开辟出法文化研究进路，形成别有洞天的盛景。

本丛书扎根于海内外法律与社会研究的丰厚土壤，但并不寻求巨细靡遗地展示其所有成果。与学界同僚所做贡献相比，本丛书更倾向于选择现有研究中具有历史性、哲理性和文化性的部分，可谓孟德斯鸠、马克思与梅因的“三位一体”。这种偏好使本丛书的选择较偏重外部视角、理论视角、协作视角和意义视角，但这并不意味着内部视角、经验视角、冲突视角和功能视角被排除在外，因为经典作品往往能够将前述四对视角兼收并蓄。我们希望，中国的法律与社会研究能对法的意义世界加以探查，对法的历史时空加以扩展，对法的哲理深度加以钻研，使法与人心、人生密切交织在一起，能够在跨文明对话以及古今联通的努力中，形成中国法律与社会研究自身的特色。

是为序。

鲁 楠

2022 年 7 月

于清华园

目　录

译者导言 …… 1
图　表 …… 34
作者序言 …… 35
致　谢 …… 37
缩略语 …… 39

导　论（dharmaśāstra）…… 40
第一章　渊源与神学（pramāṇa）…… 73
第二章　诠释学与伦理（mīmāṃsā）…… 102
第三章　债与债孽（ṛṇa）…… 132
第四章　人与物（svatva）…… 158
第五章　疑问与纠纷（vyavahāra）…… 185
第六章　公正与修复（daṇḍa）…… 211
第七章　法律与实践（ācāra）…… 234
尾　论 …… 263

参考文献 …… 282
索　引 …… 301

译者导言

印度文明源远流长，博大精深，影响广泛，是世界主要文明之一。众所周知，印度是个盛产宗教的国度。古代印度哲学、政治、经济和法律都深受宗教影响。由于佛教在中国长期传播且影响深远，很多中国人都误以为印度是个佛教国家。[①] 实际上，印度教才是印度历史上大多数时期占据支配地位的宗教。印度教早在公元前1500年前后就已产生，之后得到重要发展，并延续至今。公元前6世纪产生的佛教虽然对印度教产生了巨大冲击，但并没有颠覆并取代印度教的支配地位。当时的佛教法是一种僧团法，其影响基本上限于佛教徒。在回应佛教和佛教所谓“六师外道”的挑战过程中，印度教进行了改革，吸收了佛教和耆那教的一些因素。到9世纪，经商羯罗在理论上的系统整合和阐释，印度教实现了对其早期形式婆罗门教的超越，体系趋于完善，随后进入稳定发展时期。相比之下，佛教产生千年之后，在印度本土便呈现衰微之势，至13世纪，在印度本土消失。

在印度教占据支配地位的时期，印度教被奉为国教，印度教法成为古代印度法的核心。即便皈依佛教后的阿育王倡导佛教，

① 研究印度文学的刘安武先生指出，不但一般中国人以为印度是个佛教国度，许多有文化的中国人也持这种成见。参见刘安武：《印度两大史诗研究》，中国大百科全书出版社2016年版，第2页。

并用佛教达摩治国理政，但这位颇具包容精神的国王仍然尊重婆罗门，允许印度教徒适用印度教法。同样，在伊斯兰势力统治印度的莫卧儿王朝，伊斯兰教成为国教，伊斯兰法成为国家推行之法。但除了税收和刑法，印度教徒仍被允许适用印度教法。印度教法(Hindu law)不同于印度法(India law)。前者具有属人法的性质，适用于所有印度教徒；后者具有属地法的特征，意指古代和现代印度国家领土范围内所适用的一切法律。在现代，印度实行政教分离，法律在制度层面实现了世俗化，但在80%以上国民信奉印度教的背景下，印度教对政治仍有很大影响，印度教法文化对法律实践也有很大影响。

一

公元前1500年前后，进入印度的雅利安人在吸收当地文化的基础上，开启了印度文明。印度法律文明是印度文明的重要组成部分，而印度教法则是印度法律文明的核心内容。从法律演进的角度看，包括印度教法在内的印度法经历了以下几个阶段。

第一个阶段是公元前1500年至公元前500年。这个阶段的重要特点是吠陀经相继产生。吠陀经也称神启经(śruti)[①]，由吠

① 国内学者通常把śruti译为“天启经”，这种译名受到中国文化天—地二分和天—神不分观念的影响。使用“天启经”一词对译梵文śruti概念易引起误解。因为在印度教中，自然界被分为天、空、地“三界”；“三界”中存在多种多样的神，神启是指从“三界”众神那里得到的启示。在众神中，天界之神并不比空界和地界之神的地位更高，例如在《梨俱吠陀》中，空界之神因陀罗和地界之神阿耆尼就是三界中最重要的两位神，地位高于天界之神。因此śruti译为“神启经”更为确切。

陀本集和广义吠陀组成。吠陀经是印度教的基本经典，某些内容可以追溯到雅利安人进入印度之前。这个阶段又可分为两个时期。第一个时期是吠陀时代前期，即吠陀本集(Saṃhitā)形成时期(约公元前1500—前1000年)。吠陀本集包括《梨俱吠陀》(*Ṛgveda*)、《耶柔吠陀》(*Yajurveda*)、《娑摩吠陀》(*Sāmaveda*)和《阿达婆吠陀》(*Atharvaveda*)。第二个时期是吠陀时代后期，即广义吠陀出现时期(约公元前1000—前500年)。广义吠陀也称附属吠陀，包括梵书(brāhmaṇa)、森林书(āraṇyaka)和奥义书(upaniṣad)。上述两个时期的经典奠定了印度教的基础，并成为印度教法的权威渊源。在第一个时期，作为印度教法核心的“达摩”(dharma)概念开始形成，并逐渐取代原来指称“秩序”的“利塔”(ṛta)概念。在第二个时期，以奥义书为代表的广义吠陀发展了吠陀本集的思想，建构出梵为最高神和“梵我合一”(brahmātmaikyam)学说。由此，印度教从原先的众神崇拜转向一神崇拜，梵具有了众神之主的地位；从原先的神本观念转向神—人并重观，个体之人开始受到重视；从原先注重外在形式的祭祀转向强调个人灵魂内观，个体灵魂具有了神圣性。这种转变对印度教法的发展具有重要影响。

第二个阶段是公元前500年至公元1600年。在这个阶段，印度教法得到迅速发展，基本体系和主要内容得到确立，并不断完善。这个阶段又可分为两个时期。第一个时期是公元前6世纪的“列国时期”至13世纪初德里苏丹王朝(始于1206年)的建立。“列国时期”标志着印度雅利安人的社会组织从部落转向国家，出现了重要的“十六国”。在这个时期，适应社会需要，印度教法得到了迅速发展，法经和法论以及其他圣传经陆续问世。

这些经典是印度教法的直接渊源，在印度教法的发展中发挥了重要作用。同时，围绕法经和法论，印度教法学家编撰了许多评注（bhāṣya）和汇纂（nibandha）。这些评注和汇纂继承并发展了法经和法论的观点，丰富了印度教法的内容，在一定程度上回应了实践的需要。第二个时期始于公元13世纪初至1600年。在这个时期，德里苏丹王朝的建立，标志着伊斯兰教进入印度并开始统治印度。继德里苏丹之后，莫卧儿王朝（1526—1857年）以更为强大的伊斯兰教王权和中央政府统治印度。在伊斯兰教统治印度时期，信奉伊斯兰教的苏丹或皇帝取代了印度教国王，以刹帝利种姓为代表的印度教徒丧失了政治统治权和重要的司法权。与此同时，婆罗门的传统特权如死刑豁免权和免税特权也被剥夺。他们也没有资格参政和参与较高等级的司法，只能在村社法庭中发挥作用。在整个伊斯兰教统治时期，印度教徒在刑法和税法等公法领域服从统治者所推行的伊斯兰法，但在私法领域和宗教事务中仍然被允许遵行印度教法和习惯法。

第三个阶段是1600年至1946年。这个阶段的特点是英国殖民统治者在印度逐渐取代了伊斯兰教统治者。英国对印度的殖民统治经历了从点到面的过程。自1600年之后，英国东印度公司根据英王特许状进入印度，开始只是在印度建立商馆，作为从事贸易的殖民点。随着英国东印度公司在印度商贸活动的拓展，商馆逐渐扩展为加尔各答、孟买和马德拉斯三大殖民管区。在三大管区，英国式法院相继设立。根据1772年“黑斯廷斯计划”（Hastings' Plan）及随后的法律，英国东印度公司把加尔各答作为三大管区首府，任命了总督，并在首府设立最高法院。1833年之后，英国东印度公司不再从事贸易，变为一个纯粹的政权机构，负责管理英国的印度殖民地。1858 年，英国在镇压印度人民起义之后，最终吞并印度，并以英王名义直接统治印度，由总督代行英王统治权。英国对印度进行殖民统治期间，一方面允许印度人在宗教、婚姻、家庭和继承等事务上，沿用传统印度教法；另一方面通过立法和司法，对印度教法进行了各种改造。英国殖民统治者通过立法(尤其是法典)和司法等方式把英国的法律制度和观念移植到印度，从而形成了混合型的英—印法(Anglo-Indian law)。由此，印度教法的原则和制度受到巨大冲击，许多传统法律制度被英国法取代。同时，在印度成为英国殖民地的漫长岁月里，直到英王及其总督接管印度之前，莫卧儿皇帝一直是印度名义上的统治者。因此，在这个时期，印度的法律表现为三种形态并存。一是莫卧儿王朝所推行的伊斯兰法继续适用于印度的穆斯林，在刑法和税法等领域也适用于印度许多地区的印度教徒；二是在宗教、婚姻、家庭和继承事务中，印度教徒沿用印度教法，尽管印度教法受到英国殖民者的改造；三是英国移植到印度的法律在适用范围上不断扩大，最终除了宗教、婚姻、家庭和继承事务允许印度教徒和穆斯林遵循本教之法，英国法很大程度上成为印度的属地法。

第四个阶段是 1947 年至现在。这是印度独立后的国家和法律重建阶段。在这个阶段，印度首先制定了宪法。1950 年生效的印度宪法是印度法现代化的最重要里程碑。这部宪法具有几个突出特点。(1)宪法确立了独立的民主共和国体制，不仅结束了英国的殖民统治，而且取消了原先众多的土邦王朝，将原先数百个土邦整合到统一的政体之中，彻底结束了数千年的政治分散状态，实现了国家统一。(2)宪法采取联邦制国家结构形式，重新界定中央政府和各邦之间的关系。中央政府掌握重要权力，各邦也有较大自由权。(3)宪法宣布印度是一个世俗国家，实行政教分离：一方面政治彻底摆脱了数千年的宗教束缚，另一方面国家平等对待各种宗教。(4)宪法构建出分权制衡的国家体制。议会由两院构成，议员由选举产生；行政权以内阁制为主，辅之以总统制；法院除了独立行使司法权，还对议会的一般立法行使司法审查权，审查范围甚至扩展到议会的宪法修正案。由此，印度形成了立法、行政和司法之间的分权制衡体制。(5)宪法确立了全国统一的司法制度，废除了英国殖民统治时期的司法权。根据宪法，印度没有采取美国司法模式，在联邦和各邦设立两套司法系统，而是采取一套司法制度。最高法院是司法机构的顶端，下设高等法院和市、县以及乡镇的下级法院。同时，传统的村社司法组织潘查亚特(pañcāyat)虽然存续下来，但经过改造之后，也被纳入国家统一的司法管理范围。这种统一的司法制度有助于维护全国的司法和法治统一。值得关注的是，20 世纪 70 年代后，印度法院表现出司法能动主义的态势，尤其在人权、环境保护和公益诉讼等方面，发挥了积极作用。(6)宪法宣布法律面前人人平等，废除了长达数千年的种姓制度和歧视妇女的制度，赋予公民平等的权利和自由。总之，印度宪法为国家统一和政治稳定提供了坚实基础，为民主发展和法治建设提供了基本架构，为经济建设和社会发展提供了根本保证，为公民维护权利和自由提供了重要武器。印度独立后，在立法领域的一个重大成就是婚姻家庭领域的立法。在印度独立前，印度的婚姻家庭法虽然进行了某些改革，并制定了一些新法律，但传统的印度教法没有受到根本触动。但自 20 世纪 50 年代起，为了全面改革婚姻家庭法，印度相继颁布了一些法律，其中主要有 1955 年的《印度教婚姻法》和 1956 年的《印度教继承法》《印度教未成年人和监护法》以及《印度教收养和扶养法》等。这些立法在制度层面确立了结婚自由和离婚自由原则，废除或严格限制了传统的多妻制和童婚制。根据这些法律，妇女在家庭财产和继承方面，与男子享有平等权利。自20世纪80年代以来，印度在婚姻家庭法领域的立法较少，变革主要通过司法途径来实现。

二

印度教法的核心概念是“达摩”（dharma）。在含义上，“达摩”与中文的“法”、拉丁文的jus（法）、伊斯兰教的shari'a（法）以及英文的law（法），具有某种相似和交叠之处。但“达摩”概念是印度特定历史和文化的产物，浸润着印度教的独特意蕴，原意是“维持”“支撑”，引申为“维持宇宙秩序的法则”和“指导世人行为的规则”。达摩的含义有些类似汉语中广义的“法”，因此被中国学者译为“法”或“正法”。达摩是印度教中的一个内生概念，而“印度教法”概念则是一个后设概念，用来指称达摩构成的宗教法体系，内容包括达摩渊源、达摩种类和违反达摩的后果。达摩是一个综合体，除了包含现代意义的法律内容，还包含宗教、伦理、政治和个人修行等内容。达摩的意蕴可从六个层面来阐释。

其一，神学宇宙论意义的达摩。“利塔”[①]是雅利安人的一

① 关于《梨俱吠陀》中“利塔”（又译为“梨多”）的研究，参见〔英〕麦克斯·缪勒：《宗教的起源与发展》，金泽译，上海人民出版社2010年版，第158—163页；〔美〕米尔恰·伊利亚德：《宗教思想史》第1卷，吴晓群译，上海社会科学院出版社2011年版，第172页。

个古老概念。这个概念产生于雅利安人进入印度之前，由雅利安人带入印度。“利塔”的原意是“法则”“规律”，转指“秩序”。雅利安人进入印度后，“达摩”概念产生并与古老的“利塔”概念关联起来，表达“维持秩序”之意。在印度最古老的文献《梨俱吠陀》中，地、空、天三界构成神创宇宙秩序，世人生活在这种秩序之中。当时的人们认为，这种秩序有序运行，长存不衰，主要得益于众神创造，承蒙众神维护。三界众神虽然在创造和维护宇宙秩序中，功能存在某些交叠，但逐渐形成了基本分工，从不同的角度维护秩序。在《梨俱吠陀》中，“达摩”一词共出现 67 次。① “达摩”概念的出现及其与“利塔”概念的联通，标示着人们不仅重视秩序的构成机理和运行法则，而且开始重视秩序的维持。

其二，祭祀达摩。吠陀时代前期的印度人认为，众神创造和维护宇宙秩序与人世秩序，对人类是一种恩典。人类只有知恩图报，众神才会愉悦，继续努力维持秩序。报答神恩的最佳方式就是祭祀众神。通过祭祀，人们感谢神恩，赞美神力，祈求神助。在祭祀中，信徒要向众神贡献祭品。祭品包括牲畜、谷物制品、苏摩酒和酥油等，甚至包括活人。祭祀背后还隐含着一种循环互惠观念。当时的人们认为，祭祀越频繁，奉献的祭品越多，众神就越愉悦，宇宙和人世秩序就会得到更有效的维持，而献祭者从祭祀中得到的回报也就越多。由此，祭祀活动就愈演愈烈，以致形成了“祭祀万能”的观念。在吠陀时代前期，“业”(karma)的

---

① 参见 Alf Hiltebeitel, *Dharma: Its Early History in Law, Religion, and Narrative*, New York: Oxford University Press, 2011, p. 53。另据有人统计，表示“达摩”含义的词语在《梨俱吠陀》中出现多达 150 次，参见〔美〕米尔恰·伊利亚德：《宗教思想史》第 1 卷，吴晓群译，上海社会科学院出版社 2011 年版，第 172 页。

最初含义就是祭祀行为，举行祭祀即“作业”。后来，“业”被引申意指人的一般行为。祭祀者必须严格遵守祭祀仪轨，否则不但不能达到预期的效果，甚至会招来神灵的怪罪。婆罗门祭司在主持祭祀仪式的过程中，成为神与人之间沟通的中介，具有了仙人(ṛṣi)[①]的特殊地位和超凡能力。由此，婆罗门祭司阶层在印度社会中获得了优势地位，成为第一种姓，享有许多特权。

其三，伦理达摩。雅利安人进入印度后，随着从游牧社会转向农耕生活，人口不断增加，社会关系日渐复杂。他们面临的迫切问题是，如何处理氏族成员内部因分工而出现的地位分化？如何对待被征服的原住民达罗毗荼人？《梨俱吠陀》第十卷的一首颂诗《原人歌》宣称种姓制度为神所创立，从而确认了婆罗门、刹帝利、吠舍和首陀罗四个种姓的等级地位。[②] 前三个种姓虽然出现地位分化，形成等级关系，但毕竟都是雅利安人。被征服的原住民达罗毗荼人是非雅利安人，虽然被纳入种姓体系，但他们沦为地位最低的首陀罗，成为服侍高级种姓的仆人。种姓达摩是印度教法中最重要的伦理达摩与核心制度。除了种姓达摩，伦理层面的达摩还包括人生阶段达摩。奥义书最初概括地把人的一生划分成三个阶段，即作为学生的梵行期、家居期和苦行期。[③] 法经和法论主张，人生阶段的划分只适合于再生人即属于前三个种姓的人。再生人是指男性通过入教礼、女性通过婚

---

① “仙人”原意是吠陀本集的作者，后来一般指经过修炼获得神性的圣贤。仙人可分为三类：一是出身于神的天仙，二是出身于婆罗门的梵仙，三是出身于刹帝利的王仙。参见季羡林：《季羡林全集》第22卷，外语教学与研究出版社2010年版，第447页。狭义仙人是指上述第二类人物。

② 参见巫白慧译解：《〈梨俱吠陀〉神曲选》，商务印书馆2010年版，第253—256页。

③ 参见〔古印度〕《奥义书》，黄宝生译，商务印书馆2010年版，第149页。

礼获得新的生命。法经和法论把再生人的生活划分为四个阶段，即梵行期(brahmacaryāśrama)、家居期(gṛihasthāśrama)、林居期(vānaprasthāśrama)和遁世期(sannyāsāśrama)。处于不同人生阶段的再生人要遵守不同的达摩。婚姻、家庭和继承达摩也属于重要的伦理达摩，与人生阶段的家居期联系密切。

其四，国王达摩(rājadharma)。法经中就包含一些涉及国王权力和职责的达摩。但法经中有关国王达摩的内容比较简单。《摩奴法论》用三章篇幅论述国王达摩，内容十分具体。史诗《摩诃婆罗多》独辟"王法篇"①，结合历史传说、神话和寓言讲述国王的权力和职责，述说贤明国王治国理政的经验和昏庸君主祸国殃民的教训。根据国王达摩，国王应出身于刹帝利种姓，必须尊重婆罗门和保护婆罗门的特权。国王被赋予内政、外交和司法权力，但要承担许多责任。达摩赋予国王实施达摩的权力，但没有赋予国王创制和更改达摩之权。国王达摩中包含许多现代法律意义的规则，如许多民事法、商事法、刑法、诉讼法规则等。

其五，业报和赎罪达摩。业报和赎罪达摩涉及违反达摩的后果和补救方法。印度教法的一个重要区分是达摩—"阿达摩"(adharma)，类似现代法—非法的区分。世人违反达摩的行为是非达摩/"阿达摩"行为。一切违反达摩的行为都染有罪孽，行为人如果没有受到法院的惩罚就应赎罪，否则，就会受到现世或来世的报应。赎罪达摩具体列举了染有罪孽行为及其赎罪方式。染有罪孽行为范围很广，赎罪方式多种多样。

其六，个人修行达摩。个人修行达摩是指导个人修行的训诫

---

① 参见〔古印度〕毗耶娑：《摩诃婆罗多》(五)，黄宝生译，中国社会科学出版社2005年版，第3—237页。

和规则，包括练习瑜伽、践行苦行、控制感官、抑制欲望、努力行善、不染罪孽等等。个人修为的目的多种多样，但主要有二：一是积累善果，补赎罪衍，争取在现世或来世获得善报；二是追求解脱，从转世轮回的循环中逃离出去。有关个人修行的达摩主要包括在梵行期、林居期和遁世期的达摩中。

三

达摩的渊源是指“法的根”① 和“法相”②。“法的根”是指达摩的根源或根基。“法相”是指达摩的特征或形式。概括地讲，“法的根”和“法相”在含义上是指达摩的根基和表现形式，类似我们论述法律渊源时使用的“渊源”一词。大多数法经和法论认为达摩具有三种渊源，即神启经、圣传经和贤人的良好习惯。有的法论还把“自我满足”作为达摩的第四种渊源。

第一种渊源是神启经。神启经是印度教最具权威的经典，也是印度教法的终极渊源。神启是指仙人从众神那里听到的声音。

第一类神启经是狭义吠陀经，即吠陀本集。veda 的原意是“知识”或“智慧”，引申为神启知识，实际上是指印度教早期经典中所阐述的神学知识和观点。中国古代学者曾把 veda 译为“吠陀”“韦陀”“围陀”等。佛教经典的汉译者把这个词意译为“明”。狭义吠陀经是指吠陀本集，即吠陀时代前期的印度教经典，包括《梨俱吠陀》《娑摩吠陀》《耶柔吠陀》和《阿达婆吠陀》。

---

① 〔古印度〕《摩奴法论》，2：6（前面的数字代表“章”，后面的数字代表“颂”［条］，下同），蒋忠新译，中国社会科学出版社 1986 年版。

② 同上注，2：12。

《梨俱吠陀》是由祭司在祭祀中代表祭祀者献给神的颂诗，歌颂神恩，祈求神佑。《娑摩吠陀》主要取自《梨俱吠陀》的颂词，谱成曲调，在祭祀中由祭司吟唱。《耶柔吠陀》由散文和韵文混合组成，是关于祭祀的说明，由祭司在祭祀过程中随着动作而吟诵。这部吠陀经有两种传本，即《白耶柔吠陀》和《黑耶柔吠陀》。《阿达婆吠陀》形成时间较晚，主要内容是消灾祈福和克敌祛病的巫术咒语。①

四部吠陀本集合称为“四吠陀”。它们作为权威最高的达摩渊源，奠定了达摩的基础。首先，吠陀本集中提出了达摩概念，并联通了达摩概念与利塔概念，从而使达摩概念在神学宇宙论中占据了重要地位，并最终取代了利塔概念。其次，吠陀本集确立了“吠陀神启”原则。根据这项原则，吠陀经中出现的达摩概念源自神启，具有不容置疑的权威。再次，吠陀本集确立了达摩的基本原则，如在宗教祭祀层面确立了“祭祀万能”原则，在种姓达摩层面确立了“婆罗门至上”原则。这些基本原则成为祭祀达摩和种姓达摩发展的基石。最后，吠陀本集还包含一些反映初民社会生活的习俗和规则，如王权雏形、婚礼和葬仪等。

第二类神启经是广义吠陀。广义吠陀形成于吠陀时代后期，主要内容是“三书”，即梵书、森林书和奥义书。② 梵书主要论

---

① 参见巫白慧：《吠陀经和奥义书》，中国社会科学出版社2014年版，第3—6页；邱永辉：《印度教概论》，社会科学文献出版社2012年版，第158—160页。

② 不同吠陀学派著有不同梵书。所有梵书最初都包含森林书和奥义书。后来，梵书的三个部分独立成篇，分别成为梵书、森林书和奥义书。梵书、森林书和奥义书都不是一部具体书名，而是三个系列经典著作，其中每个系列都包含许多种具体著作，流传下来的梵书就有17部，如《百道梵书》和《鹧鸪氏梵书》等，而奥义书多达200种，其中13部被认为是早期奥义书，如《大森林奥义书》和《歌者奥义书》等。

述祭祀仪轨，森林书是梵书的附属部分，而奥义书是森林书的附属部分。upaniṣad 的原意为“近坐”或“坐于近前”，暗指师父对学生“传授秘密知识”。在“三书”中，奥义书主要从哲学上探讨祭祀意义，提出了一些新概念和新学说。这些新概念和新学说属于“新知”，与吠陀本集中的知识不同。广义吠陀作为达摩渊源的主要意义在于以下几点。第一，梵书对于祭祀仪轨予以明确化、具体化和规范化。祭祀者只有遵循这些具体的祭祀仪轨，才能正确履行祭祀仪式，从而避免因仪式错误导致祭祀无效。同时，梵书中的祭祀达摩为后来伦理达摩的出现和发展提供了范例，即祭祀中的达摩延伸到伦理中，由此衍生出指导人们伦理行为的伦理达摩。两者之间的逻辑关联是，人们只有依据祭祀达摩才能确保祭祀有效，同理，人们只有遵循伦理达摩才能保证行为正确。第二，奥义书虽然很少涉及达摩概念，但《大森林奥义书》中指出：“正法”由梵“创造”，“正法是真理”；“正法是刹帝利性”，“没有比正法更高者”。[①] 文中的“正法”即达摩的中文译名。这段话有以下三个要点：(1)明确指出达摩由最高神梵所创造，与吠陀本集中属于众神启示的达摩相比，达摩的地位进一步提升；(2)“正法是真理”意味着达摩超越时空，具有普遍性；(3)把达摩与刹帝利联系起来，暗示达摩的实施需要武力支持，尤其需要出身刹帝利种姓的国王支持。奥义书除了提出了达摩梵创论，还提出了一些对达摩的发展具有重要意义的概念和学说。(1)奥义书确立了梵作为最高神的地位，指出梵“创造了优秀的众天神”[②]，并尝试把众神整合到最高神梵之中。(2)奥义书

① 〔古印度〕《奥义书》，黄宝生译，商务印书馆2010年版，第30页。
② 同上注，第28页。

确立了“梵我合一”学说。这种学说的命意是，梵为世界万物本源，无影无形，寂静不动，纯洁无瑕，永恒不死。作为个体人的“自我”与梵具有同质性，“自我就是梵”①。这里的“自我”/阿特曼(ātman)不是指肉身之我，而是指灵魂之我。②一个人只要认知梵，认知自我与梵具有同一性，控制感官，摆脱欲望，一心向梵，就能与梵合一，获得解脱，死后不再返回。“梵我合一”学说对印度教法的发展产生了重要影响，个人修行达摩就以这一学说为基础。(3)奥义书反思了先前形式主义祭祀的弊端，倡导精神层面的内在祭祀。这对祭祀达摩的发展，即超越早期形式主义的祭祀产生了很大影响。(4)奥义书粗略划分了人生阶段，明确提出了业报轮回的观点。基于前者，人生阶段达摩发展起来；围绕后者，业报和赎罪达摩发展起来。

在上述两大类吠陀经中，狭义吠陀的权威高于广义吠陀；在狭义吠陀中，前三种吠陀高于《阿达婆吠陀》。在“三吠陀”中，《梨俱吠陀》的权威最高。在奥义书之后，围绕对吠陀经的解释形成了六种“吠陀支”，即“吠陀六支”，包括语音学、韵律学、语法学、词源学、天文学和劫波经。“吠陀支”是理解吠陀经的工具、方法，也包括对吠陀经经文的具体解释，被归入广义吠陀文献。“吠陀支”对达摩的发展也很重要，其中劫波经对达摩的发展尤其重要。

第二种渊源是圣传经(smṛti)。圣传经亦称“传承经”，是指由古代圣贤通过记忆所传述的经典。这些经典的内容也被奉为神

① 〔古印度〕《奥义书》，黄宝生译，商务印书馆2010年版，第86页。

② 参见黄宝生为《奥义书》中译本所撰写的导言，载〔古印度〕《奥义书》，黄宝生译，商务印书馆2010年版，“译者导言”，第6—9页；黄心川：《印度哲学史》，商务印书馆1989年版，第57—58页。

启，是神意和神圣传统的体现。圣传经包括法经、法论、史诗和往世书。

如上所述，劫波经（kalpasūtra）属于“吠陀六支”之一。它分为三个部分，即公祭经（śrautasūtra）、家祭经（gṛhyasūtra）和法经（dharmasūtra）。法经/达摩经逐渐从劫波经中析离出来，成为论述达摩的重要文本。法经主要形成于公元前 6 世纪至公元前 2 世纪。重要的法经有《高达摩法经》（*Gautama Dharmasūtra*）、《阿帕斯坦巴法经》（*Āpastamba Dharmasūtra*）、《鲍达耶那法经》（*Baudhāyana Dharmasūtra*）和《瓦西什陀法经》（*Vasiṣṭha Dharmasūtra*）等。由于吠陀本集有不同传本，学者围绕不同传本进行注释，形成了不同吠陀学派。每个学派都有自己的梵书、森林书、奥义书以及劫波经，而每部劫波经都包含法经。反过来说，每部法经都可追溯到特定的劫波经，而每部劫波经都可追溯到某一部奥义书、森林书、梵书，并可上溯到不同吠陀本集。例如，《高达摩法经》最终可以追溯到《娑摩吠陀》，《阿帕斯坦巴法经》和《鲍达耶那法经》最终可以追溯到《黑耶柔吠陀》，而《瓦西什陀法经》最终可以追溯到《梨俱吠陀》。① 法经是古代印度教最早专门系统论述达摩的经典。它们的问世在一定程度上标志着达摩从祭祀仪轨中析离出来，为后来更加系统论述达摩的法论提供了范型。

自公元前 2 世纪，在法经的基础上，法论/达摩论（dharmaśāstra）相继问世，其中重要的法论有《摩奴法论》（*Mānava Dhar-*

---

① 罗切尔认为《高达摩法经》可以追溯到《娑摩吠陀》，参见 Ludo Rocher, *Studies in Hindu Law and Dharmaśāstra*, ed. by Donald R. Davis, Jr., London: Anthem Press, 2012, p. 46。兰加认为《高达摩法经》不属于任何吠陀学派，但可能曾是某部劫波经的一部分，参见 Robert Lingat, *The Classical Law of India*, trans. from French by J. Duncan M. Derrett, New Delhi: Munshiram Manoharlal Publishers Pvt Ltd., 1993, p. 19。

maśāstra)、《祭言法论》(*Yājñavalkya Dharmaśāstra*)、《那罗陀法论》(*Nārada Dharmaśāstra*)和《迦旃延那法论》(*Kātyāyana Dharmaśāstra*)等。研究者通常认为，法论著作出现的时间是公元前2世纪到公元6世纪；但有人认为，在公元9世纪评注出现之后，新的法论著作才陆续出现。[①] 每部法经和法论都有各自的分类体系。法经和法论中除了包含现代意义上的法律内容，如法律程序与婚姻、家庭和继承规则等，还包含宗教、伦理和政治内容。与法经相比，法论对达摩的论述更全面、更系统和更具体，更多涉及现代意义上的法律内容。[②] 因而许多印度教法的研究者都用法论指代印度教法的经典文本。在诸多法论中，《摩奴法论》影响最大。

圣传经还包括两大史诗，即《摩诃婆罗多》(*Mahābhārata*)和

---

① 前一种观点参见 Robert Lingat, *The Classical Law of India*, trans. from French by J. Duncan M. Derrett, New Delhi: Munshiram Manoharlal Publishers Pvt Ltd., 1993, p. 107；后一种观点参见 Patrick Olivelle, "Dharmaśāstra: A Textual History", in Timothy Lubin et al. (eds.), *Hinduism and Law: An Introduction*, Cambridge: Cambridge University Press, 2010, p. 28。

② 关于法经和法论形成的年代，有关研究者的观点存在很大争议。有关争论可参见 Vaman Kane, *History of Dharmaśāstra*, Vol. 1, Poona: Bhandar Oriental Research Institute, 1930, pp. 1-245; Robert Lingat, *The Classical Law of India*, trans. from French by J. Duncan M. Derrett, New Delhi: Munshiram Manoharlal Publishers Pvt Ltd., 1993, pp. 3-106; Donald R. Davis, Jr., *The Spirit of Hindu Law*, Cambridge: Cambridge University Press, 2010, pp. 25-46; Patrick Olivelle, "Dharmaśāstra: A Textual History", in Timothy Lubin et al. (eds.), *Hinduism and Law: An Introduction*, Cambridge: Cambridge University Press, 2010, pp. 28-57; Daxid A. Funk, "Traditional Orthodox Jurisprudence: Justifying Dharma and Danda", in P. Nanda and P. Sinha (eds.), *Hindu Law and Legal Theory*, Aldershot: Dartmouth Publishing Company Limited, 1996, pp. 27-69; Julius Jolly, *Hindu Law and Custom*, Calcutta: Greater India Society, 1928, pp. 1-101; John D. Mayne, *A Treatise on Hindu Law and Usage*, rev. and ed. by V. C. Trotter, Madras: Higginbothams Ltd., 1922, pp. 1-41; Ludo Rocher, *Studies in Hindu Law and Dharmaśāstra*, ed. by Donald R. Davis, Jr., London: Anthem Press, 2012, pp. 39-118。

《罗摩衍那》(*Rāmāyaṇa*)。前者形成于公元前 4 世纪至公元 4 世纪，后者形成于公元前 4 世纪至公元 2 世纪。它们所讲述的故事可追溯到更早时期。此外，圣传经还包括往世书(Purāṇa)。往世书有许多部，如《薄伽梵往世书》《鱼往世书》和《龟往世书》等，出现于公元前 1 世纪至公元 8 世纪之间。史诗和往世书中除了包含许多达摩训诫和格言，还有大量涉及达摩的历史传说、故事、神话和寓言。这些“文以载法”的圣传经通俗易懂，生动形象，广泛流传，在塑造民间法文化方面发挥了重要作用。

第三种渊源是贤人的良好习惯(sadācāra)。良好习惯是指知晓吠陀者的善行。根据法经和法论，良好习惯不是指一般习惯，须符合以下要件。(1)知晓吠陀者的习惯，因为他们精通吠陀经，言行举止都体现着吠陀的精神。(2)知晓吠陀者是指贤人，具有良好的道德品格和声誉。(3)知晓吠陀者是指生活在吠陀时代的贤人，他们对吠陀时代的宗教氛围和精神气质具有设身处地的体验和感受。就此而言，良好习惯是指古老的习惯。(4)根据《摩奴法论》，良好习惯实质上是指进入印度的雅利安人的早期习惯。[1] 待客的礼仪、佩戴圣草的根数和新郎在婚礼上的礼拜形式等，都属于良好习惯。[2]

第四种渊源是“自我满足”。如上所述，大多数法经和法论都确认了三种达摩渊源，即神启经、圣传经和贤人的良好习惯。《摩奴法论》除了承认上述达摩渊源外，还把“自我满足”作为

---

① 参见〔古印度〕《摩奴法论》，2：18，蒋忠新译，中国社会科学出版社 1986 年版。

② Robert Lingat, *The Classical Law of India*, trans. from French by J. Duncan M. Derrett, New Delhi: Munshiram Manoharlal Publishers Pvt Ltd., 1993, p. 180.

达摩渊源。[①]《祭言法论》依循《摩奴法论》的做法，也把“自我满足”作为达摩渊源。[②]

不同渊源之间具有等级关系，神启经的地位最高，圣传经次之，贤人的良好习惯又次之，最后才是“自我满足”。根据印度教法理论，前两种渊源不是出自人的决定，而是从神那里直接听来或由古代圣贤所记述的神意，因此是具有最高权威的达摩渊源。后两种达摩渊源是前两种达摩渊源派生出来的次要渊源。

四

我们如果从比较的视角出发就会发现，在数量甚巨且驳杂多样的有关印度教法的著作中，戴维斯教授的《印度法的精神》一书具有突出的特点。笔者拟对本书的主要特点概括如下。

第一，偏重理论，兼顾实践。本书在结构上包括七章正文、一篇导论和一篇尾论。具有特色的是，作者选取印度教法的八个核心概念，在导论和七章正文中分别进行具体论述。它们是dharmaśāstra（法论）、pramāṇa（正知）、mīmāṃsā（弥曼差）、ṛṇa（债）、svatva（财产）、vyavahāra（审判程序）、daṇḍa（刑杖）以及ācāra（习惯法）。这里需要指出以下两点。其一，作者把这八个概念括注于各章标题之后，但它们并不与各章标题在语义上分别

① 〔古印度〕《摩奴法论》，2：6，12，蒋忠新译，中国社会科学出版社1986年版。

② *Yājñavalkya-smṛtiḥ: Text with Commentary Mitākṣarā of Vijñāneśvara and English Translation and Notes*, 1.7, trans. by M. N. Dutt, ed. by R. K. Panda, Delhi: Bharatiya Kala Prakashan, 2011, p. 6.

对应，如“dharmaśāstra”（法论）在语义上并不与“导论”对应。同样，第五章的“vyavahāra”（审判程序）在语义上也不同该章标题“疑问与纠纷”对应。实际上，作者分别围绕上述概念论述各章题目所涉及的问题。其二，我们无法找到与上述各个概念完全对应的中文译名，只能大体上译成与其语义类似的中文概念。这些法律概念承载着印度宗教、历史和文化的意义，只有通过对它们进行语义辨析，并结合它们的语境进行深度阐释，才能在一定程度上理解它们的意蕴。

作者在考察上述概念时，主要从重要的法论文本出发。在作者看来，印度教法渊源虽然远不止法论，但与其他经典文本相比，法论中有关法律的规则更全面、具体和明确，更集中体现了印度教法的原则和精神。

毫无疑问，本书偏重概念上的话语分析和文本上的意义阐释，似乎展现了一种超脱出历史和游离于实践的气质，并由此建构出无时间性的抽象法精神。然而，本书并不满足于概念游戏，而是在一定程度上观照法律实践。

首先，作者在导论中就突出强调法律与日常生活的联系，开篇就提出了一个重要命题：“法律是日常生活的神学。”① 要理解这个命题，无疑需要进行一些解释。作者认为，神学从来就不仅仅指向终极关怀，还关注日常生活。在古代，日常生活的行为与活动，借助于神学才获得超越性提炼和跨越性整合。“当神学关注现世事务时，神学的反思便采取法律形式。这种反思使得某种简单的行为，如身体动作，转变为一种义务。这种关注普通世界

---

① Donald R. Davis, Jr., *The Spirit of Hindu Law*, Cambridge: Cambridge University Press, 2010, p. 1.

和日常行为的反思，之所以具有神学性质，是因为这种反思意在赋予日常行为以意义和目的。”[①] 换言之，神学依据超越权威所建构的秩序观念和所提炼出来的人世规则，不仅具有正当性，使人们不容置疑地予以遵守，而且具有超越血缘和族群的包容性和整体性，将范围更大的人群凝聚起来。更为重要的是，神学通过赋予日常生活中的活动和行为以神圣意义，使人们在受功能所驱使的庸常凡俗中，获得了未来的方向感和超越的意义感。

其次，在传统印度社会中，由于国王没有立法权，其所颁布的敕令并不具有达摩那样的效力。古代印度从来没有类似《汉谟拉比法典》《国法大全》和《唐律疏议》那样编纂成典的王法和官法，从宗教中衍生出来的达摩观念和制度乃是最重要的法律渊源。达摩的阐释权完全操于博学的婆罗门之手，而法论则被奉为达摩的具体陈述。因此，印度教法的主要载体就是法论。换言之，印度教法的主要形式是法学家之法，所谓“法律是日常生活的神学”，实质上是指法论是印度传统社会日常生活的神学。究极而言，法论乃是一种神学。这种神学是宗教与法律的两面神：“法律使超常具有人为的可控性（humanly manageable），而宗教使俗常具有人为的意义性（humanly purposeful）。”[②] 法论作为宗教与日常生活的媒介，把这两者联系起来。如果按照印度教的地界、空界和天界的“三界”分类模式，那么，我们可以把日常生活类比为地界，把宗教类比为天界，而法论则类似地界与天界之间的空界。

再次，在古代印度，自从人们进入农耕时代，村社就成为基

---

① Donald R. Davis, Jr., *The Spirit of Hindu Law*, Cambridge: Cambridge University Press, 2010, p. 3.

② 同上注，p. 172。

本的社会组织，而家族是村社的构成单元。家庭不仅是生活单元，也是生产单元，还是宗教祭祀单元(居家者每日举行五祭)，一些大家族甚至具有政治功能。家长在经济上具有财产管理权，在宗教上主持家祭，在政治上成为家庭成员与村社及其上级政治组织发生联系的中介，并在法律上对家庭成员之间的纠纷具有一定范围的司法权。基于这种情况，法论和其他重要宗教与法律文献在有关人生阶段的阐释中，都把家居期作为最重要的阶段，奉为梵行期、林居期和遁世期的基础。戴维斯教授敏锐地捕捉到家户在印度教社会和法律中的重要地位，把家户作为日常生活的核心场域，并围绕一些有关家户的法律概念，探索印度教法的精神。[①] 这表明，作者不仅关注印度教法的一些重要规则，还关注这些规则得以运行的重要社会场域，而这些社会场域乃是社会生活实践的基础。

最后，作者在第七章有关习惯法的论述中，具体论述了习惯法的实践特征，并指出法论及其有关核心概念与印度教法实践之间的关系。作者注意到习惯法在传统印度社会实践中的重要性，并倡导通过石刻铭文等材料进行印度法律史的具体实证研究。值得注意的一点是，作者把习惯法(ācāra)作为印度教法的组成内容。但根据印度教法理论，只有"良好习惯"(sadācāra)才成为达摩渊源，而"良好习惯"是指吠陀时代知晓吠陀圣贤的习惯，不同于一般习惯或习惯法。神启经和圣传经，尤其是法经和法论，吸收了许多习惯，但还有大量的习惯存在于神启经和圣传经之外并得到发展。这些处于达摩之外的习惯得到人们的遵守，并

① Donald R. Davis, Jr., *The Spirit of Hindu Law*, Cambridge: Cambridge University Press, 2010, pp. 33-39.

在纠纷解决中发挥重要作用，是对达摩的重要补充。这些习惯法与宗教并无直接联系，不是达摩的组成部分。作者把习惯法作为印度教法的核心概念之一，并把它置于印度教法体系中加以论述，不免引起争议。

第二，偏重历史，兼顾现实。在阐释印度教法时，戴维斯教授并不是简单地以现代标准，批评印度教法的某些概念和规则，而是把一些概念和规则置于印度传统社会的语境之中，体悟其中的合理性。例如第三章中，他在考察印度教法中的债概念时指出，这个概念不仅包括因合同和侵权等所产生之债，还包括与生俱来的债孽。根据印度教法，再生人天生就负有三重债：学生之于老师之债，家主之于诸神之债，以及子嗣之于父祖之债。偿还这些宿债的具体方式是，履行梵行期学习吠陀的义务偿还师父之债，履行祭祀诸神的义务偿还诸神之债，以及履行传宗接代延续家祭祭火的义务偿还祖先之债。此外，《摩奴法论》等基础性法律文本，在列举法院处理的纠纷类型时，都把债作为各种纠纷之首。戴维斯认为，印度教法中债/债孽的含义和重要地位，从一个侧面表明印度教法具有义务本位取向。根据权利本位取向的现代法来衡量，这种义务本位的取向未免显得落后。但是，如果考虑到家族在古代印度社会中所具有的重要地位，就会发现义务本位的取向具有一定合理性。家族是一个以血缘或准血缘关系为基础的共同体，家族成员的生活维持和再生产的延续，诸如养育子女、治疗疾病、筹备婚姻、养老送终以及应对自然灾害等意外事件，都依靠成员之间的合作。脱离家族及其成员之间的合作，在缺乏有效社会保障制度和其他救助渠道的情况下，遭遇不幸或处于困境下的个人很难维持生存。在家族之外，行会内部和师徒之间的合作也至关重要。因此，出于合作的考量，法律强调人们之间的义务和责任。[①]

戴维斯教授还自觉运用伽达默尔(Hans-Georg Gadamer)的解释学，积极探索印度教法的某些观念或精神要素在当代的适用价值。根据伽达默尔的观点，解释包括理解、解释和应用三个要素，三者是不可分割的统一整体。任何理解者在理解传统的文本时，都无法逃脱当下视域和应用向度，即考量所理解对象或要素在当下的适用性。同时，理解过程也是把其中普遍的东西应用于某个具体情况或特殊事例的过程，只有应用要素发挥了作用，理解才算完成。在法律诠释学中，"对一条法律原文的意义的认识和这条法律在具体法律事件里的应用，不是两种分离的行为，而是一个统一的过程"[②]。读者会发现，在本书各章的最后一部分，作者在阐释印度教法每个特定概念的基础上，都致力于探索它在当代的应用价值和可借鉴意义。这方面有两个突出的例子。其一，在第四章中，作者在对传统印度教财产概念进行阐释之后，认为相对于现代西方所强调的占有性个人主义财产权概念，印度教法中所强调的共享财产权概念更具有合理性。占有性个人主义财产权观念的恣肆，不仅妨碍财产的合理使用，而且还会导致所有者利用其财产优势地位剥削和压迫他人，制造并加剧社会不平等。作者认为，印度教法中的共享财产权概念，侧重家庭成员的共用和分享而不是个体成员的独占和处分；家长只是为家庭成员的共享利益管理财产，对于家庭财产没有处分权，甚至无权通过

① Donald R. Davis, Jr., *The Spirit of Hindu Law*, Cambridge: Cambridge University Press, 2010, pp. 70-88.

② 〔德〕伽达默尔：《真理与方法：哲学诠释学的基本特征》(上)，洪汉鼎译，上海译文出版社 2004 年版，第 402 页。

遗嘱或遗赠的方式处分家产。在《古代法》中，梅因按照“从身份到契约”的演进路线，把占有性个人主义财产观作为一种历史“进步”的重要标志。但戴维斯认为，今天我们应该反思占有性个人主义财产观的弊端，重新认识共享财产权的合理性。他以mp3文件的分享为例，一个mp3文件可以叠加众多权利，而这有助于财产的分享与合理使用。他指出，尽管种姓制度破坏了共享财产权的理想，导致了严重分配不公，但共享财产权概念可以提供一种启示，即“那种在单一实物上有着共享所有权的独特观念”和承认“更广泛财产权的法理”更有裨益。[①] 这种财产观也有助于超越现代“收入型社会中一种对财产使用的偏见，即认为只有我们积极参与创造具有价值的某物时，才能使用产生价值的该财产”[②]。与之相反的观念是，“仅仅就我们能消费财产的意义上，我们才‘分享’财产利益”[③]。实际上，我们如果结合中国当下共享单车所提供的便利和未来共享经济的巨大潜力，尤其是关注财产所有权观念的转变，就会从注重财产“占有”开始转向重视财产“使用”，就会认为印度教法中的共享财产权概念具有某种可供借鉴的现实意义。

其二，印度教法允许违法者和犯罪者通过赎罪的方式，例如完成规定的苦行动作，举行祭祀和进行布施等，补赎自己的过错和造成的损害。通过这种赎罪，行为人不必受到刑法的惩罚，可以直接重返社会。在第六章的最后一部分，戴维斯指出了“刑罚放纵论”与“刑罚取消论”的偏颇，认为前者为恐怖秩序推波

---

① Donald R. Davis, Jr., *The Spirit of Hindu Law*, Cambridge: Cambridge University Press, 2010, p. 106.

② 同上注，p. 107。

③ 同上注，p. 107。

助澜，而后者则是一种道德乌托邦。他承认惩罚的必要性，但主张应节制和慎用惩罚。他认为，印度教法的赎罪机制事实上承认了人们犯错（甚至违法）的不可避免性，如果对于违法或犯罪行为动辄予以惩罚，那么无疑会对一些偶然触犯法律的人们带来过重的身心打击，不利于他们重返社会。因此，他认为，印度教法的赎罪概念值得我们借鉴。通过一些社会矫正和修复机制来处理一些违法甚至犯罪行为，尤其是那些没有受害人的轻微违法和犯罪行为，不仅必要，而且合理。①

第三，偏重印度，兼顾比较。本书的主旨是探索、提炼和阐释印度教法的精神，这就决定了作者会聚焦于印度教法。但是，作者的观察、理解和阐述并没有囿于国别法律史的视野，而是积极采取了比较的视角。作者通过与传统犹太教法、天主教教会法以及伊斯兰法进行比较，努力阐明印度教法与它们之间的异同。戴维斯认为，“印度教法研究的历史过去且迄今为止仍然主要是罗列差异的历史”，“这种倾向主要可以归结为印度教法早期研究对现实世界的寓意”，即不仅以“西方自我”建构出“印度他者”，而且是为了“从事所谓‘非侵入式’殖民行政管理”，而不是想从研究印度教法中的“思考中获得教益”，因而“妨碍了对这个传统的思想和历史进行更深入的人文主义探究”。② 他认为，比较研究虽然不应陷入“万物同一”的简化观，但“与共性相比，人们更容易看到差异”，而“比较按其本质乃始于显示

---

① Donald R. Davis, Jr., *The Spirit of Hindu Law*, Cambridge：Cambridge University Press, 2010, pp. 138-143.

② 同上注，p. 168。

相似性”,“否则，选择事物来进行比较就没有多大意义”。[1] 显然，戴维斯进行比较的基点不是差异性而是相似性。[2] 他注重不同法律传统的相似性，与20世纪后期西方比较法学者注重不同法律传统的差异性，存有重要区别。前者旨在通过发现不同法律传统的相似性，推动跨文化对话，相互借鉴，协调冲突，相互包容；后者则或者潜含“西方中心主义”，并旨在以“中心”传统同化“边缘”不同传统，或者走向法律文化的相对主义。作者明确指出，人们由于对印度教法较为陌生，往往觉得这个法律传统杂乱无章，甚至不可思议。作者认为，如果人们采取公允的立场进行深入研究，就会发现这个法律传统与其他古代法律传统，尤其是其他宗教法传统，存有诸多相似或共通之处。例如，犹太教法传统和伊斯兰教法传统，与印度教法一样，都具有法学家之法的鲜明特征。

在格尔茨(Clifford Geertz)看来，不同文化情境中某些法律感和裁决机制，作为社会想象，乃是一种“地方知识”。它们承载着人类不同族群或民族的心智和意义，无法通约，更不应把某种特定法律文化同化作为“地方知识”的不同法律文化。格尔茨的多元法观对比较法研究无疑具有重要启示，但不幸的是，一些学者往往片面理解格尔茨的“地方知识”概念，强调“地方知识”的独特性和不可通约性，而忽视了格尔茨对“地方知识”的“比较视角”。格尔茨明确指出，“我们需要的不只是地方知

---

① Donald R. Davis, Jr., *The Spirit of Hindu Law*, Cambridge: Cambridge University Press, 2010, p. 166.

② 关于比较法学应探究相似性还是差异性的争论，参见〔德〕格哈特·丹纳曼：《比较法：相似性与差异性研究》，载〔德〕马蒂亚斯·赖曼、莱因哈特·齐默尔曼：《牛津比较法手册》，高鸿钧等译，北京大学出版社2019年版，第343—387页。

识，我们更需要一种方式来把各式各样的地方知识转变为它们彼此间的相互评注：以来自一种地方知识的启明，照亮另一种地方知识隐翳掉的部分”[①]。他认为比较研究存在两种需要克服的倾向：一是对自我封闭时代形成的法律感进行内部比较，二是在比较中把自己的法律感与其他文化的法律感对立起来。[②] 格尔茨选择哈克（haqq）、达摩和阿达特（adat）三个概念进行比较。它们分别来自伊斯兰教、印度教和马来人族群，具有不同的语境，并表征着不同类型的法律文化。他认为，就“事实与法律之间”的关系而言，哈克的路径是“法律建构事实”，达摩的路径是“事实建构法律”，[③] 而阿达特的则是法律与事实融为一体的“习俗”[④]。如果从实然与应然的角度来理解事实与法律的关系，并用现代英美的实证主义来衡量，那么可以认为，在哈克和达摩中，实然与应然都没有分化开来，而在阿达特中，实然与应然浑然一体。这样一来，根据上述三种概念审判案件，在对案件进行定性时就会出现模糊性。但是格尔茨认为，这只是观察者的错觉，尤其是现代西方观察者的错觉，因为后者采用的是事实与法律分离的审判机制。实际上，对于特定文化的参与者来说，他们对自己的哈克、达摩或阿达特所具有的规范性心知肚明。他们通过特定的机制，运用各自的概念能够对案件予以定性，做出合法或非法的裁决。格尔茨的实证分析旨在表明，现代西方认为其他传统的法律感缺乏规范性乃是一种偏见，而“移情潜入”非西

---

① 具体论述参见〔美〕克利福德·格尔茨：《地方知识：阐释人类学论文集》，杨德睿译，商务印书馆 2014 年版，第 270 页。

② 同上注，第 254 页。

③ 同上注，第 22 页。

④ 同上注，第 240 页，格尔茨关于阿达特的具体论述参见上书第 240—248 页。

方法律概念或设身处地体悟特定的法律感，对其进行深入观察和细致分析，也有助于反思现代西方某些审判机制。例如，普通法在审判中把“事实问题”与“法律问题”分离开来，但这种做法只是表象，实情可能是“事实问题”与“法律问题”保持互动和相互建构。换言之，司法实践中，事实与法律无法做到截然分离，实然与应然也是如此。[①] 格尔茨认为，我们只有“将法学的比较研究视为一种不同文化之间的翻译工作”，关注“法律思维对社会现实”的“建构性”力量，“通过比较”“才能达到我们真能达到的核心”。[②] 实际上，戴维斯采取了类似格尔茨的进路，以比较的视角对印度教法的核心概念进行了深描，并尝试从这种“地方知识”中发现其与其他“地方知识”的一些异中之同。

第四，偏重理解，兼顾批判。作者认为，现有的印度教法研究中至少有以下几种偏颇做法。第一种做法是某些西方学者，尤其是法律职业者，从现代西方自治的法律体制出发考察和分析印度教法，并严格把法律与非法律加以区分。这种“外部视角”剥离了印度教法的宗教意蕴、社会情境和文化背景，从而使印度教法成为难以理解的一些抽象概念和杂乱规则。第二种做法是某些研究者从阶级分析出发，把印度教法简单视为统治阶级的控制手段和压迫工具。这种“底层视角”虽然具有一定的价值，但以颠覆性批判为旨向的研究，往往会对研究对象缺乏同情理解和具体分析，而是断章取义，匆忙得出否定性结论，完全抹杀印度教法中的某些积极内容。第三种做法是某些印度本土学者从“内

---

① ［美］克利福德·格尔茨：《地方知识：阐释人类学论文集》，杨德睿译，商务印书馆2014年版，第193—271页。

② 同上注，第269—270页。

部视角”出发，为印度教法的合理性进行辩护，掩饰和回避其中的某些缺点和不足。戴维斯教授认为，历史上没有完美无缺的法律传统，所有传统法都既有优点也有缺陷，对印度教法的研究应兼具“内部视角”和“外部视角”、“底层视角”和“非底层视角”，努力理解其情境的合理性，同时也应对其进行批判性反思。在本书中，作者中肯地指出了印度教法的某些优点和不足，认为只要采取解释学的视角重新解读印度教法，“就会兼具颠覆性和同情性视角，从而不仅汇聚来自底层视角的洞见，而且包容以下视角，这种视角把印度教法律文本的解释与当下智识视域联系起来”①。他甚至使用了“美”和“丑”之类的词语，来分析印度教法的得失。② 但从总体上看，他采用了伽达默尔解释学重视传统的立场，对印度教法的同情式理解显然多于批判性反思。

以上是我们对本书的主要特点进行的简单勾勒。这些特点也是我们在众多有关印度教法的著作中，选择本书进行翻译的重要缘由。本书内容和观点上的得失，更多留给读者去评判。

五

佛教自汉代传入中国后，对中国文化产生很大影响，并在本土化的过程中成为中国传统文化儒、释、道三大谱系之一，且释列于道之前。许多佛教经典在中国被完整保存下来，并得到了创

---

① Donald R. Davis, Jr., *The Spirit of Hindu Law*, Cambridge: Cambridge University Press, 2010, p. 165.

② 同上注，pp. 106, 175-179。

造性理解和阐释。佛教在中国成功移植的原因很多。中国传统文化偏重凡俗伦理和政治权力，缺乏超越的信仰；偏重经世致用的实用主义认识论，缺乏穷本极源的本体论；偏重群体的人伦关系，缺乏对个体生命意义的反思，不注重灵魂内观。道家思想虽然不乏与佛教相似或暗合之处，但道家思想后来蜕变成道教，主要关注祛灾辟邪之术和强身健体之方，没有为普罗大众提供精神救赎、转世希望和终极关怀。当然，佛教对中国文化的影响不限于上述维度。梁启超先生从 12 个维度考察了佛教对中国文化的影响，内容涉及音乐、建筑、绘画、雕刻、戏曲、诗歌、天文、历法、医学、教育方法和团体组织形式等。[①] 鉴于佛教对中国文化的重要影响，中国学界自古就十分重视佛教，但对佛教以外的印度文化不够重视。相比之下，中国古代对印度教所知甚少，只是通过佛教涉及印度教的文献，窥见印度教的只言片语或蛛丝马迹。

20 世纪 30 年代至 50 年代，一些中国学者负笈西行，或留学印度，或以西方的印度学专家为师，专攻印度学。他们研究的范围不仅涉及佛教，还把重点转向印度教。金克木、季羡林、徐梵澄和巫白慧先生等便是这些学者中的翘楚。然而，他们中的一些人学成归国后不久，却遇到了中国那场史无前例的运动，印度学的研究被迫中断。直到 20 世纪 80 年代，中国的印度学研究才开始焕发生机，进入黄金时代，陆续结出丰硕果实。在几位印度学前贤大师的引领下，一批印度学人才成长起来，许多印度教的重

① 梁启超：《印度与中国文化之亲属的关系》，载汤志钧、汤仁泽编：《梁启超全集》第 16 集，中国人民大学出版社 2018 年版，第 91—95 页。

要经典被翻译成中文并陆续出版。[①] 近几十年来，中国学者在印度宗教、历史、哲学和文学研究中取得了显著成就，但中国关于传统印度法的研究却相形见绌。

随着改革开放的不断深入，中国比较法学的视野不断扩展，关注的对象除了西方法律，还扩及伊斯兰世界、非洲、俄罗斯以及日本等国家或地区的法律。相关领域的专家逐渐出现，学术著作也纷纷问世。然而，在这种繁荣景象之下，中国学界关于印度法的研究却显得灯火阑珊。在国内印度法研究领域，中文专题著作、译著和学术论文，寥寥无几。中国学者关于印度教法的整体性研究著作，至今尚付阙如。有关印度教法的译著主要是蒋忠新由梵文翻译的《摩奴法论》[②]、马香雪由法文转译的《摩奴法典》[③]以及新近由朱成明博士所译的《利论》[④]。

从严格意义上讲，不潜入传统印度的宗教、文化和社会语境，就无法系统理解印度教法的丰富意蕴；不了解印度教，就无法通过比较深入了解印度本土产生的其他宗教；不了解印度教法，就无法深入理解传统印度法，也就无法深入理解当代印度法的历史、社会、宗教背景以及实践状况。值得欣慰的是，中国法

---

① 如巫白慧译解：《〈梨俱吠陀〉神曲选》，商务印书馆 2010 年版；林太：《〈梨俱吠陀〉精读》，复旦大学出版社 2008 年版；〔古印度〕毗耶娑：《摩诃婆罗多》，金克木等译，中国社会科学出版社 2005 年版；〔古印度〕蚁垤：《罗摩衍那》，季羡林译，载《季羡林全集》第 22—29 卷，外语教学与研究出版社 2010 年版；〔古印度〕《奥义书》，黄宝生译，商务印书馆 2010 年版；〔古印度〕《五十奥义书》(修订本)，徐梵澄译，中国社会科学出版社 2007 年版；〔古印度〕毗耶娑：《薄伽梵歌》，黄宝生译，商务印书馆 2010 年版；等等。

② 〔古印度〕《摩奴法论》，蒋忠新译，中国社会科学出版社 1986 年版。

③ 〔古印度〕《摩奴法典》，〔法〕迭朗善译，马香雪转译，商务印书馆 1982 年版。

④ 〔古印度〕憍底利耶：《利论》，朱成明译注，商务印书馆 2020 年版。

学界近年来加强了对印度法的研究，并出版了一些专题性著作和论文。[①] 它们涉及印度宪法、合同法、婚姻家庭法、知识产权法和环境法等。但在当代中国法学界“文章多如毛，著作涌如潮”的景象下，为数不多的印度法研究成果仍然显得形单影只，至今仍缺乏一部深入、系统论述传统印度法的专著。

在这种背景下，我们便萌生了研究印度法的想法。这种想法得到了中国政法大学法律史学研究院张中秋教授的支持。在他的鼓励和支持下，我们申请了教育部人文社会科学重点研究基地重大项目“印度法系及其与中华法系的比较研究”，并于2014年获得了批准。随后，我们又得到了北京宸星教育基金会“印度法和伊斯兰法研究”项目(项目批准号：2019-03-003)的支持。本书就是上述项目成果的一部分。

2016年春季，我们结合印度法的研究，在研究生的课堂上集中解读和讨论美国学者戴维斯的《印度法的精神》一书。在课堂讨论译稿的基础上，我们决定把此书译成中文。

在翻译过程中，袁开宇、鲁楠惠助我组织翻译和联系版权，并参与了一些章节的审改工作。掌握梵文的陈王龙诗负责统一全书的专有名词，并惠助我翻译索引、缩略语，还对译稿涉及的所有外文进行了核对。在此基础上，我对全书进行了审校。本书翻译分工是：高鸿钧(导论)，陈王龙诗(第一章)，鲁楠(第二章)，袁开宇(第三章)，姚宇(第四章)，赵彩凤(第五章)，高瞻(第六章)，肖飞、朱源帅(第七章)，冉刚、刘保钰、高鸿钧(尾

① 中国法学界关于印度法研究较有影响的成果有，周东平等：《论佛教对中国传统法律之影响》，中国社会科学出版社2021年版；李来孺：《印度当代合同法》，法律出版社2015年版；《清华法学》2020年第1期和2022年第1期的“印度法专号”，每期专号刊载10篇印度法论文。

论)。对于通力合作参与本书翻译的诸位,我深表谢意。

需要指出的是,我们在翻译本书过程中,深知原著书名中的"Hindu law"是指"印度教法",但为了简明易懂等原因,我们把书名中的这个词译为"印度法";正文中的"Hindu law"通译为"印度教法",以区别于"印度法"(India law 或 law in India)。我们恳望读者理解这种稍显复杂的处理方式。

在联系版权的过程中,我们得到了本书作者戴维斯教授的支持,在此向戴维斯教授深表谢意。商务印书馆惠允出版此书中译本,责编认真负责,付出很多劳动,对于改进本书质量,增色不少。我们向商务印书馆和责编诚致谢忱。由于本书专业性很强,加上我们水平有限,舛误在所难免,恳请读者诸君批评指正。

高鸿钧

2023 年 5 月于清华园

图 表

表 1 达摩的三种渊源 …………………………………… 75

表 2 种姓达摩，表明政治统治的次要地位 …………… 85

表 3 法律与祭祀如何并列的技术方案 ………………… 121

表 4 印度教法理学上的 18 种法律纠纷类型（MDh）…………………………………………………… 141

表 5 财产和种姓与人生阶段达摩 ……………………… 178

表 6 达摩：作为超验的、历史的和政治的结合体 …… 210

图 1 印度教法文本与实践的关系 ……………………… 238

作者序言

我的老师理查德·拉里维埃(Richard Lariviere)曾经计划撰 vii
写一部以本书书名为题的著作，并将之列入佐治亚大学的“法律的精神”丛书中。然而学术管理工作之于他的更强召唤使得这一计划落空，我一直为此感到惋惜。当我与他联系并得其惠允，接触到本丛书的编者艾伦·沃森(Alan Watson)时，我明确认识到在既定丛书中难以添加新作。令我深感荣幸的是，剑桥大学出版社允诺出版本书——这一无疑很不同于理查德所计划要撰写的著作。当然，理查德的想法对我颇有激励之功，诸多与该丛书创意相联系的构思，为思考世界主要传统中法律与宗教的联系提供了基本思路。

本书有三类读者：印度学家、宗教研究者和法律研究者。印度学家会发现本书用相当多的笔墨从专业技术上考察梵文文献的重要论述，虽然这类内容不像某些人所期待的那么多，且大部分是放在注释中而未出现在正文中。我尽可能使用印度教法律文献的标准译本，而不在注释中提供原文。在大多数情况下，尤其是涉及中世纪的评注时，我使用自己的译文并同时在注释中附上原文。一些印度学家尝试对该领域做出原创性贡献，而另一些印度学家则简单地重述先前著作的成果。

宗教研究者会对印度教神学和伦理的讨论有所期待，但我的论述所使用的是他们可能相当不熟悉的(常常是法律)词语。在许多方面，本书是对我先前观点的进一步阐释，这些观点关于梵文法律词语“达摩”在印度教中的关键——实际上作为基础概念——作用。我越来越确信，印度教的研究一直过分关注神话、哲学和仪式问题，而忽略了包括法律在内的其他重要宗教因素。

最后，法律研究者首先会在本书中发现一个抱负远大的观点，这个观点涉及法律本身及其与宗教(尤其是神学)和日常生
viii 活的紧密联系。不过在论证中，我也通过考察印度教的法律文献，尝试展现学界对在一般性法律与宗教研究中由来已久的问题所提出的重要洞见。这里，我提出一种重要的思考路径，这种思考路径可以使印度教法在比较法研究和法律史研究中获得更牢固的地位，并产出丰硕的成果。

我对于本书的最大期望是，上述三类群体中的学者都既能以他们的学科视角发现一些熟悉的、合理的东西，也能从我所使用的、对于他们而言是新的学科方法和理念中发现一些新鲜的、能吸引他们的东西。我把这些领域结合起来，希望实现某些创新，并对上述不同领域的学者有所裨益，但同时我也认识到这样做可能存在冒犯某些人的风险：他们与我不同，并不认为跨学科研究具有说服力并富有成效。在全书中，我尝试使用通俗易懂的话来重述某些复杂的观点，并运用日常生活中的类比，以便穿越学科之间的鸿沟。这种学科之间的隔离由来已久，妨碍了更富有成效地对法律与宗教进行综合性研究。

致　谢

本书的写作得到了来自威斯康星大学麦迪逊分校人文学科研究所和人文学科国家基金的经费资助，另外还得到了威斯康星大学麦迪逊分校研究生院和文理学院的额外资助。对于上述机构为我安排时间和提供资助，我深表谢意。 ix

本书的部分内容曾经提交给人文学科研究所的讨论会和威斯康星大学麦迪逊分校南亚研究中心，以及美国宗教和美国东方学学会的年会。感谢来自上述场合的反馈意见和所提问题。在2008年秋季学期的印度教法课程中，我把本书的草稿提供给学生用以讨论，他们的反馈意见和反应有助于我改进书稿，对此表示感谢。

对于我的导师和其他老师一直以来的教诲，我心存谢意，他们是理查德·拉里维埃、帕特里克·奥利维尔（Patrick Olivelle）和卢多·罗切尔（Ludo Rocher），他们中的每一位都对本书的某些部分提供了具体意见和大致想法。查理·哈利西（Charlie Hallisey）向我提供了道义上的支持，在许多看法上成为我的知音。提摩太·卢宾（Timothy Lubin）与我有过几次关于本书观点的讨论，他的肯定和批评对我颇有助益。拉吉夫·达梵（Rajeev Dhavan）耐心花费一个漫长的下午时间听我陈述本书的主要想法。他充满智慧的评论帮助我改进了本书一些章节的内容。我还希望向我的朋友沃纳·蒙斯基(Werner Menski)表示感谢，尽管我们在学术上存有歧见，但他那和蔼而善意的鼓励，对我个人和我所从事的职业一直具有激励之功。伊桑·克罗尔(Ethan Kroll)在关键时刻通阅了本书初稿，并对本书核心思想提供了富有助益的意见。当然，本书的全部错误和不足均由我自己负责。最后，在本书写作的最初和最后阶段，弗雷德·史密斯(Fred Smith)和费德里科·斯卡尔西尼(Fedrico Squarcini)提出了很多中肯的鼓励和批评。

x 威斯康星大学麦迪逊分校南亚法律研究课题组的成员，尤其是马克·加兰特(Marc Galanter)、米特拉·莎拉菲(Mitra Sharafi)、吉姆·杰夫(Jim Jaffe)以及苏姆杜·阿塔帕图(Sumudu Atapattu)为我提供了一个最适宜的环境，由此我才能形成本书的思考，并从这个领域的有关工作中获益。还必须感谢剑桥大学出版社的凯特·布瑞特(Kate Brett)，其寻求以旧式编辑方式出版本书，并耐心地引导我完成了出版流程。

最后，我要对我最好的朋友和始终支持我的妻子玛丽·雷德(Mary Rader)，致以最诚挚的谢意和最深情的爱意。她对学术真理抱有怀疑的天性中，融汇着温柔贤惠的气质和成人之美的精神，这两者促使我在研究中力求扎实严谨并不断前行。在我充满压力的写作过程中，她与两个儿子贾斯珀(Jasper)和齐姆(Zimm)给予我的耐心包容，对于我的意义远远超出他们的想象。

缩略语

BDh	*Baudhāyana-Dharmasūtra*	《鲍达耶那法经》
DhK	*Dharma-Kośa*	《法藏》
GDh	*Gautama-Dharmasūtra*	《高达摩法经》
KA	*Kauṭilīya-Arthaśāstra*	憍底利耶:《利论》
MDh	*Mānava-Dharmaśāstra*	《摩奴法论》
Medh	*Manubhāṣya of Medhātithi*	梅达帝梯:《摩奴注》
MNP	*Mīmāṃsānyāyaprakāśa*	《弥曼差正理之光》
NS	*Nārada-Smṛti*	《那罗陀法论》
PMādh	*Parāśara-Mādhavīya*	《帕拉舍罗法论：摩陀婆评释》
PMS	*Pūrva-Mīmāṃsā-Sūtras*	《前弥曼差经》
SC	*Smṛticandrikā*	《圣传经释义》
VaDh	*Vasiṣṭha-Dharmasūtra*	《瓦西什陀法经》
YS	*Yājñavalkya-Smṛti*	《祭言法论》

导　论（dharmaśāstra）

一、概说*

1　法律是日常生活的神学（theology）。法律既是工具又是修辞，借助于这种工具和修辞，那些最习以为常、一再重复和日常平凡的人类行为，首先得以置于体制或结构之中，而不是储存于个人经验之中。由此，在趋向超越个人意识和意义的过程中，法律提供了原初推动力，从而有可能形成协调人类活动的高级秩序和抽象的生活意义观，并取得伦理、社会、政治、经济和宗教诸善的成就。法律，或者如果你愿意现在可称之为规则，乃是每个儿童在家庭、学校或团队得以社会化的关键要素。我们的孩子和自己所服从的共同规则，赋予我们作为其中一员的集体以意义和目的。随着这类规则范围和规模的增加，它们达到通常可理解为法律的水平；法律所提供的成就、善德和超越感，会变得较为抽象和疏远。然而，我们借以指导生活的多元性法律，在每个层面都将我们的预设和观念予以编码（encode），这些预设和观念所涉及的内容，是我们对人类生活状态的期望和我们对自身与他人的构

---

*　本导论原文只有一个二级标题，为了在体系上更合理，不显突兀，译者另设此二级标题。*后为译者注，下同。

想。对于上述预设、观念和构想，我称之为神学；它们是日常生活的组成部分，如同家庭、出生、死亡、性别、金钱、婚姻和工作，属于贴近我们的事务；家庭、出生、死亡、性别、金钱、婚姻和工作也都是法律的主题。

在上述说明中，我明显要求读者摒弃或拓展现今流行的法律概念。人们不能否认，法律是由国家制裁所支撑的规则，这种狭隘的法律概念日渐得到全球的认受。这种十分现代且地道的欧洲法律概念，并非自然而然和先天注定的；它是特定历史时期的产物，一般是由我们现在称之为民族国家的体制，尤其是由那些曾作为殖民强权的国家系统地和强行地颁布的。[①] 许多人现在认为，“尤其在发达的西方，当代法律形成了世俗法与宗教法的基 2
本概念划分……[但]这种划分自有其历史，是西方界定其现代性本身的附属物”[②]。把法律局限于国家的规则和制度，导致了20世纪的一种强烈反冲，反冲的对象是法律实证主义对法律的单一理解。由此所带来的两种重要结果是法律现实主义和后来的法律多元主义运动(除了其他运动之外)。法律现实主义强调实践中的法律要素，这些要素同对立法性制定法的解释和法院对规则的适用，几乎没有或完全没有关联。法律多元主义则转而强调其他规范性领域，这些规范性领域常常在功能上类似于国家法，却缺乏或不受国家本身的控制与监督。

因此，首要的一点是，本书是一部论述法律性质之作，更具

---

① 参见 Harold Berman, *Law and Revolution: The Formation of Western Legal Tradition* (Cambridge: Harvard University Press, 1983), p. vii; Gerald Postema, *Bentham and Common Law Tradition* (Oxford: Clarendon Press), p. 15。

② Martha Merrill Umphrey, Austin Sarat, and Lawrence Douglas, “The Sacred in Law: An Introduction.” In *Law and the Sacred* (Stanford: Stanford University Press, 2006), p. 1.

体论及法律对宗教的依赖与它对宗教的影响。[①] 当我们想到法律时，许多人只会想到法律及其制度如何**作用于**我们，而不关注法律能够为我们**做什么**。换言之，我们倾向于强调法律如何限制和约束我们，而不重视法律能够帮助我们有何作为和实现何种目标。这种倾向源自法律“世俗化”那种不遗余力的努力，由此排除了法律中的全部宗教因素，并把法律完全置于国家的掌控之中。“世俗化”一词仅仅意指重视现世和现世事务的过程，这个过程原本不必是排斥宗教的过程，但后来这个词语却开始意指从公共和公民生活中灭除宗教的过程。然而，两个世纪的“世俗化”几乎没有消除法律中的全部宗教因素，甚至在最世俗化、自由和民主的国家中也是如此。世俗神学的语言包括正义、秩序、安全、家庭、宽容和平等之类的词语。换言之，这些词语十分类似所有超越性神学所包含的那套观念。

把法律作为日常生活神学的观点，初看上去有些怪异，甚至有些刺眼，但这种观点是现在有关法律与日常生活关系研究的延伸。这种研究的重点是尝试通过某种方式，既把法律与日常生活
3 关联起来，同时又避免把两者不加区别，混为一体。我在本书中提出的观点是，神学实践有助于帮助我们辨明，日常生活的行为和事件，最初如何通过神学的反思激发了法律的形成，然后转而受到那些法律的影响。神学尝试理解或赋予行为以超自然的重要意义。在规范层面，我们认为，神学如其词源学所示，乃是涉及神/众神之事，即关注彼世之事。然而，这种意义上的大多数（如

---

① 然而，有必要指出以下一点，即我并非要像涂尔干那样从粗疏的有机论出发，从任何历史或时间顺序的意义上，把法律归结为神学形式的宗教。相反，我在本书所考察的法律与宗教之间的关系，虽然留意这种关系的制度性后果，但重点关注的是这种关系的观念之维和法律与宗教的互动。

果不是全部)神学传统，也具有关注现世事务的导向。[①] 我认为，当神学关注现世事务时，神学的反思便采取法律形式。这种反思使得某种简单的行为，如身体动作，转变为一种义务。这种关注普通世界和日常行为的反思，之所以具有神学性质，是因为这种反思意在赋予日常行为以意义和目的。

许多日常行为很少(即便有过)受到我所言及的神学反思，眨眼便是一个例子，但许多其他行为则属于神学关注的问题，如排尿、排便甚至呼吸(这里不妨联想到冥想的规则或法律)。那些原本视为理所当然的行为，恰是经过神学的思考，才被纳入法律的领域。当有关行为得到更多思辨，或依其性质需要得到更多关注时，便更可能进入神学的思考之中。

我试举一个例子，即护送孩子上学的行为。显然，这种行为无论多么经常发生，本身都不会创设法律。然而，人们只要开始思考或反思为何和如何护送孩子上学，一些重要的问题就随之产生。例如，人们可能认为两个因素优先于驱动这种行为的其他因素，这两个因素就是如何成为好父母和确保孩子安全。通过自我反思和对现世的反思，这两种价值或两种伦理之善，便会立即得到确认。这时，除非这种反思出现异常情况，即仅仅驱动一个人，否则，我们看到的局面就是许多人都会同意这两种价值，而这两种价值恰恰构成了护送孩子上学的合理动机。父母应当成为好父母，孩子安全应当得到保障。这些初步和简化的结论，当置于一定情境下，即反思护送孩子上学的具体行为时，事实上就要

① 例如，参照巴尔(Ball)提出的“非宗教神学”概念，巴尔认为这个概念是任何理解法律过程都需要的一种“语言表述”。参见 Milner S. Ball, *The Word and the Law* (Chicago: University of Chicago Press, 1995), p. 2。

求创设法律层面的限制和保障，以便人们能够实现作为好父母和
4 保障孩子安全的目标。这导致了在学校附近对机动车进行严格限速，并在主要道路的交叉路口配备护送学童过街的协警或过街旗标。

在我所生活的城市，市政府最近开始拨款，用于支付护送学童过街协警的费用。市长在当地学校的讲话中，不无夸耀地宣布了这项决定："这是一种优先应做之事，我们应该保护孩子们的健康和安全。"① 他还把这种举措同改进公共健康联系起来，作为创建宜居城市计划的组成部分。三个全国性组织起草的一份文件对过街协警提出了指导性要求，并进一步指出"有成年协警在场，父母对于他们的孩子走路或骑车上学，会感到更放心"②。我最感兴趣的是以下事实，宣传手册上几乎每一张孩子过街的图片中都有一位家长的身影。人们可能认为有护送协警在场，护送孩子上学的父母会有所减少，但似乎出现了与之相反的情况。明显的一点是，在要求提供护送协警、过街旗标以及对机动车进行限速时，所涉及的问题不仅仅限于安全问题。这些问题所催生的要求和法律，源自现今关于好父母与孩子安全标准的预设和期望。这些预设和期望转而成为一种超越现世的努力，超越现世乃是将普通世界的某个部分赋予意义和实现伦理之善的一种方式。以此方式，法律运用神学观念对某些日常行为予以编码。

毫无疑问，甚至在某些社区，人们虽然并不要求采取法律限

① *Badger Herald*, October 4, 2005, "City Allows for Crossing Guards," available at http:/badgerherald. com/news/2005/10/04/city_ allows_ for_ cros. php.

② "Adult School Crossing Guard Guidelines"，该文件由全国学校道路安全中心起草，可查阅 www. saferoutesinfo. org/guide/crossing_ guide/pdf/crossing_ guiad_ guidelines_ web/pdf。

制和赋予权利，以支持上述具体行为，但父母仍然秉持以上两种目标。不过，正是对特定共同体在特定时间中的这种特定日常行为的某种神学反思，导致了有关法律的产生。神学反思尝试赋予特定的日常行为以某种意义，由此推动有关法律的产生；没有这种神学反思，这种日常行为就可能处于未经反思的习惯状态。

另一个例子来自南亚的洗浴行为。在许多欧美人看来，作为日常生活行为的洗浴竟然成为神学反思的主题，并由此成为我所论述的法律论题，未免显得小题大做。然而，几乎所有宗教法制度都包含洗浴的规则，既涉及净身的适当时间或地点，又涉及洗
浴所采取的方法。[①] 例如，对于大多数生活在印度的印度教徒而 5
言，未经净身而进入神庙拜神，有违教规。传统上，洗浴本身也应在神庙水池中进行。洗浴和净身在印度教法文本中具有突出的地位。例如，《摩奴法论》(*Laws of Manu*)(5.134，136-137)对于洗浴就恰好有一些明确的规定：

> 在排尿和排便后的清洁以及人身污垢的十二净中，土和水应该用够……欲净者应该在男根上用一块土，肛门上用三块，一只手上用十块，两只手上用七块。这是居家者的净身标准，梵行者为其两倍，林居者为其三倍，遁世者为其四倍。*

---

① 比较 Abraham Cohen, *Everyman's Talmud: The Major Teachings of the Rabbinic Sage* (New York: Schocken, 1995[1949]), pp. 241-259; Nu Ha Mim Keller (trans.), *Al-Maqaid: Nawawi's Manual of Islam*, rev. edn. (Beltsville, MD: Amana, 2002), pp. 12-31。

* 上述《摩奴法论》译文，参考了蒋忠新的译文(《摩奴法论》，中国社会科学出版社 1986 年版)。根据本书作者标示，上述译文分别源自《摩奴法论》的第五章第 134、136 和 137 颂，而在蒋忠新中译本中，这三颂则分别属于第五章的第 132、134 和 135 颂。这种差异可能是由于作者使用了不同的《摩奴法论》文本。

我们不应把上述内容理解为要求人们如何清洁身体。因为这种理解完全不得要领。上述文本内容要求人身和物品保持洁净，其用意是使人们有效地参与或维护宗教仪式及社交活动。由此，洗浴这种日常行为不是仅仅出于卫生的考虑，而是通过神学同宗教洁净的概念联系起来。这里，恰是仪式与法律提升和建构了某些行为，而人们为了参与那些行为活动，必须遵守对有关行为的限制性规则。

此外，即使在西方，作为生理和社会性质的卫生，也成为有关的洗浴规则乃至法律的根基。例如，人们在游泳之前，在回到工作岗位之前，以及在受到监禁之前等，都需要进行洗浴。在这些场合下，生理性清洁要求绝不是唯一标准。生理性清洁要求也涉及社交性清洁与礼节，通过这些规则而被强制执行(人们公认，其很少得到实际执行)。在这个过程中，简单的洗浴行为被纳入神学领域。当然，这是一种现世神学，但正如玛丽·道格拉斯(Mary Douglas)论述肮脏和污秽的著作所示，这种现世神学的起源如同人类一样古老。[1]

因此，我把这种思维模式视作神学的(theological)反思，而不是伦理、意识形态或哲学的反思，其理由如下。首先，日常行为一旦转变为仪式，这些行为就被赋予了超越的(即使仍然属于现世的)重要性或意义，神学就将强烈的宗教因素注入这些行为。
6 其次，神学常常意指一种抽象的甚至深奥的智力活动。在格莱德斯通(Gladstone)看来，“神学是有条理的知识，它代表了这样一个智识领域：诉诸宗教来展现人的心灵和生命”[2]。从根本上讲，

---

① Mary Douglas, *Purity and Danger* (London: Routledge, 1966), pp. 34-40.

② W. E. Gladstone, “Proem to Genesis,” *The Nineteenth Century* 19(1886): 1-21，引自 p. 19。

神学是理解宗教制度和理解自身与他人经验的过程。这种定义会带来以下问题，即如何划定宗教自身的边界，而在我看来，神学思考就是一个划定这种边界的过程。在这方面，人人都可有所作为，但这并不等于每个人的想法都相同，并具有同等超越自己的影响力。多元神学之生成，恰如多元法律之产生，两者相互关联。神学的抽象性和深奥性，同其较明显的职业化形式相联系：神学属于教士、拉比、梵学家以及毛拉所从事的职业，由此出现了一些垄断神学的倾向，尽管这些人从未完全做到这一点。最后，神学也意指一种活动，这种活动受到共享目的论目标的驱动，神学体系的运行指向这些目标。这些目标可能具有伦理、政治、救世或意识形态的性质，而我把协调这些目标的反思活动称作神学。

把法律设想为日常生活的神学，具有以下几个优点。第一，人们承认并确认，规则与行为之间存有差距。从事法律与社会研究的学者有时就坚持这种观点。法律与日常生活相联系，但两者并未混为一体。第二，有时法律与日常生活行为的截然分野，会通过中介性神学的概念得以联结。这种联结既不认为两者融为一体，也不认为两者截然分离，而是旨在探索两者以何种方式相互交叠或彼此交集。甚至在圣安塞姆(St Anselm)关于“信仰寻求理解”(fides quaerens intellectum)的经典公理性表述中，神学就捕捉到处在无意识情感与理性化商谈(discourse)之间的人类所具有的阈限处境。第三，这种概念界定意在指明，法律是一种关注日常人类活动、制度和事件的特殊神学。其他种类的神学当然也存在，但这种特殊神学所指的是，当神学的视角投注日常生活时，结果就是法律。第四，亦即最后，当涉及法律时，神学与宗教结合，就可激发出高级的目的感，并以此种方式挑战简单地把宗教仅仅理解为信仰的观点。如果法律是日常生活的神学，那么宗教就不仅仅是指向彼世目的、神或诸神的现象，也不仅仅是旨在逃离或规避日常生活实践的现象。由此，超越并不意味着拒斥
7 或超脱现世。法律通过现世超越，在赋予日常生活以意义和价值上，既是手段也是目的。这就是法律常常同秩序和正义等其他类型的人类之善相联系的原因。

转观这个开放性定义的其他要素，无论我们谈论每日(everyday)、日常(ordinary)、日复一日(day-to-day)，还是平日(workaday)、在日常生活中(Alltagsleben)、日常生活(la vie quotidienne)，都明显旨在把握难以捉摸之事，即旨在借助于最直接和最重要的感知能力，捕捉流动的人类经验。由于经验变动不居，我们来不及固定和命名，它们就已变化。这样一来，人们便对是否真正能够捕捉到经验存有异议。不过早在佛陀时代，人们就开始考察这种流动的现象，至今我们仍不断努力运用词语将生活经验予以分类和固定。现在，大量有关日常生活的二手文献证明，在同其他有着更为明显界定的人类制度的关联中，有各种方法感知日常生活的理论和实际境况。德·塞托(de Certeau)等一些人尝试把日常生活视为普通人抗议权力的社会场域，其要点是，人们在生活中，对强制和压迫性社会与政治压力进行交涉和予以抵制。[1] 达斯(Das)等另一些人，则尝试在日常生活中找到常规和社会场域的安全港，以应对社会和政治权力的侵扰。[2] 这

① Michel de Certeau, *The Practice of Everyday Life*, trans. S. Rendall (Berkeley: University California Press, 1984).

② Veena Das, *Life and Words: Violence and the Descent into the Ordinary* (Berkeley: University California Press, 2006).

样，当我们从法律的视角出发时，又对日常生活有何期待呢？

萨拉特(Sarat)和克恩斯(Kearns)在他们对该领域影响颇大的专题论文中指出，考察日常生活中的法律，有助于我们避免采取被他们称为“法律优位”(law-first)的视角来看待法律在社会中的地位。在日常生活问题上，两种基本法律观已经支配了法律研究。首先，工具论的观点“预设了相对鲜明的区分，一方是法律标准，另一方是非法律的人类活动”①。工具论者“重点关注法律的有效性”②，或法律在多大程度上实现了其所寻求的社会效果。此外，根据这种观点，“‘法律’或‘法律制度’……属于独特的次要社会领域。法律是国家的一个专属领域，涉及的是职业性活动，其存续首要是回应社会世界(social world)之需，并首要服务于社会世界”③。其次，根据构造论的观点，“法律借助 8
一些重要的范畴，使得社会生活看上去自然、正常、凝聚并一致，从而自内而外地形塑社会”④。构造论者倾向于根据“意义和自我理解而不是制裁结果”⑤ 来看待法律的效果。按照格尔茨的观点，构造论认为，“法律不是道德(或不道德)完美社会的单纯技术附属物，而是理所当然地伴随一大群其他文化实在……成为社会整体中的积极部分”⑥。最后，构造论的主张者通常都采

---

① Austin Sarat and Thomas Kearns, “Beyond the Great Divide: Forms of Legal Scholarship and Everyday Life.” In A. Sarat and T. Kearns (eds.), *Law in Everyday Life* (Ann Arbor: University of Michigan Press, 1993), p. 21.

② 同上注，p. 24。

③ Robert Gordon, “Critical Legal Histories,” *Stanford Law Review* 36(1984): 60.

④ Sarat and Kearns, “Beyond the Great Divide,” p. 22.

⑤ 同上注，p. 37。

⑥ Clifford Geertz, “Local Knowledge: Fact and Law in Comparative Perspective.” In *Local Knowledge: Further Essays in Interpretive Anthropology* (New York: Basic Books, 1983), p. 218.

取这种观点，因为他们实际上对葛兰西(Gramsci)意义上的法律霸权，都持批判观点；法律霸权是指，在涉及种族、性别、阶级、宗教性等方面时，法律预先建构和预先决定了违法的社会现实。作为与此强烈对立的反方观点主张者，萨拉特和克恩斯则认为，日常生活形塑实际的法律效力，而法律即便同时形塑日常生活，也只起到部分作用。换言之，他们认为，工具论和构造论的观点都部分正确。

最终，关于法律与日常生活的关系，工具论和构造论在以下问题上出现了巨大分歧：法律与日常生活各自分离和相互独立，还是融为一体和彼此混合？萨拉特和克恩斯要求我们超越这两种观点，强调把法律作为智识反思的第一场域，由此避免上述两种观点各执一端。相反，从日常生活的视角观察就容易明白，法律既是(有时很有效地)规制人类行为的工具，又无所不在地影响我们的生活方式。这样，从日常生活的视角对待法律领域，似乎就可避免本段开头关于法律的分歧。然而，我不由自主地认为，对上述分歧也可以简化处理：如果你想认为法律无所不在，就可以这样认为；如果你不这样认为，亦无不可。工具论强调法律与日常生活之间的断裂或分离。构造论者则强调法律与日常生活相互渗透。那么，是否另有选项？

当萨拉特和克恩斯认为，上述这两种观点都首先着眼于法律时，我认为他们所意指的法律主要是采取立法和司法先例形式的国家法。至此为止，上述关于法律与日常生活关系的论述，似乎
9 都错失了法律多元主义的全面考量。多元法律体制的事实，弥合了构造论者以同样方式所描述的法律与日常生活之间的清晰界限，但同时揭示了国家法律体制在改变和控制人们行为方面的固

有局限。恩格尔(Engel)在论及如何协调法律与社会情境——在范围和强度上差异颇大——的关系时，使用的“领域”(domain)一词就承认以下一点：“规范秩序的连续体，所涉及的范围从超市结账站队隔离线之‘法’到联邦法院的宪法解释。”[①] 然而，恩格尔仍然极力避免对法律与日常生活不加区分，将两者混为一体，并最终建议，我们“在涉及与日常生活有关的‘官方’(official)法律时，应重新考虑一个最明显的事实：其外在形式……法律的规范、程序和制裁，通常是法律属于一个特殊社会领域的外在形式”[②]。恩格尔认为，法律对于其所意欲调控的社会领域，依其外在形式发挥潜能，这一点无疑正确；但与此同时，他为了论证这一点，却回归了“官方”法概念，“官方”法易于被理解为“真正”(real)法，即实际上属于我们现在所采用的法律概念，而这使得他在学术上出现了扭曲，倒向一边。

作为理解法律与日常生活关系的一种模式，法律多元主义的优势在于，开创了关注细微差异和进行多层次描述的可能性，从而在一些层面展现法律与日常生活之间的密切关联，而在另一些层面揭示法律与日常生活之间的巨大差异。不过，法律多元主义的弱点是，当我们把几种不同的规范性秩序都称作“法律的”秩序，甚至把广泛的人类行为都纳入“日常”的标签之下时，会忽略法律与日常生活之间的清晰边界。无论如何，我要承认，法律与日常生活关系的研究，必须更多地吸取法律多元主义在事

---

① David Engel, “Law in the Domains of Everyday Life: The Constitution of Community and Difference.” In Sarat and Kearns, *Law in Everyday Life*, pp. 125–126. 摩尔(Moore)把法律称为“半自治的社会领域”(semi-autonomous social field)，恩格尔的观点受到这个著名见解的启示，并向摩尔表示感谢。

② 同上注，p. 168。

实上所提供的信息，因为我认为值得进行这种权衡，也因为我以为像法律与日常生活这类范畴，总是处于存有争议的和流动的状态。事实上，正是这种弹性有助于我们拓展和收缩范围，富有成效地在智识上致力于理解我们所置身的世界。更为重要的是，把法律设想为日常生活的神学，有助于我们思考相同的社会过程，这些过程虽然以不同规模和在不同社会情境中运行，却同时保持某种共同的特征。因此，想要发现法律的独特性，与其把某些社会或制度的维度作为最佳分界点，不如把法律主题与一般社会过程——神学与日常生活——分别联结起来。

二、宗教法、印度教法与法论

人们通常根据立法机构、法院、警察和国家来思考法律，相比之下，关注宗教法制度具有与上述思路相反的优势。[①] 宗教法强调法律在服务宗教目标方面所发挥的作用，或法律如何有助于实现宗教目标。[②] 涉及宗教与法律的密切关系，宗教法提供了相似的线索，故而人们在考察了犹太教法、伊斯兰法或天主教教会

① Robert M. Cover, "Foreword: Nomos and Narrative," *Harvard Law Review* 97(1983-1984): 4-68. 作者认为，这些要素"只是应当引起我们注意的普遍规范中的一小部分"(4)。科威尔(Cover)指出，根据"法生成"(jurisgenesis)意义上法律所具有的丰富潜能，"法律是一种重要的资源，它能令我们服从、享有、斗争、欺骗、受辱、蒙羞以及自重"(8)。

② 我认为，强调法律从限制作用转向赋予权能，有助于界定宗教法。这种主张的部分用意在于指出，每种法律制度必须包含一些最低限度的宗教因素，并包含根据宗教而得到理解的某些善德和伦理。其他一些学者很难适应"宗教法"的概念。参见 Andrew Huxley(ed.), *Religion, Law and Tradition: Comparative Studies in Religious Law* (London: Routledge, 2002)。

法后，就很容易观察其他宗教法传统。事实上，几种现行的研究恰好关注这种相似的线索。[①] 在绝大多数情况下，宗教法同自然法(natural law)列为一类，事实上，所有宗教法都承认法律渊源的多样性，包含自然的(理性、神性)、实在的(国王敕令、立法)以及传统的(习惯、先例)渊源。在当代政治和法律背景下，只有在牧师、教士、拉比所从事的职业领域才存在宗教法，因而宗教法常常被视为教条的、原始的、非理性的和反现代之物。在法律领域，现代民族国家并不允许在法律领域存在竞争，由于这种结构性原因，民族国家注定寻求摧毁在每个国家法域中所存在的事实上的多元主义。这种结构性安排乃是基于一种误解，即认为宗教法制度仅仅关注非现世的超越，必然与现世相对抗。在我看来，这种错误的观点同基督教相关联。

因此，宗教法研究具有一种重要的潜能，即阐明如何可能存 11
在一种不同类型的超越，这种超越具有现世性质，同时也完全具有宗教属性。[②] 不过，宗教法的比较研究也能够揭示和破译法律与宗教之间复杂的相互依赖关系，甚至对那些声称是“世俗的”

---

① 例如，Berman, *Law and Revolution*; Bernard G. Weiss, *The Spirit of Islamic Law* (Athens: University of Georgia Press, 1998); Calum Carmichael, *The Spirit of Biblical Law* (Athens: University of Georgia Press, 1996); R. H. Helmholz, *The Spirit of Classical Cannon Law* (Athens: University of Georgia Press, 1996); and Geoffrey MacCormack, *The Spirit of Traditional Chinese Law* (Athens: University of Georgia Press, 1996)。

② 在有关印度教的研究文献中，对于这种特殊超越意识的最佳研究，可参见 Francis X. Clooney, “Jaimini’s Contribution to the Theory of Sacrifice as the Experience of Transcendence,” *History of Religion* 25: 3(1986): 199-212。克鲁尼(Clooney)总结说：“简言之，阇弥尼(Jaimini)在解释祭祀时所言的超越，是一种人类中心主义。在同其他同样重要的视角的权衡中，人的意义得到承认和构建。人认识到他属于比自己更大的某物的一部分——不是神的造物、宇宙秩序或原初就有之物，而是此时此地所感受到和反复履行的吠陀祭祀。借助这种认识，他体验到这种超越，并认识到这种体验本身仅仅构成世界终极意义的一部分。”(p. 211)

并由此属于非宗教的制度亦是如此。我这里所做的区分，可以简单概括为：教会与国家分离，不等同于宗教与法律分离。[①] 前者是政治共同体所取得的值得称道的成就，而后者既无可能实现，又往往成为法律的欺骗性和虚假性修辞，这种修辞会助长政治滥用和对法律的操纵。[②] 20 世纪的极权体制就常常利用“世俗”法律的极端观点，对特殊宗教共同体进行大屠杀，同时却极力掩盖它们推行的法律所具有的明显的宗教基础。[③]

作为对宗教法的一种研究，本书并不直接探索宗教在今天仍然如何影响法律或相反。不同于此，我尝试研究基本上仅由专家所知晓的宗教法制度，即通常被称为印度教法的传统，进而考察法律与宗教之间的必要和基本关联。考察宗教法的益处恰好在于，对法律有兴趣的人和对宗教有兴趣的人，都会对这种法律具有新奇感。因为人们不会抱持太多先入之见，借助于人们较少熟悉的某个传统的一些范畴，考察法律与宗教这种人类的普遍现象，会促使我们更加密切地关注这个特殊传统本身的一些细节，并推动我们进行更深入的反思。人们对印度教法尚感陌生，我尝试利用这种本属不幸的局面，揭示在有关法律性质的现行理解中
12 所存在的某些尚未验证的预设，并指出可以从印度教法传统中所能获得的某些教益。

让我明确指出以下一点：本书的重点不在于仅仅揭示**印度教法**是**印度教徒的**日常生活神学，而在于通过考察印度教法传统，

---

① 参见 Austin Sarat, Lawrence Douglas, and Martha Umphrey, *Law and the Sacred* (Stanford: Stanford University Press, 2006), p. 14。

② 同上注，p. 15。

③ 参见 Hannah Arendt, *The Portable Hannah Arendt*, ed. Peter Baehr (New York: Penguin, 2000), pp. xvii, 119-140, and 471。

揭示所有法律制度的特定宗教基础。较为狭窄的目标是从学术上持续关注印度教法的差异性和独特性，而不是关注印度教法的可比较性与共通的想象力。对于理解印度教法本身来说，这种狭窄的目标定位虽然也正确无误，且十分重要。然而，本书的目标之一是要指出，我们所处的时代要求我们具有不同的关注点，这种关注点在于积极的比较性描述，而对于印度教法独特性和情境化的描述，则处于第二位。

在寻求这种比较性观察时，我反复挑战以下两个概念：一个是印度教法的要素(印度教与法律)，另一个是构成印度教法传统的概念。[①] 在每一章中，我尝试针对一些独特的概念提出一些新的问题，在我根据法律重新构想印度教和根据印度教重新构想法律的过程中，这些概念是我总体观点的组成部分。每章都分为三个层次展开，开始时从印度教法理学(Hindu jurisprudence)的学术传统出发，解释和分析一个关键概念。我尽可能根据该概念本身的含义进行解释，即把它置于印度教法文本作者的预设和世界观的语境之中。随后，我把该概念同其他印度教法理学观念和更广泛的印度传统关联起来。最后，我思考更大范围的比较问题，诸如那些同梵文词语相关联的伦理、意义、特性或冲突等。每章分为三个部分，对应于上述三种考量。因此，本书在表述印度教法文本时，在从事解释性分析印度教法理学的比较效值(valence)和价值时，贯穿着对宗教与法律关系的思考。读者如果对

---

① 我当然知晓“印度教”(Hindu)和“印度教”(Hinduism)这些词语存有争议的概念史，但出于本书的目的，我只是用这个概念来适当和合理地描述这种宗教法理学和法律传统。参见 Donald R. Davis, Jr., “Hinduism as a Legal Tradition,” *Journal of the American Academy of Religion* 75：2(2007), pp. 241-267，该文中有我对这个问题的具体论述。

印度教的关键法律概念的基本技术性描述怀有兴趣，可阅读每章的第一部分；如果想要概观印度教法传统，可阅读每章的第二部分；如果主要兴趣在于印度教法传统的比较和理论意义，则可阅读每章的第三部分。当然，我只是附带性地提出这种建议。

关于法律与印度教之间相互调节的观点，其核心体现在特殊
13 风格的梵语文本中，这些文本称作法论(Dharmaśāstra)。在一般运用中，这些文本尽管并非没有受到曲解，但毕竟同时作为印度教法文本或法书(lawbooks)。这些文本中包含着我将称之为印度教法理学的内容，即从印度教视角思考法律的独特方式。

对那些制造标签的人们来说，印度教法是指适用于英国统治印度时期的印度教徒之法，源自英国东方学家所翻译的法论文本和印度的英国法官处理案件时所形成的先例。英国人根据他们自己关于宗教特征的分类，把法论当作立法性法典，在全部印度领土上统一适用，这是人所共知的误解法论文本的结果。这种对印度“本土”法律传统的粗糙表述，其后被回头加以运用，据称这种法律源自法论的宗教法理学体系，便利且较为稳妥；时至今日，在印度和其他地方仍然有效的有关人法的发展中，这种法律继续得到运用。这种做法虽然要么是时代倒错，要么是曲解，但在保存“印度教法”标签下所隐含的价值，乃是一种信念坚守：在印度教传统中存在印度教法史，印度教中实际上存有某些滋育法律研究的资源。

若把印度教法理解为一种悠久的历史传统，这种法律就可以意指不同的但彼此存有关联的制度和实践，相比之下，印度教法理学几乎专指法论文本中的法律理论。实体的印度教法或印度教法推理源自何处，并不重要；而十分多样化的救赎理论、仪式实

践和宇宙论等，与法律不同，因为这些理论或实践只要得到某个群体的承认，约定俗成，就同等构成印度教的组成部分。正出于此，我对古典印度教法的概念界定如下：

> 古典印度教法是各种地方法律制度的集合，其中有不同的法律规则和程序，但法论所代表的共同法理学或法律理论把它们联结起来。在前现代的印度，任何两个特定印度共同体的实际法律制度，在运行上都可能存在相当大的差异，但它们都可能尊重法论的“精神”，并把这种精神融入各自的法律规则、程序和制度之中。实际的法律与法论之间的符合程度，决定着该法律制度在多大程度上具有印度教的特性。[①]

上述定义尝试阐明印度教法在实践中所具有的明显的历史多 14
样性，并尝试阐明这些实践同法论规则的差异甚至分离，但在法律思想模式上和(某种程度上)在实体法规则领域，法论仍然发挥整合与统合的作用。具有讽刺意味的是，在英国统一推行法论之前，印度教法从来不意味着简单地适用法论。那么，法论又是什么呢?

晚近关于早期法论文本的研究表明，它们具有三种来源：

1. 历史上存在的习惯规范；

2. 对于早期达摩(dharma)和某些其他学派文本的重新阐释；以及

---

① Danald R. Davis, Jr., “Law.” In S. Mittal and G. Thursby (eds.), *Studying Hinduism* (New York: Routledge, 2008), p. 225. 显然，把任何法律制度贴上印度教特色的标签，都会牵扯到经验性和历史性的考察与判断的问题。

3. 个别作者提出的创新规则和架构。[①]

然而，确定哪部分文本出自何种渊流，十分困难，只有借助广泛的梵文文献知识和更多的历史证据，才能做到这一点。

典型的法论文本采取规则罗列的形式。在某些更大的结构体系之中，作者宣布一个题目。例如，“裁决边界之法至此已经全部讲述完毕。此后，我将讲述对言语伤人的裁决”（《摩奴法论》8.266）。随后，在“言语伤人”这个题目下，就有一些长短不等的规则。例如，“辱骂婆罗门以后，刹帝利应该被罚一百，吠舍应该被罚一百五十或者二百，而首陀罗则应受身体刑。婆罗门辱骂刹帝利，应该被罚五十；辱骂吠舍，应该被罚二十五；辱骂首陀罗，应该被罚十二”（《摩奴法论》8.267-268）。在语法上，这些规则通常都采用表示愿望的强制性或命令性语式，但即使是许多宣示性表述也被解释为命令。由于这种形式和风格，法论的文本具有立法者所颁布的法典的外观。但是，这里的“立法者”全都是神话人物，并无历史证据表明，国王或国家曾经积极颁布和推行法论，以区别于其他形式得到承认、尊重和运用的法律文本。因此，把法论认作法典和把它们的作者视为立法者，乃是对其历史的严重误解。[②]

15 较为贴切的做法，是把法论视为印度教法理学传统中的学术

---

① 参见 Richard W. Lariviere, “Dharmaśāstra, Custom, ‘Real Law,’ and ‘Apocryphal’ Smṛtis,” *Journal of Indian Philosophy* 32：5-6（2004）：611-627；Albrecht Wezler, “Dharma in the Veda and the Dharmaśāstra,” *Journal of Indian Philosophy* 32：5-6（2004）：629-654；and Patrick Olivelle, *Manu's Code of Law: A Critical Edition and Translation of the* Mānava-Dharmaśāstra（New York：Oxford University Press, 2005）, pp. 5-49。

② Werner Menski, *Hindu Law: Beyond Tradition and Modernity*（Delhi：Oxford University Press, 2003），该书作者是坚持这种观点的最典型代表。

性法书。法书的比喻之所以成立，是因为教科书首先以特殊的学术思考方式用于教诲某些人，并因此在实际生活中，某些内容总是得不到实行。教科书涉及的是学术论题所构想的世界，在法论中，得到充分展现的是理想的达摩世界。当然，构想的世界与实际的世界即日常生活世界不无关联，而这种关联总是借助反思和抽象得以实现。通过这种方式，正如霍姆斯(Holmes)所言，日常生活的逻辑同法律的逻辑发生联系，但这需要借助作为中介的神学透镜。

在历史上，这些印度教法理学的教科书以四种不同的方式撰成。[①] 早期的文本(公元前 300—前 100 年)被称作法经(Dharmasūtra)，是用散文体表述的格言体规则，根据后来文本所设计的主题得以联系起来。法经明显属于吠陀(Vedic)谱系，某些内容就源自吠陀。这是一种与神圣吠陀支[*]相关联的记诵传统和仪式实践。《摩奴法论》(公元 200 年)的问世，首次出现了新形式，即诗体规则，并出现了一些新题目，那些有关国王的规则尤其如此，这就开启了法论传统。不过，现代的而不是传统的学者常常把诗体文本称作法论或圣传经(smṛtis)——“记忆的”传统或文本。[②] 早

---

① 在罗伯特·兰加(Robert Lingat)的 *The Classical Law of India* (Berkeley: University of California Press, 1973)一书的前半部分，对法论文本进行了出色的考察。帕特里克·奥利维尔对晚近的文本年表进行了概要考察，参见 Patrick Olivelle, “Dharmaśāstra: A Texual History.” In T. Lubin, J. Krishnan, and D. R. Davis, Jr. (eds.), *Hinduism and Law: An Introduction* (Cambridge: Cambridge University Press, 即将出版)。

* 吠陀支是指婆罗门教中补充说明吠陀的文献，通常分为“六支”：语音学、宗教仪轨、语法学、词源学、韵律学、天文学。

② 关于圣传经的含义，参见戴维·博瑞克(David Brick)的新近论文，“Transforming Tradition into Texts: The Early Development of Smṛti,” *Journal of Indian Philosophy* 34(2006): 287-302。其中一处注明，法论通常是指整个文本传统，尤其是指诸如《摩奴法论》之类的诗体基础性文本。

期两种形式即散文和诗体文本，构成了后来该传统中所出现的评注（commentaries）和汇纂（digests）的基础性或渊源性文本，而评注和汇纂则分别成为第三种和第四种形式。不过，值得注意的是，至少在18世纪之前，基础性文本持续产出。目前已知的最早的关于法论基础性文本的评注，是7或8世纪由跋鲁吉（Bhāruci）所做的《摩奴法论》评注，或是出自阿萨哈耶（Asahāya）的《那罗陀法论》（*Laws of Nārada*）评注。这些评注完全采取注释和解释每个基础性文本的方式进行编排，但总是融入一些来自其他基础性文本的诗句以及他们的解释内容。评注以这种方式有别于汇纂，汇纂是
16 按照题目或主题而不是根据单个渊源文本进行编排。不过，汇纂也常常包含大量以评注方式所进行的词语注释和文本解释。

这种趋势显示出不同形式在某种程度上的相互取代，但实际情况并非如此。最早的法经散文体形式，在诸如《毗湿奴法论》（*Laws of Viṣṇu*）等中，以某种方式持续存在，* 但它已经不是受到嘉许的撰构形式，而诗体化的基础文本在最早的评注出现很久以后才陆续出现。是否所有基础性文本都可能伴有评注，对此我们也存有疑问，因为这些评注没有保存下来，或只是从原文那里得到口头转述。汇纂作为一种文本形式，似乎是12世纪的创新，但这种创新一直没有得到令人满意的解释。无论如何，汇纂并没有取代其他法论形式。基于上述对法论风格和特性的粗略考察，我们现在可以转而考察这些文本的核心主题，即“达摩”。

印度教法传统和法论文本，以某种方式特别关注一项复杂的事务：何为达摩？我们如何去理解和把握它？充分探索印度长期

---

* 《毗湿奴法论》采取散文体与诗体混合的形式表述，有人据此认为它是从法经转向法论的过渡性文本。

的历史所赋予这个词语的广泛含义和意义，即便存在任何可能性，也已超出本书的范围。[①] 不过，我这里所能做的是，尝试解析法论文本中如何理解达摩这个基本概念，以及这种理解如何有别于其他对这个词的流行用法。我们仍然可以认为，P. V. 凯恩(P. V. Kane)在很久以前对达摩所给出的一般定义，十分准确地捕捉到了该词的特定含义。

根据凯恩的定义，法论中的达摩意指“一个人的特权、责任和义务，即该人作为雅利安族社会成员、某一种姓的成员以及其特定生活阶段的行为准则”[②]。在这种定义中，我们至少会发现达摩中所包含的三个要素。第一，达摩确立并指向特权、责任和义务，而不是权利和统一的原则。第二，法论几乎完全根据男性和从男性的视角看待这些特权、责任和义务。如同所有古代法理学一样，法律和宗教所反映的理想主体始终是男性。在该制度的不同地方，妇女才得到考虑。我们应该记住，对于妇女的地位和条件，这些文本作者虽然有时流露出毫不掩饰的厌恶态度，但总体上是持怀疑论者的态度。第三，达摩与一个人在特定社会中的成员资格相关联，并根据成员资格的不同而异。还有，人们根据 17
具体地位和身份而考量达摩的含义，取代了对统一达摩含义的追求。同样值得注意的是，所有上述这些要素，都并不意指或依赖超自然的渊源或特定的道德感。因此，法论中的达摩首先同社会属性所决定的地位、义务和制度相关联，其次才同印度传统中固

① 关于各家共同尝试描述达摩在东南亚历史中的各种含义和意义，参见 Patrick Olivelle (ed.), *Dharma: Studies in Its Semantic, Cultural, and Religious History* (Delhi: Motilal Banarsidass, 2009)。

② P. V. Kane, *History of Dharmaśāstra* (Poona: BORI, 1962-1975), Vol. 1, p. 3.

定和超越的神圣吠陀渊源(随后两章将论述)相联系。

关于法论中的达摩，凯恩的定义中所没有涉及的一个重要维度，就是达摩既是规则又是要旨。哈克(Hacker)先前曾指出这一点：

> 我们必须把达摩设想为一种要旨，或一种超越性、非实体性之物。这种要旨或这种非实体之物，首要在于设定义务，因为它们作为固定的规范和规定而传递下来。实际上，这些规范就是达摩，即在履行之前就存在的达摩。因为这些规范已是达摩。不过，达摩在得到实际履行之前，并不等于我们的“规范”“规则”“法律”或“义务”概念。所有的这些概念都过于抽象。达摩乃是对于救赎具有积极意义的具体行为模式，在得到履行之前就以某种方式存在，并等待实现，或者说，达摩是这种行为模式的集合体。①

10世纪的法论评注者梅达帝梯(Medhātithi)在他对于《摩奴法论》的评注中，就恰好指出了这一点：“传统文本的作者使用达摩一词，有时是意指某些禁止和需要防止的行为，有时是指履行某些行为所产生的事态和坚持该种行为最终所获得的回报。”② 由于这种模糊性，达摩既可以被看作法律，又可以被视为美德。

首先，可能令人感到惊奇的一点是，在致力于解释的文本传

---

① Paul Hacker, “Dharma in Hinduism,” *Journal of Indian Philosophy* 24 (2006): 490.

② dharmarśabdo ‘yaṃ smṛtikaraiḥ kadācid vidhiniṣedhaviṣayabhūtāyāṃ kriyāyāṃ prayujyate, kadācit tadanuṣṭhānajanya āphalapradānāvasthāyini kasmiṃścid arthe (Medh on MDh 2. 6).

统中，几乎不存在关于达摩的定义。不过，对达摩不予定义的原因恰好在于达摩的情境性。统一表述达摩并无可能。相反，必须根据情境因素确定达摩的渊源和列举达摩的基本结构，而这些情境因素导致了达摩因人而异，因境而变。《祭言法论》(*Laws of Yājñavalkya*)的一个例子，表明了对义务、情境和社会的强调。它的开篇诗句就是，“圣明而受人敬拜的祭言，瑜伽的圣主有言，‘向我们传授全部种姓达摩、生活的秩序以及其他’”(YS 1.1)。评注者毗吉纳奈什伐罗(Vijñāneśvara)首先告诉我们，此 18
处“其他”是指混合种姓之人。然后，他列举了可分成六类的达摩。前五类达摩是：

1. 种姓达摩；
2. 人生阶段达摩；
3. 种姓与人生阶段达摩；
4. 专门的达摩；以及
5. 特殊场合的达摩。

最后一类(第六类)是共同达摩。我把前五类分列出来，是因为在其他文本中也常常发现它们。这五类达摩构成了确定各类达摩的主要依据，因而有些达摩是仅仅根据种姓或人生阶段就得以有效确定，有些达摩是根据种姓和人生阶段来确定，有些达摩是根据诸如国王等的特殊身份来确定，有些达摩是根据诸如节日和个人苦修等特殊场合来确定。第六类达摩是指期望所有人共享的美德，包括不施暴、诚实和洁净。有趣且有特色的是，文本以一个单独诗句来表述最后一类达摩(YS，1.122)。[1] 对这一类达

① 《祭言法论》1.122 颂的全文是：“不施暴、诚实、不偷盗、洁净、控制情绪、布施、克制、慈悲和平静，这些是每个人实现达摩的途径。”可与《摩奴法论》第六章第92颂相参照。

摩的极其简略的论述，标示出它在人们理解法论和表述达摩的过程中所处的边缘地位。

透露出更多信息的是《祭言法论》第一编第6颂诗句(YS, 1.6)，该颂诗句是：“在合适的地点、时间和以适当方式，某人真诚地将某物布施给值得接受者，这就是达摩的全部(entire)含义。”这条基础性诗句的效力——把人的全部义务浓缩成简单的布施行为——直接受到毗吉纳奈什伐罗对该颂诗句解释的限定。首先，毗吉纳奈什伐罗在解释“布施”一词时认为，该词是指“某人把对某物的全部所有权转让给他人，从而该物绝不可以返还给该物的原有人”。这样，对诚实和简朴虔诚的美好想象，被转化成对有关物在财产转移上的法定权利。毗吉纳奈什伐罗继续指出，“这就实现了达摩。然而，这就是达摩的全部含义吗？不，因为‘全部’一词的含义包括的范围更广。甚至一些法论所陈述的其他事物，诸如种姓、专门责任、酒祭以及其他祭祀等，也属于‘全部’达摩之业”。此外，这些基础性诗句所表述的内容具有简洁性，其中人的全部义务被简化成一种诚实行为，这种简洁性使得该诗句无
19 法对某个单词的含义进行扩大解释，从而在这种情况下无法使得原文中具有排他性含义的“全部”一词涵括其他许多行为。毗吉纳奈什伐罗要解决的问题是，对基础性文本，当然并不应恪守其字面意思，因为即使能够保持文本原意，也没有意义。他如同该传统中的其他评注者一样，尽量尝试理顺整个文本的意思。为了在这种情况下做到这一点，他必须阅读所有后来其他文本中被解释成“全部”一词的各种达摩。根据这种解释，这个诗句的关键点仅仅在于提供了一个富有

成效的达摩业因的例子。

因此，在评注者那里，完美的达摩定义似乎仅仅变成了对特权、责任和义务体系的一种较为复杂的解释性陈述。这种解释强调有关财产转移规则的诗体文本和大量以类似方式规定的其他达摩，实际上所具有的社会含义。印度教传统中其他类型的达摩定义，则强调同吠陀仪式、宗教救赎，或非暴力、慈悲等基本道德原则的联系。[①] 无论如何，我们发现，法论本身除了使用宽泛的词语外，根本不愿意界定达摩。[②] 相反，这些文本为如何确定达摩(下一章的主题)提供了精致的体系，并对具体的达摩提供了广泛却并不详尽的说明。

历史上，法论的作者采用三种体系，富有特色地把达摩分解为对具体义务的讨论。最古老的体系出自摩奴，他根据种姓和人生阶段划分达摩。另一种早期的体系似乎出自祭言，他把达摩分成三个分题，即居家仪式与义务、审判程序以及苦修。最后一种，当达摩材料的汇纂首次在12世纪出现时，那些对较古老达摩体系中的分题(审判程序、布施、祭祖仪式以及王权)的简要汇编开始流行起来，但并不存在这类题目的固定目录。上述三种划分主要涉及编排文本内容的方式，但它们进一步表明，宗教和法律实践的规则在列举上趋向详细，而这是神

---

① 参见凯恩对 Pūrva-Mīmāṃsā (codanālakṣano ' rtho dharmaḥ，即达摩是[吠陀]命令指引的理想目标)、Vaiśeṣika (yato ' bhyudayaniḥśreyasasiddhiḥ sa dharmaḥ，即达摩产生快乐和至福)，以及其他关于 dharma 的定义(ahiṃsā paramo dharmaḥ, ānṛśaṃsyaṃ paro dharmaḥ, ācāraḥ paramo dharmaḥ，即：不施暴是最高达摩；慈悲是最高达摩；善行是最高达摩)的评论(*History of Dharmaśāstra*, Vol. 1, pp. 4–5)。

② 例如，梅达帝梯关于《摩奴法论》第二章第6颂内容的定义："达摩是一个人当为之业，该行为能为他带来福祉，在性质上区别于人们通过感觉能力可以把握的知识和其他现世知识。"(dharmaśabdaś ca... yatpuruṣasya kartavyaṃ pratyakṣādyavagamyavilakṣaṇena svabhāvena śreyaḥsādhanam.)

20 学和法学著作的特色。但我们几乎没有发现关于自我或灵魂性质的哲学（尤其是本体论）的讨论，而这种论述是印度教有关吠檀多（Vedānta）或瑜伽（Yoga）著作的典型特色。我们也没有发现那种见之于密教的（Tantric）文献的、有关玄奥的仪轨和现实的思考。我们自然几乎没有发现可能与虔信（Bhakti）、动情和参与性宗教体验相关联的东西，而这种宗教体验与一神崇拜的诗篇和制度相联系。的确，诸如《毗湿奴法论》和《商迦与梨基陀法论》（*Laws of Śaṅkha and Likhita*）已有明显的教派归属倾向，但它们仍然主要沿袭了特殊法论的风格和宗教与法律的表达形式。这些文本尽管在其他方面相对缺少印度教所具有的重要宗教属性，但很难不把这些法论的大部分内容归结为宗教范畴。

评注和汇纂的一个重点在于编排顺序。法论的传统采取经院哲学的方式，这意味着它是较为严密的智识体系，这种体系主要在于正确理解和转述穿越时间的教规文本。① 一些学者认为，印度教法评注的目的在于使古老的规范适应新的时代和环境，从而使较为古老的基础文本跟上时代的步伐。② 另一些学者则持与之相反的观点，认为评注仅仅是整个自足智识传统的一部分，评注

---

① 在这个方面，印度教法传统反映出类似欧洲法律思想的重要学术性起源。参见 Berman，*Law and Revolution*，pp. 131ff.。

② Ashutosh Dayal Mathur，*Medieval Hindu Law: Historical Evolution and Enlightened Rebellion*（Delhi：Oxford University Press，2007），该书是最近唯一一部维护以下观念的著作，这种观念认为，印度教法评注是为了“适应时代的迫切需要和各地与各个群体的不同要求”（p. xxiii）。

的转述者几乎并不关注历史的变化。[①] 现在大多学者认为，真相
可能处在上述两种观点之间的某一处。描述评注者意图的最佳方
式，也许是这样的：他们像大多学者一样，为了在该学科中进行
思考和著述，首先注重保存这些成规，并在该领域中从事这一工
作。换言之，在他们的头脑中，最为重要的是适当解释文本。与
此同时，变化着的社会、政治、宗教、经济和其他条件，无疑会
影响评注者的解释，这一点在预料之中且不可避免。社会历史的
影响，似乎有时感觉得到，有时则意识不到。不过，在大多数情 21
况下，法论的作者并不直率地从事革新和改变传统——无论是文
本批评性质的革新和改变，还是文本编排性质的革新和改变，抑
或是文本解释性质的革新和改变。这样一来，法论的历史在修辞
上就受到了压制。

由于这个原因，在这种研究的过程中，尽管历史性问题不时出现，但我的主要兴趣在于法论中所体现的法理学、哲学或印度教法理论。在本书中，我并不试图展现印度教法的历史。我首要强调的是印度教法文本的共时性，甚至其无时间性和非历史性，以及法律文本的自我呈现。像基督教教会法学者一样，法论的评注者“深深沉湎于对历史的异常漠视

---

① 虽然J. H. 尼尔森(J. H. Nelson)和戈文达·达斯(Govinda Das)等对印度教法律文本的历史背景进行了重要的具体考察，但卢多·罗切尔坚决维护以下观点，即法论的作者是学者，而不是法律职业者，法论的文本是学术著作，而不是一般的对法律传统的记录。虽然罗切尔的观点最近有所缓和，但他在较早期的“The Historical Foundation of Ancient Indian Law”一文中认为，“整个评注传统完全脱离现实，从未旨在影响实际的法律和法域现实”。这也可参见他后来在其“Changing Patterns of Diversification in Hindu Law”讲座中对这个观点的详细论述。上述两篇文章参见Ludo Rocher, *Studies in Hindu Law and Dharmaśāstra* , ed. D. R. Davis, Jr. (Delhi: Motilal Banarsidass，即将出版)。

中”①。文本作者似乎有意和精心回避历史和社会情境。这并不是说，这些文本之间的差异和发展，在有些时候无法确切地归结于已知的历史和社会因素，而是说这并不是文本本身所展现的问题。相反，我们发现了一些在某种程度上可自由解释的基本或基础性文本，以及对于这些基础性文本的一系列评注和主题性汇纂。对于这些基础性文本作者的个人背景，我们几乎一无所知；对于这些文本的评注者，也只是略有所知。在大多数情况下，基础性文本和评注者分布在各个时期，现行的年表几乎在最近一个或两个世纪才问世。② 结果形成了这种经院哲学式传统，它似乎存续于时空之外。当然，现代学者无须接受法论本身的观点，但出于本书目的，为了有助于理解那些体现印度教抽象法律想象的概念基础、预设和结构，我尝试把重要的历史问题置诸一旁，以便契合具有共时性特征的传统印度教法理观。我力求避免某类重要历史著作的套路，即把法论的发展同社会历史和文化情境的变化联系起来。最后，对于中古时期十分发达的法论观点，我运用
22 一种平展的历史观(historically flattened view)，考察文本历史和实践中的法律。对待文本采取这种方法，在智识上并非没有缺陷，但这样做具有的优点是可照应这些文本的传统方法。更为重要的是，这种方法有助于我们留意该传统十分稳定的概念架构。

事实上，这些文本最令人感到惊异的一个地方，乃是作者所使用的这些概念和解释架构长期存续。当然，认为生活在 1 世纪

---

① Stephan Kuttner, “Harmony from Dissonance: An Interpretation of Medieval Canon Law.” In *The History of Ideas and Doctrines of Canon Law in the Middle Ages* (London: Variorum Reprints, 1980), p. 11.

② Kane, *History of Dharmaśāstra*, Vol. 2, pt. 1, pp. xi–xii，其中提供了法论文本的标准年表。奥利维尔在“Dharmaśāstra: A Literary History”一文中，对主要文本提供了最新年表，并具有说服力地说明了正确断代的方法。

的作者，完全如同在10世纪的评注者或19世纪的梵学家那样理解文本，未免过于夸张。但事实上，上述三者在预设、解释方法和概念基础上的共同性，远远超过他们之间的差异。通过写作方式和思考方法，传统得到有效传承，在时间的流程中，那种方式和方法几乎一成不变。在文本传统外部，社会、宗教、政治和法律的大规模变化，势所必然，但法论文本并不会轻易感知这些变化。因为本书旨在从其自我理解和自我表述的维度来理解这种传统，所以该传统的历史性问题无论多么意义深远和不可缺少，在本书中都处于边缘的地位。

理解法论的最终关键，在于把这种学术传统置于印度广阔的学术研究和经院哲学的背景之中。知识被分成不同的分支，每个分支都称作“论”(śāstra)。[①] 其中涉及建筑、舞蹈、仪式、诗歌、语法、戏剧、宗教解脱(religious liberation)、王权和爱情之论等。不过，法论所涉及的是宗教和法律义务的特殊分支。这并不意味着法论传统及其文本完全垄断了有关宗教与法律的思想，而意味着：首先，法论专家旨在以法论为业，掌握这种传统的特性，并宣布法论在有关达摩的核心学科中具有霸权地位；其次，法论之外任何其他类型或传统对于达摩的思考，无论是否源自印度教，都不得不面对法论中达摩观点的经典地位。[②]

我本书所言之法律，乃意指达摩。更具体地讲，我的意思是说，梵文表示法律的词语是达摩；更重要的是，英语表示达摩的

---

① 关于 śāstra，参见 Shelden Pollock，“The Idea of Śāstra in Traditional India”和“Playing by the Rules：Śāstra and Śāstric Literature”，两文均载于 A. L. Dallapiccola (ed.)，*Shastric Traditions in Indian Arts* (Wiesbaden：Steiner，1989)，pp. 17−26 and 301−312。

② 我较为详细地解释了这个观点，参见 Donald R. Davis，Jr.，“Hinduism as Legal Tradition，” p. 258。

词语是法律(law)。翻译常常带来问题。但在这种情况下，这些
23 问题颇有裨益，例如翻译中的概念错位和部分交叠，会促使我们重新认识和反思我们熟视无睹的东西。我在论述中，本可以采取狭义法律概念和广义法律概念之分——前者限于我们所熟悉的法律观念，仅仅涉及法院、立法机构和警察；后者把法律概念予以扩展，包括各种社会控制机制、道德规范和受到规制的行为。但是，我并不想进行这种区分，因为这将使我们在考察印度教传统时，会从自己的兴趣出发，轻而易举地摆脱困境；这就是说，我所坚持的立场是同时运用达摩和法律两种概念。因此我认为，恪守“法律”之维，我们会忽略法律的达摩之维；反过来，坚持“达摩”之维，我们会忽略达摩的法律之维。对于那些对法律怀有兴趣的人，我想指出，达摩有助于揭示法律对于日常生活的替代性(understudied)渗透。对于那些对印度教怀有兴趣的人，我尝试阐明，关注法律有助于揭示，在这种常常是神话式和被神秘界定的宗教中，法律所具有的渗透能力和强大作用。

在印度教中，各种宗教活动的主要社会场域是家户(household)，这个领域绝非不为学术研究所知晓。然而，研究者常常把家户视为理所当然之物，或认为它在某种程度上与其他宗教实践相联系。我认为，这种家户宗教一直被归入更大的范畴，或受到低估，其部分原因是学者没有认识到家户自有其神学。我贯穿于本书的观点是：法论就是那种神学。正是神学体系致力于揭示和传述日常人类活动——尤其是那些与家庭(family)、家户以及其他地方性制度有关的活动——的宗教意义。这样的一种家户神学或日常生活神学采取了法律的形式。因此，从印度法传统中，我们可以获知，在所有地方，法律中的较大部分都包含类

似的日常生活神学，而这解释了法律与宗教之间难解难分的联系。

我还要做最后几点说明。本书使用了类似黑格尔式的(Hegelian)和保罗式的(Pauline)书名，对此我并无歉意，因为我认为本书书名集中体现了我的观点。法论作者把吠陀奉为一种黑格尔意义上的精神，这种精神引领和约束人类的历史运动。同时，印度教传统增进了这样一种观念：法论中包含着对抗人类肉体欲望的法律精神或高级价值，而那些欲望仅仅从现世出发操控法律，把法律用作政治工具或当作机械性与无生命的仪规。我们将会看到，这种名之为“无影无形”或“无始无终”的高级功德(effect)，乃是一种实质性裨益，而这种裨益乃由作为法律的仪式性达摩实践所创造。

最后，我的研究受到数种探讨法律与宗教理论路径的影响，24
我应该在导论中就有所交代。读者会发现，在法律研究之维，我借助了法律多元主义、法律现实主义、法律与社会研究以及法律与文学研究的思路，其中每一种思路都为研究印度教法理学带来独特的启示。在法律研究中，我们常常引用的格言即“我们现在都是现实主义者”，可以标示出法学研究和某些职业的核心思路。然而，大多数职业人士和研究者是否汲取了“法律与社会”研究的核心洞见，即大多数法律都产生于法院和立法机构之外，对此我有所怀疑。在宗教研究之维，读者会期待对来自心理学、社会学和现象学进路的宗教智识论观点的更多强调。有关材料证据的性质部分决定了这种选择，但我也要指出，神学和解释学对于宗教生活，如同对于仪式、经验和认同，具有同等重要性。实际上，我想指出，所有这些宗教的特征都相互渗透。通过综合法律之维与宗教之维研究所提供的各种方法论洞见，我希望运用印度教法传统的丰富材料，论及今天对我们具有重要意义的一些问题；一些学者和专业人士致力于更好地理解我们所置身的世界，进而改进这个世界，在这个过程中，这些问题仍然吸引和困扰着他们。

第一章　渊源与神学(pramāṇa)

获得对一种法律体系的最初认知，最普遍且最好的方式之一 25
就是考察该体系中的权威性法律渊源。法律权威的来源涉及法律的宗教基础和社会基础。在大多数法律传统里，法律渊源通常可以分别根据道德、政治和历史或普遍规则、立法性规则和传统规则进行归类。[1] 不同的法律体系在这些方面偏重其一或皆有所取，这使得各法律体系间的差异得以显现，也使各法律体系内部发展史得以区分为不同的时期。印度教法尽管有其独特之处，但自然也不例外，它对每一种法律渊源的表述和构思，都与印度教法律史和印度教的发展息息相关。就印度教法而言，不重视立法和政治统治者的命令这一点，在现代读者看来是一个与众不同的特征。[2] 不过，立法性规则的相对缺失，部分源自印度教法理学将家户而不是国家作为法律最重要的制度场域。在更广泛的意义上，我们可以认为，印度教法传统所呈现的特征是，主要法律权威和法律责任存在于共同体层面，而不是国家政治体层

---

① 在使用这些范畴时，我参照了如下文章：Harold J. Berman, "Toward an Integrative Jurisprudence: Politics, Morality, and History," *California Law Review* 76 (1988): 779-801。

② Robert Lingat, *The Classical Law of India*, trans. J. D. M. Derrett (Berkeley: University of California Press, 1996), p. 256. 该文进行了最为透彻的考察，将传统的印度国王界定为"管理者(administrator)，而不是立法者(legislator)"。

面；典型的共同体就是家户或家庭，尤其是有教养的婆罗门男性家户。

在本章中，我首先考察法律渊源以及它们相互之间的关系，这些法律渊源在法论中被奉为认知达摩的合法手段。了解这些渊源如何和为何具有权威性，能够使我们洞察到以下一点，即在印
26 度教法理学对宗教和法律的反思中，家户何以成为典型制度。我认为，关注家户和其他地方性制度，有助于认知那些体现和构筑印度教法律观的共享目标和福祉。像家户这样的小规模共同体在推行共同价值和共同福祉方面更加有效，同时，也更易于使其成员相信，接受这些核心理念所能够带来的好处和裨益。对共同福祉的探讨最终会引向对另一问题的考察，即如何将现代主要法律原则之一——法治——与印度教传统法律神学进行对照理解。比较这两种在建构基本法律权威方面的不同构思方式，有助于我们考量二者各自的优缺点。

一、如何认识法律

当然，法论文本没有直接告诉我们何为法律渊源，而是讲到达摩渊源。在这个语境下，梵文里有两个词与渊源相对应。一个是 mūla，意思是“根源”，见于早期法论关于达摩渊源的经典表述中。另一个是 pramāṇa，这个术语常见于哲学性文献，意指“正知”，因而也指认知某事物的权威渊源。在早期文本的评注作品中，正知经常被用作达摩的注解或同义词。因此，圣传经通常将达摩的渊源理解为“知晓什么是达摩”的渊源。

全部法论的文本描述了达摩的三种渊源。第一种渊源是神学意义上最为重要的经典，即吠陀(Veda)或四吠陀(Vedas)。不管是单数形式还是复数形式，这个渊源都是指由婆罗门吟诵者原汁原味保存了三千多年的那四部口传性圣歌、赞词和仪式程序的文献合集。不过，吠陀(Veda，单数)和四吠陀(Vedas，复数)的含义之间存在着一种迷人的模糊性。复数形式只是指代上述文本，而单数形式还包含更加抽象意义上获得普遍认可的知识。进而言之，吠陀(Veda)就是所有知识，是关于宇宙自身中存在的完备知识的总和。圣传经普遍承认四吠陀(Vedas)并没有传达出所有的吠陀意蕴。在此，虽然我丝毫没有抨击之意，但现存的四吠陀有时似乎并不完整。在神学意义上，正是这种不完整性，才容许其他达摩渊源存在。

第二种渊源是圣传经，尽管它更具体是指某些特定的文本，这些文本包含着有德行和合法之人(lawful people)所传述的传统，法论就属于这类文本。同属这类文本的还有印度著名史诗《罗摩衍那》(*Rāmāyaṇa*)和《摩诃婆罗多》(*Mahābhārata*)，以及卷帙浩
繁的叙事性和教谕性文本——往世书(Purāṇa)。而学者们提到印 27
度教法时，大多数时候指的就是属于上述类别的法论文本。

表 1　达摩的三种渊源

渊源(mūla/pramāṇa)	对应的英文、中文词	一般形式
veda	revelation 神启经	口述文献
smṛti	tradition 圣传经、传承	书写文献
ācāra	customary law 习惯法	共同体规范

然而，对任何特定历史时刻的法律实践来说，最后一种渊源更为重要，它就是习惯法(ācāra)。该渊源对整个印度教法体系

而言所具有的重要性和特殊性，促使我在本书第七章专门探讨它。现在，我们只需要指出：首先，习惯法有很强的规范性，远远不是个人习惯和无意识行为；其次，它始终限于特定的共同体或团体。

在法经中能够找到确立这些达摩渊源的基础性文本。请对比以下三段表述：

> 法的渊源是吠陀，以及知吠陀者的圣传经和品行。(GDh 1.1-2)
>
> 法首先来自所有吠陀的教诲，并根据吠陀得以解释；其次来自圣传经的教诲；最后来自有教养者的习惯。(BDh 1.1.1-4)
>
> 法于吠陀和圣传经文本中得到阐明。如果有关问题在其中找不到答案，则可参考有教养者的品行。(VaDh 1.4-5)

法论文献中，对各部法经确定的这三种渊源所做的最详尽阐释，并不来自对其中某部法经文本的评注，而是来自梅达帝梯对《摩奴法论》的大量评注。①

梅达帝梯指出："四吠陀获得其名，乃因其是人们知晓(vidanti)善的来源，这种善被定义为达摩，它无法从其他任何知识
28 来源中知晓。"② 一部文献不能仅仅因为它的名字是"吠陀"就

---

① 通过将梅达帝梯的作品与早前鸠摩利罗(Kumārila)的作品(属另一种阐释达摩的派别——前弥曼差)进行对比，我们发现，梅达帝梯很大程度上借用了鸠摩利罗对这些渊源的阐释。不过，为不超出法论范畴，我在此仅仅关注梅达帝梯对这三种传统渊源的阐释。

② Medh on MDh 2.6 给出了一个通俗的词源说明：vidanty ananyapramāṇavedyaṃ dharmalakṣaṇam artham asmād ity vedāḥ。

被认作权威，“而应因为它并非出自人类作者，它告诉我们必须做什么，它绝对可靠”①。关于吠陀的这个定义(包括对《梨俱吠陀》《耶柔吠陀》《娑摩吠陀》《阿达婆吠陀》的定名)为多数甚至全部印度文献所认可。这个定义与前弥曼差哲学传统(第二章将探讨该论题)的关系最为密切。

我们或许以为梅达帝梯会加入他处就吠陀的非人创作、永恒和超越性质进行的哲学论证。所有这些不过是因提及弥曼差传统而引起的推测。② 梅达帝梯反而对“直接可知的”和“可被教授的”进行区分。梅达帝梯开篇便出人意料地指出，法论并不是在神启意义上将吠陀阐述为达摩的首要渊源，而是在逻辑和理性意义上。只有极少数非常之人能够直接从吠陀中习得吠陀是达摩首要且最为本真的渊源。法论撰写的目的是将此实情教授给其余那些没有能力获得这种直接知识的人。此处关键在于，法论是关于吠陀的二阶叙述。从吠陀中直接知晓的和借助于吠陀本身而知晓的真理，在法论中仅仅得到重申，以教导力所不及之人。梅达帝梯所做的区分，体现出吠陀文献和法论文献之间非常典型的差异，这种差异同时也凸显了吠陀超众且极具象征性的核心地位。

因此，作为法论中达摩的渊源，吠陀的作用是充当永恒、超越性真理的符号学遗迹，融入达摩的所有其他渊源中。对法

---

① Medh on MDh 2. 6：kiṃ tarhi apauruṣeyatve saty anuṣṭheyārthāvabodhakatvād viparyayābhāvāc ca.

② Medh on MDh：2. 6：“为何没有(就吠陀是达摩的渊源)给出理由？这是一个传统教学文本，它只描述公认的事物。探寻此处缘由之人，应该求助于弥曼差。我已经指出，这里所说的针对的是那些只根据传统教义学习(达摩)之人。”(hetur nokta iti ced āgamagrantho ‘yaṃ siddham artham āha. hetvarthino mīmāṃsāto vinīyante. asmābhir uktaṃ ya āgamamātreṇa pratīyanti tān praty etad ucyate.)

论而言，吠陀的细节无关紧要，但其他渊源的价值和权威却依赖于吠陀性质的符号投射到这些渊源中。这个符号的意指过程，在神学意义上将吠陀与文本和习惯法中有关达摩的内容关联起来。换言之，吠陀的精神渗透于达摩渊源之中，并包含达摩渊源的权威。

圣传经通过两种途径拥有正当性或权威。第一，与遗失的吠陀渊源的关联有时被归于圣传经中被发现的规定，该观点认为，每一条规定都应该且一定在吠陀中有实际来源，但吠陀的部分内
29 容随着时间的推移而遗失了。[①] 第二，更为重要的是，“通晓吠陀者所接受的行为”是判断某事务是否符合达摩的“主要标准”。这个论证从根本上讲是社会学性质的：既然施行吠陀仪式者同时又施行圣传经中描述的其他仪式，那么，逻辑上我们就可以假定他们并不会接受与吠陀相违背的义务和行为。[②]

梅达帝梯认为，圣传经的关键在于传承本身具有的神圣性。传达者的声望和品格，当下的通晓吠陀者和久远过去的通晓吠陀者紧密相联，是这种神圣性的保证。文本本身的重要性则相对弱一些。既然评注者经常对不一致或有争议的原文进行解读，那么文本权威的潜在保证就来源于传达者，而不是文本本身的内容或形式。梅达帝梯就确定达摩文本权威的历史过程做出一段似有道

---

① 关于遗失的吠陀的理论，参见 Wilhelm Halbfass, *Tradition and Reflection: Exploration in India Thought* (Albany: SUNY Press, 1991)。

② Medh on MDh 2.6:“圣传经和吠陀文本之间存在一种相互关系，因为它们总是相互关联。不论是就行为者还是就行为而言，圣传经和吠陀文本都不相矛盾。不论谁施行了现存吠陀所教导之事，如果它们同时以某种特定方式做其他事情，那么这也是以吠陀为基础。被通晓吠陀者所接受的是拥有(关于达摩的)权威的最重要标准。”(smārtavaidikayor nityaṃ vyatiṣaṅgāt parasparam | kartṛtaḥ karmato vāpi viyujyate na jātu tau ‖ pratyakṣaśrutinirdiṣṭaṃ ye ‘nutiṣṭhanti kecana ta eva yadi kurvanti tathā syād vedamūlatā ‖ prāmāṇyakāraṇaṃ mukhyaṃ vedavidbhiḥ parigrahaḥ.)

理的描述：

> 当博学者一致进行圣传经式的回忆，或宣称某人被以各种方式赋予了一定的良好品质时，那么，被认为是由他所创作的文本就是达摩的权威渊源，尽管该文本源自人类之手。这就是“通晓吠陀者的圣传经和品行”的含义。即便在今天，如果一个被赋予这种品质的人在具有这些品质的基础上编写一部作品，那么后来人(后世之人)就会将该作品认作权威，摩奴等就受到了这样的对待。但是，此代人不会依凭他的作品来学习(达摩是什么)，因为不管他有何种信息渊源，其他人也同样有。如果此代中有人没有提供渊源，那么博学者就不会将他的话当作权威。而如果提供了渊源，且该文本后来被接受为权威，那么就有理由对这些渊源具有吠陀基础做出推论，在此，除了文本被博学者采纳，没有其他解释。①

在这段圣传经如何创作出来以及如何具有权威的描述中，我 30
们再次看到对以下一点的重视：学者接受与否是衡量达摩权威的决定性标准。这种接受赋予文本以吠陀品格，尽管后人是通过人

① Medh on MDh 2.6：sarvathā yam avigānena śiṣṭāḥ smaranti vadanti vā evaṃvidhair guṇair yuktam tena caitat praṇītam iti tasya vākyaṃ saty api pauruṣeyatve dharme pramāṇaṃ syād iti । smṛtiśīle ca tadvidām ity asyārthaḥ । adyatve ya evaṃvidhair guṇair yukta īdṛśenaiva ca hetunā grantham upanibadhnīyāt sa uttareṣāṃ manvādivat pramāṇībhavet । idānīntanānāṃ tu yad eva tatra tasya bodhakāraṇaṃ tad eva teṣām astīti na tadvākyād avagatiḥ । idānīntano hi yāvan mūlaṃ na darśayati tāvan na vidvāṃsas tadvākyaṃ pramāṇayanti । darśite tu mūle pramāṇīkṛte granthe kālāntare... tadā teṣāṃ śiṣṭaparigrahānyathānupapattyā tanmūlānumānaṃ yuktam.

类创作的文本知晓达摩的。圣传经与吠陀的关联是间接的，但却得到了充分传述。更重要的是，我们还发现一个社会形成的达摩渊源（socially constituted source of dharma），该渊源以学者的共同认可为形式，类似于伊斯兰法中的ijmā'（公议）概念。[①] 将这个来自社会制度的情境化渊源看作对现行传统的变革、拓展和革新敞开大门，并不算一种跳跃性历史想象。当然，这肯定不属于神学范畴，但梅达帝梯对于文本传述和权威化过程的描述表明，神学和历史如何能够结合并共存。

习惯法实际上是以与圣传经相同的方式取得权威的，即假定吠陀达摩最早的传播和践行者与现在的传播和践行者之间存在着社会和代际联系。用梅达帝梯的话讲，“当吠陀和圣传经中并没有某事的（相关）表述，而博学者认为该事是达摩并实际上践行该事，那么，正如上文（关于圣传经文本）之论述，该行为也须被认为具有吠陀基础”[②]。如此，实际的区别只在于，圣传经得到文本化，且通过定型为文本而能够得到长期传播。否则，博学者在规范上所接纳的全部做法本身都将成为达摩及其他人的达摩渊源。目前，我们仅仅指出，习惯法首先诉诸圣传经的原始性传播而使规范获得吠陀品格。不过，文本和实际的法律制度都通过印度多元群体的社会共识承认了习惯法的合法性和权威。在本章，我们集中关注前一个过程，后一个过程留待第七章详解。

31 上段这句引自梅达帝梯的表述，指向达摩渊源的最后一个重

① 关于公议（ijmā'），参见Mohamman Hashim Kamali, *Principles of Islamic Jurisprudence*, 3rd edn (Cambridge: Islamic Texts Society, 2003), pp. 228-260。

② Medh on MDh 2.6: yatra śrutismṛtivākyāni na santi śiṣṭāś ca dharmabuddhyā 'nutiṣṭhanti tad api vaidikam eva pūrvavat pratipattavyam.

要方面，即各个渊源之间实际上明显有层次之差，并且，如果较高层次的渊源对某行为有所规制，那么较低层次的渊源就不能对此进行更改，甚至根本就不能起任何作用。[①] 这里，我们由此得到的第一个印象就是渊源之间存在冲突以及它们之间存在权威等级排序。所有文本毫无例外地都把达摩渊源的等级排列如下：

1. 吠陀；
2. 圣传经；
3. 习惯法。

但是，这种等级排序和冲突的印象很容易导致夸张的效果，因为较高层次的渊源在影响人们生活的具体事务上通常没有规定，这些事务由较低层次的渊源来处理。实际上，这意味着，达摩的这三种典范性渊源往往适用于独特而不同的人类行为领域。圣传性的法论文本并没有一一重复吠陀文本对仪式的详细叙述。同样，地方化的习惯法也不会复述法论中的进食规则、祭拜、继承、婚姻或赎罪苦修等内容。因此，法论本身趋向于为达摩的每一个渊源确定一个不同的“应用范围”(viṣaya)，以尽可能弱化各个渊源之间的冲突。[②]

补论：“自我满足”

后世的两部著名法论——《摩奴法论》和《祭言法论》——将

---

① 包括毗吉纳奈什伐罗(Vijñāneśvara on YS 1.7)在内，很多评注者直接表述达摩渊源的层次问题：“如果这些(达摩渊源)之间存在相互冲突，以居前者为准(eteṣāṃ virodhe pūrvapūravasya balīyastvam)。”

② 关于较低层次渊源在其他渊源没有规定时发挥作用，以及不同应用范围被分配给各渊源的问题，参见 Donald R. Davis, Jr., “On *Ātmatuṣṭi* as a Source of *Dharma*,” *Journal of the American Oriental Society* 127: 3(2007): 291。

达摩这三种典范性渊源加以确认，同时还加入了第四种渊源，或许还有第五种渊源。为将达摩渊源列举完全，我们必须论及它们。同时，我也将指出，后世的圣传经并没有将这第四种（和第五种）渊源接受为真正重要的法律渊源。换言之，我认为，摩奴引进第四种渊源，且一向致力于总结摩奴言论的祭言维持这一做法，但后世作者和评注者们大多不重视它，或者把它的重要性降
32 到了几乎无从察觉的地步。① 首先，基础性文本讲道：

> 法的根是全部吠陀，还有通晓吠陀者的圣传经和品行，贤人的习惯和自我满足。（MDh 2.6）
>
> 吠陀、圣传经、贤人的标准、自我满足，（以及）出于正当目的的愿望——这些是达摩的根。（YS 1.7）

首先，这些诗句看起来直截了当，似乎将一系列达摩渊源延伸为与范围无限的人的满足相联。但评注者们不接受这一观点。他们不同寻常地形成共识，主张“自我满足”和/或“出于正当目的的愿望”必须被严格限制于：

1. 拥有完美品德和吠陀教养之人；
2. 在其他渊源中找不到根据时；以及
3. 在两个具有同等效力的达摩之间进行无关本质的选择之时。②

换言之，吠陀品质在圣传经和习惯法上的扩展，同样适用于“自我满足”。若此三项限制条件有效，那么留给这项达摩渊源的空间就非常狭小，除非要面对的事务相当不重要，个人喜好才

---

① 关于此问题的充分讨论，可参考中世纪评注的众多译文，参见 Davis, “On *Ātmatuṣṭi*”。

② 同上注，p. 287。

足以成为决定因素。换言之，只要在考察完其他所有渊源后没有找到相关规则，人们便可以做自己想做之事。

两部最重要的法论中都出现“自我满足”，这要求圣传经及我们对其有所关注。但是，很明显，圣传经实际上对这个渊源的解释比较敷衍，认为它的重要性极其有限且基本上微不足道。至于这个渊源当初为何被加入达摩渊源中，我最好的猜测是，它能总括人类经验之“达摩化”。在特定的限制性情境下赋予个人满足和偏爱以达摩品质，则任何层次的人类行为，不论多么不重要，似乎都与达摩相关。这种达摩观在法论语境中讲得通，但弥曼差达摩观却与此不同，它更为严格，认为达摩必须解决那些无法通过其他方式认识、具有超越性结果的事务。尽管法论经常重 33
申弥曼差的这些神学上的限制，但圣传经还是将达摩投射到所有人类行为中。后一种投射造就了法论对南亚宗教和法律史领域更广泛的达摩传统的特殊贡献。纵然“自我满足”被与吠陀关联起来，但以我对基础性文本和评注作品的解读，还是认为基础性文本最大限度地扩展了达摩在人类经验中的适用范围，只不过后世圣传经又以不同方式对这种扩展进行限制。

二、法律与家户

印度教法主要适用于家户，而不是国家。对印度宗教思想中家户和家庭(family)的聚焦，深植于现有最早的吠陀文本。① 不

① 总体可参见 Kumkum Roy, “Defining the Household: Some Aspects of Prescription and Practice in Early India,” *Social Scientist* 22: 1-2(1994): 3-18; 也参见 Thomas J. Hopkins, *The Hindu Religious Tradition* (Belmont: Wadsworth, 1971), p. 77。

过，虽然在这些文本中能够找到日常生活神学和所有人类行为法律观的萌芽，但早期法论赋予达摩以新的含义，使达摩在范围和意义上都超过了早期吠陀文本中的达摩，与此同时，也回应了早期佛教神学对达摩概念更有影响的运用。① 达摩新的范围主要关注家户、家庭，以及各个种姓和其他人群所承担的日常宗教和法律责任。如此一来，尽管自印度教的吠陀时代至古典时代，家户导向的宗教和法律实践可能具有显著的延续性，但家户及与其相关的日常生活的成熟神学却在约始自公元前2世纪的法经文本中才首次出现。

单独关注家户，要求我们采取理解国家专门统辖的法律体系的不同方式，理解印度教法及其法理学。但是，家户是印度教法律理论和实践的理想制度情境这一事实，并不意味着政治性国家可以被忽略，而是意味着，对更大层面的法律神学而言，国家在法理上的作用相对次要。这种神学就是种姓与人生阶段达摩（varṇāśramadharma），它为所有法论提供结构化的基
34 本原则。表2或许能够比较清晰地体现出政治体相对于家户的次要地位。②

---

① Patrick Olivelle, "The Power of Words: The Ascetic Appropriation and Semantic Evolution of Dharma." In *Language, Texts, and Society: Explorations in Ancient Indian Culture and Religion* (Firenze: Firenze University Press, 2005), pp. 121-136.

② 帕特里克·奥利维尔对基于种姓与人生阶段的法论的基本结构进行过更全面的阐述，请参见 Patrick Olivelle (ed. and trans.), *Manu's Code of Law* (New York: Oxford University Press, 2005), pp. 77-86。他对《摩奴法论》各个主题的概述很清楚地表明，在达摩的体系中，政治性国王具有重要和广泛的权力，但在结构上处于次要位置。

表 2 种姓达摩，表明政治统治的次要地位

I. 婆罗门

a. 六业：教授和学习吠陀、祭祀和为他人祭祀、布施和接受布施(MDh 10.74-75)

II. 刹帝利

a. 三业：学习吠陀、祭祀、布施(MDh 10.77, 79)

b. 特别达摩=rājadharma，国王达摩(MDh 10.79-80)

1. 保护百姓(MDh 7.144; YS 1.323, 335)
2. 施行种姓与人生阶段之法(MDh 7.24, 35; 8.41, 390-391, 410-418; YS 1.361; NS 12.117, 18.5)
3. 惩罚恶者(MDh 7.14-31; YS 1.338, 354-359)
4. 审理纠纷(MDh 8.23-24; YS 2.1)

III. 吠舍

a. 三业：学习吠陀、祭祀、布施(MDh 10.78-79)

b. 特别达摩(MDh 9.326-333; 10.79-80)

1. 经商
2. 放牧
3. 务农

IV. 首陀罗

a. 特别达摩："伺候精通吠陀的卓越的婆罗门家居者"(MDh 9.334)

前三个种姓属于“再生”种姓，[①] 他们都要承担学习吠陀、祭祀和布施之责，同时，婆罗门还必须通过教授吠陀、为他人祭祀和接受布施来保障以上三项共同职责得以履行。首陀罗不被允许从事上述活动，他们的职责是为婆罗门和其他再生种姓服务。刹帝利和吠舍各有特别的职责：前者的特别职责是保护人民以及惩罚恶者；后者的特别职责是从事商业、畜牧业和农业。我们须

① “再生”指的是三个高种姓才可以举行的佩戴圣线仪式，它标志着他们第二次出生。但是，多数情况下，这个词不过是婆罗门的同义词。

注意到，在这个体系中，与政治治理、商业、农业以及劳务相关的人类生存和社会交往方面的基本事务都被纳入一套专门的宗教
35 义务中，而这些义务共同构成了一个已婚家居者的最高义务。特别要注意的是，那些在现代法律理论中属于法律范畴的事务，在这个体系中被归属于刹帝利种姓的国王管辖范围，大多数关于国王之达摩的表述看起来与政治国家相关联的法律非常相似。但是，从印度教视角(我认为，从历史上多数法律体系的视角)来看，将法律限定于这个范围内，未免武断且不够全面。在印度教法中，更为重要的制度是家户，正是家户支撑起达摩的阐释和概念构成的结构。

就像在伊斯兰法里一样，在印度教法里，“法律预设的前提是，在家庭中，家庭成员资格是人类的一种自然状态，个人很少会完全失去与家庭的关联”[1]。事实上，最早的印度教法传统文本就曾直接描述过家户的特殊重要性和已婚家居者的地位。例如，《高达摩法经》(*Gautama-Dharmasūtra*)指出：“无论如何，圣人们认为只有一种生活秩序，因为吠陀文本只对家居者的情况做出了明确规定。”(GDh 3. 36)《鲍达耶那法经》(*Baudhāyana-Dharmasūtra*)给的理由与此不同：“圣人们认为，无论如何，只有一种生活秩序，因为(家居期以外的)其他时期不繁衍后代。”(BDh 2. 11. 27, GDh 3. 3)[2]《摩奴法论》也重复了先前文本的观点：“梵行者、家居者、林居者和遁世者，这四个生活时期分别

---

① Bernard G. Weiss, *The Spirit of Islamic Law* (Athens: University of Georgia Press, 1998), p. 154.

② 关于这两段内容的专业细节问题及其与生活秩序或人生阶段(āśrama)神学之间的关系，请参见 Patrick Olivelle, *The Āśrama System: The History and Hermeneutics of a Religious Institution* (New York: Oxford University Press, 1993), pp. 83-91。

产生于家居者……而在所有这四者中间，依吠陀神启之规定，家居者被称为最优秀者，因为他扶养其他三者。”（MDh 6.87，89）通过对人生阶段(āśrama)的探讨，印度教法律文本把家户的重要性和优先性视为达摩的重心和落脚点。换言之，这些文本最为推许的是家居期或家居生活方式，而不是家户本身。当然，通过考察达摩文本所涉及的一系列论题，就能够进一步验证上述事实及其更深刻的寓意。

事实上，最能够阐明法论与日常生活的联系——尤其是通过其与家户和仪式的联系——的方式，是考察有关文本中所涉及的
一系列论题。达摩文本对进食、洗浴、为徒、婚姻、性、契约、 36
买卖、合伙、工资、地界、所有权、人生阶段仪式、日常五祭、布施、葬礼仪式、赎罪等，都提供了规则。几乎所有论题都与家户或仪式有关，或与二者皆有关。

我们现在可以回到印度教法律渊源这个议题上来。若我们认可印度教法理学所设想的社会情境，印度权威性渊源中没有国家立法或国王敕令就更可理解。[①] 如果达摩首先且主要与家户相关，那么建立国家层面的规则在法理学上就没有多少意义，因为在法理学上国家乃是有关国王的家户达摩的组成部分。

我们必须承认，法论呈现出一种似乎颠倒了的法律结构，即平常的、与家户有关的事务在达摩的阐述结构中居于支配地位，而规模更大的社会、政治和经济制度及其实践则看起来都被囊括

---

① 实际上，古代和中世纪的印度确实存在国王敕令(rājaśāsana)，经常用以修正或确立各种法律规则。法论在很多地方都提到敕令是达摩的合法渊源，尽管他们的作用相当有限。参见 Donald R. Davis, Jr., “Intermediate Realms of Law: Corporate Groups and Rulers in Medieval India,” *Journal of the Economic and Social History of the Orient* 48: 1(2005): 103–106, and J. Duncan M. Derrett, *Religion, Law and the State in India* (London: Faber, 1968), pp. 168–169。

于对家户职责的描述之中。正是这种相当不同于现代法律思想的倒置，使现代读者感到惊异，现代法律思想越来越趋向于公开拒斥对家户这一所谓私人领域的干涉。不过，像印度教法里的这种倒置，实际上在大多数古代和中世纪法律体系里都属通常现象。[①]

这种历史上常见的“倒置”揭示出多数当代法学理论的一个盲点，即在家户这个场域，日常生活同每一个社会层面的法律运行都存有关联。更确切地讲，当代法律理论——尤其在宪法性事务和高等级上诉事务领域——更大程度上将法律物化(reifies)为独立于其所处社会位置之外的抽象概念。如此一来，存在于真实之人中的法律及其与权力和策略问题的联系，就都隐而不显。法律现实主义者和法律与社会运动尽管都努力揭示和强调日常生活对法律过程的影响，但事实仍然是，我们都还是不乐见那些关注人之维的法律话语和争论形式。关注人之维的法律话语和争论形式是指，不管法律的目的或理论目标是什么，关注人
37 们如何实际运用法律，能够运用和凭借法律做什么，以及如何参与到法律之中。

这种占据显赫地位的具有局限性的法律观甚至潜入了宗教法研究中。例如，韦斯(Weiss)指出，伊斯兰法学家“眼界宽广，容括了整个生活方式，这种生活方式包括了通常作为法律领域之外的许多日常生活细节”[②]。我不反对韦斯关于伊斯兰法学家拥有广阔兴趣视野的概括，但我想质疑的是他受到现代理论影响的狭隘的法律观，他竟把这种法律观作为判断伊斯兰法特质的最佳标准。

---

① J. Duncan M. Derrett (ed.), *An Introduction to Legal Systems* (New York: Praeger, 1968).

② Weiss, *Spirit of Islamic Law*, p. 7.

挑战这种具有局限性的法律观的最好理由是，现代法律理论倾向于从违法角度关注法律，即违法之维揭示了规则在实践中如何运行以及违法行为如何受到惩罚。相比之下，印度教法理学则注重于法的实现。法律是达摩，即“守护之行为”。甚至在积极意义上讲，两者的区别无非就是法律允许什么与法律能使我们做什么之间的区别：前者暗示我规避什么，而后者暗示能给我带来什么裨益。因此，现代法律理论在概念上不愿意考虑以下这个重要问题：人们在大多时候实际上如何和为何遵守法律。印度教法以家户为重心构建其体系，印度教法律渊源通过家户和家庭这种机制获得最有效的运行，考察这类法律体系，能够使我们认识理论上被忽视的法律维度，即法律的权威和效力之维。以家户为中心的研究不仅能够矫正在印度以及其他地区所流行的某些法律观点，还能够促使我们反思对作为一种宗教传统的印度教所做出的类似的具有局限性的理解。

以家居者为重点，可以纠正有关印度研究领域的流行观点，这种观点一直认为，存在于家户或家庭领域之外的印度教，等于或多于存在于家户或家庭之内的印度教。[1] 存在以家户为中心的日常生活神学足以表明，还存在同样以家户为中心且至关重要的印度教宗教传统。但是，我们不应像印度传统中早期印度学学者 38

① 请参考以下两个例子：Klaus K. Klostermeier, *Survey of Hinduism*, 2nd edn (Albany: SUNY, 1994), p. 5：“印度教宗教（Hindu religion）虽然具有兼容并包的特性，但其核心是形而上学的。”克洛斯特迈尔（Klostermeier）承认，尽管有神学上的争论，家居者传统仍然是印度教的重要进路（p. 192），但他在描述印度教此方面内容时倾向于使用过去时，就如印度教徒过去常做的那样。霍普金斯（Hopkins）虽然把家居者传统视作一种或多或少未被破坏的印度教传统，但把它描述成与其他传统没有任何交互点、独成一体的正统。Tomas J. Hopkins, *Hindu Religious Tradition* (Belmont: Wadsworth, 1971), p. 142.

那样把二者混淆。我们不应将神学和实践混为一谈，以至于将印度教减化成某种神学，更不能滑向那种一度占据主导地位的观点，即认为古典印度教在实践中受到法论及其范畴的支配。但是，正如我们不应错误地认为，法论的神学就是实践中的印度教，我们也应避免认为，通过吠檀多神学传统，或围绕《薄伽梵歌》(*Bhagavad-Gītā*)的神学，或借助于密教文献，或经由祈祷文献，就能够描述实际运行的印度教。同时，我们也不能对神学及其范畴置之不理，因为它们确证了某些历史上存在的事实，而远不止学术传统。就法论而言，其为我们展现了一种家居者的印度教神学。

家居者的神学即使有时不被作为最高或最好的宗教救赎路径，但也一直是印度教的规范。克己、信仰狂迷、极端的坦特罗仪式都曾被认为是印度传统中的高级宗教救赎路径，但它们的共同出发点是家居者的信仰。从文本层面上讲，这意味着它是从事法论中所描述的家户或家庭的神学活动。其他这类传统中的每一个都很重要，但它们要么是将目标限定于有限的特定合格人群，例如苦行者和密教新入门者；要么是参照法论的特质(ethos)盗用和重塑家户和家庭概念。奥利维尔将这种特质总结如下：

> 再生人在其入教仪式之后要在老师家学习吠陀；回到家之后，他应该娶一位合适的妻子并设置自己的祭火；他应该与他的合法妻子生育后代，尤其是儿子；终生举行祭祀，诵吠陀，以食物和水祭祀祖先，给客人和乞食者食物，以食物祭祀所有生灵。[①]

① Olivelle, *Āśrama System*, p. 55.

不论是入教仪式和学习的程序，还是敬拜的概念和方法，其他神学传统通常都参照有关家居者信仰的正统论述。而且，法论本身也注意到早期印度教所未曾提及的新的实践和仪式，因此将其吸收到自己的文本中，在一定意义上，这也是在将这些实践和仪式合法化。正是法论与其他印度传统之间的相互作用，标示出法论在印度宗教想象(尤其是在神学领域以及实践情境)中的重要性。[①]

印度教中家居者宗教传统的基本要素可以归纳如下： 39

1. 圣礼——诞生、起名、佩戴圣线、结婚、去世等。

2. 家庭礼——祭神(pūjās)、其他家中仪式，尤其是与家庭神(kuladeva)有关的仪式。

3. 身体行为，比如进食、洗浴、性等。

4. 对家户/家庭有影响的社会生活，比如种姓身份、家庭财产交易、债务、作为成员加入团体(行会、贸易团体、种姓、军队等)。

5. 对罪过和言语不洁进行赎罪和净化。

上述家户的每一种宗教实践活动都服从法论及其评注作品中所提供的广泛规则。总体而言，这有助于我们从印度教的观点出发理解这些要素，它们构成了神学上有界限的宗教传统，在这个传统中，以达摩形式存在的法律，通过赋予这些日常生活行为以意义和/或目的，发挥了关键作用。

从宗教转回法律，我们或许会问，将家户视为法律最重要的制度场域有什么优点？相较于其他任何形式的共同体，家户共同

---

① 关于法论神学在实践方面的影响，有一个相当现代的例子，参见 Leela Prasad, *Poetics of Conduct: Oral Narrative and Moral Being in a South Indian Town* (New York: Columbia University Press, 2007)。

体都更容易拥有一整套共同福祉，来形塑由法律构造的其成员的世界。对此，早在柏拉图和亚里士多德时期，这种情境下的目的论或目标导向的法律观实际上就已经被理解到如此程度。在现代社会里，法律意义上的共同体和共享福祉之维，最通常是由代议制，如议会民主制来负责。

界定全人类共同利益——人权、法治等——比界定任何实际政治体或其他法律经济体的共同利益都更为容易，个中缘由尚有待探索。重视家户在印度教法理学中的地位，使我们有机会观察到，从目的论的角度构建对法律的理解实际可行，并有机会澄清，这种目的论对宏观和中观规模的法律经济体到底有何寓意。

三、法治与合法之治

40 正知的观念超越法律渊源，直击权威的要害。这个词以及它的派生词实际上也经常被译为权威。将达摩渊源问题和法律权威问题关联起来的是家户，接下来，我将在法治这个流行的议题内对家户进行考察。在本节中，首先，我将达摩渊源对权威的阐释同当代法学理论对权威的一般讨论进行比较。[1] 随后，我构想一种方法来概括印度教法权威观的特征，由此拓展对上一点的讨论，

---

[1] 另一段新近关于印度教法中的权威与当代法理学之对比的论述，参见 Timothy Lubin, "Authority." In T. Lubin, and D. R. Davis, Jr. (eds.), *Hinduism and Law: An Introduction* (Cambridge: Cambridge University Press, 即将出版)。

意在指出法治(rule of law)必须由合法之治(rule of lawful)作为补充。[①] 只有认识到家户是法律最重要的社会场域，并从这个角度解读，才能理解印度教法理学重视合法之治的意义。

可以追溯到霍布斯(Hobbes)的有关对权威的经典阐释，描述了法律权威的两个标准：强制性与内容独立。[②] 强制性法律命令是指能够排除对其义务性的所有争议或拒斥。内容独立的法律命令则包含着这样一种理念：命令被遵守完全就是因为它们是命令，而不是因为命令的内容正当、明显有益或合理。许多(甚至大多数)日常命令似乎都包含这两个要件："清扫你的屋子!""去睡觉!"法律命令如何获得这种相同的品格，是法律理论探讨已久的问题。[③]

印度教法理学对权威明确表达出同样的要求或标准，但仅仅针对三种古典法律渊源中的两种。《摩奴法论》以某种形式宣布了这种法律渊源的优先地位：

> 吠陀应该被称为"神启"，法论则为"圣传"；这两者 41
> 在所有的事情上都**不容置疑**，因为它们是法律的根源。一个
> 再生人如果依仗因明论藐视法的这两个根源，他就应该被贤

① 可对比以下新近文章，Jonathan K. Ocko and David Gilmartin, "State, Sovereignty, and the People: A Comparison of the 'Rule of Law' in China and India," *Journal of Asian Studies* 68: 1(2009): 93: "人治与法治的二分揭示了一个不可回避的悖论。在实践中，法治当然永远不能脱离人治，因为若没有人类的执行，法律就一无所成。"我认为，这篇文章的结论支持本文此处的观点，尽管我发现"人治"这个表述并不那么精确，而且承载着尚存疑问的概念史内容。

② H. L. A. Hart, *Essays on Bentham* (Oxford: Clarendon, 1982), pp. 253-255.

③ Scott J. Shapiro, "Authority." In Jules Coleman and Scott Shapiro (eds.), *The Oxford Handbook of Jurisprudence and Philosophy of Law* (New York: Oxford University Press, 2002), 该文给出全面但简明的概述。

人们抛弃；非难吠陀者为异端。（MDh 2. 10-11，着重符号为本书作者所加）①

梅达帝梯进一步解释道，“这里是禁止那种基于错误逻辑而提出的理由不当的批评”，而不是诠释学进路的探索本身，诠释学进路的探索指导我们如何接受对圣传经的某些论证和反驳观点。换言之，人们可以质疑对上述渊源的命令所进行的学术性阐释，但不能质疑命令本身。吠陀和法论命令的不容置疑性，一定程度上源自它们的内容独立性。

梅达帝梯举出两个例子，来阐述为何与达摩相关的命令权威并不取决于命令的实际内容是什么。首先，他讲到世俗事务，例如农业生产和服务性劳务，它们通过农作物产品和工钱这种可直接感知的成果来证明自身对人类有益处。② 达摩的结果与此不同。达摩的行为与结果之间的关联，并不是由逻辑或直接经验所表明，而是基于权威本文提供的证明。在此，圣传经中的经验而非源自个人的经验，才能够见证文本所陈述内容的真实性。其次，梅达帝梯结合印度教和非印度教传统之间在杀害动物这个问题上的关联，进行了更进一步的解答。如同我在本书第二章将要详细论述的，梅达帝梯接受“所有杀生都有罪孽”这个普遍规

---

① 值得注意的是，一些法论作者对 amīmāṃsye（不容置疑）这个关键术语有不同的解读，认为应该是 mīmāṃsye（接受弥曼差阐释）。不过，文本传统显然支持第一种解读（Olivelle, *Manu's Code of Law*, pp. 244-245）。而且，后续段落分别确认了达摩前两种渊源的强制性。

② “在农业生产等方面，我们凭借直接的感知和经验了解稻米和其他作物的产品。但是，祭祀等活动的成果……却无法凭借直接感知被认识。” Medh on MDh 2. 6（以及与农业生产等方面相关的 anvayavyatirekābhyām avagamyate［理解某事物与他者是否有时空联系］；参见 vyavahāra on YS 2. 20-21）。

则，但同时也坚持认为，经典文献虽有不杀生的直接禁令，但根据经典文献，在举行祭祀仪式的场合，杀生不仅变成是允许的，而且是必须的，这是一般原则的一个重要例外。更重要的是，他并不是用此例来证明，不杀生的普遍规则具有道德的有效性。相反，他认为“杀生行为的事实本身并不使该行为成为一种有罪孽的行为构成，而是因为违反了不杀生禁令而变成有罪孽”[①]。对梅达帝梯而言，杀生的道德性与禁止它的一般规则的权威或命令
它的例外规则的权威无关。换言之，命令本身的内容是什么根本 42
不重要，命令有权威来源才是关键。

我们注意到，只有吠陀和法论被直接宣称为具有不容置疑的权威。我们必须推定认为，以习惯法形式存在的现实生活传统，由于其合法性源于自身与文本渊源具有神学上的基础，因而它的权威也不受质疑。在印度教法中，像在伊斯兰法中一样，“经验之维的权威取决于与超越或形而上命令(ḥukm)之间的关联”[②]。不过，如梅达帝梯的上述评论所明确指出的，本身不容置疑的命令与解释命令所公开进行的探讨和争论截然不同。人们必须令行禁止，这一点不容置疑，但如何满足令行禁止的要求则可以公开解释。

因此，权威有两个层次，既是法律义务的核心，又是流行的法律常识的核心。第一，人们不能抵制这一体制；不能正面简单地拒绝或质疑法律。第二，人们可以在法律允许的范围内以独特(通常仅仅是技术上的)方式去遵从法律命令和禁令。第二个层

---

① Medh on MDh 2. 6：yato na hiṃsātvaṃ pāpahetutve kāraṇam api tu pratiṣedhena viṣayīkaraṇam.

② Ebrahim Moosa，“Allegory of the Rule (*Ḥukm*)：Law as Simulacrum in Islam?” *History of Religions* 38：1(1998)：7.

次不会与第一个层次相抵触，因为法律诠释者服从于第一层次的命令。这里，我要指出一个存在于所有法律体系中很有说服力的和至关重要的手法(sleight of hand)，即在命令的权威和拥有命令权威的人之间巧妙地来回转换，这些人掌握关于命令的专门或专业知识，他们也应如其所愿地凭借命令来生活。[①]

当然，容许或承认人本身拥有独立于法律之外的权威，容易造成权力腐败。出于这个原因，整个政治界和法律界几乎普遍赞成“法治”高于“人治”。成文法中的清廉标准受到高度认同，
43 它对现代法律和政治制度而言不可或缺。各个国家和各种机构几乎从不质疑这一理念，推定的他者的善意需要以对法治有事先和公开的承诺为前提。

同时，在当代法律和政治话语中，法治是最有争议但也是广泛应用的概念之一。尽管欧美政治哲学围绕法治提出了很多见解，[②] 但在当前的探讨中，法治最常见的功能是用作普遍的终极检验标准，以衡量民族国家的公平性和合法性，特别是在涉及人权争论时，尤其如此。所以，当一个国家由于实施挑衅性军事或警事行为而受到抨击时，它会宣称其法治仍然完好无损，那些看起来像是侵犯人权的行为，实际上是国家依据法律实施的合法行动，以此来安抚国际观察人士。反之，暴行和政治危机的观察人士则常常认为，法治崩溃是放任侵犯人权行为发生的首要因素。

塔玛纳哈(Tamanaha)的新近研究成果确认了法治探讨中的

① 如17世纪卢瑟福(Rutherford)在《法律与国王》(*Lex, Rex*)中所言，在中世纪欧洲，国王高于法律是一个有争议的观点。除了偶尔提到禁止惩罚统治者外，我在印度教法理学中没有发现任何类似的内容，考虑到神圣法律的优越感，我怀疑是否有哪个宗教法律体系能真正容纳这种可能性。

② Brian Z. Tamanaha, *On the Rule of Law: History, Politics, and Theory* (Cambridge: Cambridge University Press, 2004).

三个共同命题：政府受法律限制、形式合法性(formal legality)、法治而不是人治。尽管第一个命题作为一项一般性陈述看起来或多或少确有裨益，但另两个命题却会引起疑问，因为“法律并不会自我诠释或应用……[且]不能与人的参与分隔开来”[①]。迄今为止，即便在单个民族国家内部，为法治建构出共同的实质性观念都还难以实现。

我们发现，法论在阐释达摩渊源时，对法律权威做出了构想，这个构想与后面的问题直接正面相遇。吠陀和圣传经在概念上至高无上，同时，二者也被归置于作为其体现形式的“贤人”，即社会中的合法者(the lawful)。对实际合法之人的重要地位的强调，缓解了法律在概念上的优越性。我将这种构想称为合法之治，合法之治力图避免法律完全非人化的问题，特别是避免法律脱离权力问题的倾向。

关于法治的讨论不可避免地涉及有关法治自身性质和内容的争论。[②] 相比之下，关于合法之治的讨论促使有关争论聚焦于真实的人们行为，并关注具体行为的合法性而不是抽象的法律权威问题。法律与社会运动作为一种智识性运动，在这方面有很大贡 44
献。该运动主张，过于关注抽象概念往往使我们忽视法在现实中如何运行。[③] 在真正的法律实践中，最为重要的是人们在各种情境因素、干预因素影响下，应用法治，参与法律运行。

共同体成员业已从法律的创制和取得的成就中获益，而合法

① Brian Z. Tamanaha, *On the Rule of Law: History, Politics, and Theory* (Cambridge: Cambridge University Press, 2004). p. 123.

② 同上注，p. 3。

③ 例如，可参见 Richard l. Abel (ed.), *The Law & Society Reader* (New York: New York University Press, 1995)。

之治这个概念增进了他们的政治和法律支配地位。这里所说的合法者应指那些最不能依靠贪腐、暴力以及其他通过法律权力而受益的人们。在包括印度教法在内的绝大多数古代法律体系中，这个群体都始终属于统治阶层(精英阶层)。人们认为他们的教育背景、富裕程度和纪律约束使他们较少可能陷入权力和贪婪的诱惑，以致走向破坏法治的腐败——但是，至少可以这样说，这种观点在历史上有争议。现代民主治理的启示和变革，一直是通过某种代理机制将合法者等同于作为整体的民众。换言之，那些不负责引导和执行法律体制的人，被认为最不可能受到腐败和权力狂热的感染。

无论如何，法治修辞强调的重心是国家或其他立法权力的责任，即将纸面规则运用于真实的冲突、暴力和绝望的情境中。这种姿态凸显的是敬畏和对暴力或违法行为的控制。相比之下，合法之治修辞强调的重心乃是个人和多元共同体的责任，个人和多元共同体有时认受某些难以被接受的规则和角色，以便参与到更高秩序的协调中，并分享通过这种集体性牺牲而换取的成就。

对法律体系的有效运行而言，法治和合法之治都很重要。在极端的情况下，我们完全能够以更为清楚和简单的方式表达二者中任何一个的必要性，但两者的平衡实在难以驾驭，在此，执法的繁重工作变得最为关键。在家户这一印度教法理学最为理想的法律场域中，无疑是合法之治占主导地位，但同时，概念对于家庭规则也很重要。同样，国际条约和国家层面的暴力使用等，都明显需要超越特别法令的规则，或超越个人或团体所能够制定的规则。而且，在这种情况下，通常是行动者的合法性对僵化的规则进行补充，赋予它们以活力和情境意义。

我们如果考察印度教法理学的权威观，根本找不到类似于欧 45
洲自启蒙运动起发展出的那种法治构想。在前者那里，我们能发现很多呼吁统治者应始终遵从法律文本和传统的表述,[①] 但也有一些表述似乎将国王和婆罗门的地位置于法律之上。[②] 不过，这两种传统可引导我们得出一个与法律权威和法治问题相关但很少被探讨的结论。

在日常生活情境中，法律权威所依靠的是逐步消除选择。许多法律理论都基于这样一个预设："服从权威的人们，如果愿意的话，随时可以转而不遵从权威。无论如何，人们还是选择服从权威。每一个顺从行为都源自选择顺从权威。"[③] 事实上，在法律和行为语境中，这种有意识的选择是一种例外情况，而不是常规。[④] 法律规则"不是决定的工具——而是阻止决定的一种方法……当某人顺从某权威，法律规则就必须尽全力约束住未来的自己……他们选择服从于权威——就是选择放弃未来的选择"[⑤]。最重要的选择是决定去融入某种"法律宇宙观"或接受某种"法律修辞"，在这种法律宇宙观或法律修辞中，由法律所明确限定的特定角色对个人而言，既是保护又是约束。不过，即便是

---

① 例如，《摩奴法论》7. 31 - 32："纯洁的、言而有信的、依法而行的(yathāśāstrānusāriṇā)、有好助手的和足智多谋的人则能够领着刑杖走。在自己的国家里，他应该为人公正(nyāyavṛttiḥ)，他应该对敌人严惩不贷，对密友真诚相待，对婆罗门宽大为怀。"另请参见《那罗陀法论》18. 8。

② 《那罗陀法论》15 - 16. 21："这个世界上只有两类人可以免受指控和惩罚——婆罗门和国王——因为他们维持着这个世界。"

③ Shapiro, "Authority," p. 417.

④ Peter Berger, "Sociology and Freedom," *The American Sociologist* 6(1971): 1-5："社会通过预先占有众多选择——不仅有行为方面的选择，还有思想方面的选择——来保护我们的理智……若深远意蕴全然由社会生活承担，我们则都将失去理智。"(p. 4)

⑤ Shapiro, "Authority," pp. 418, 430.

这种选择，也明显受到以下情形的制约，很难全然选择退出与法律体系相关的社会生活世界。因此，就如莱因哈特(Reinhart)所言："人们的行为更多是由于角色而不是由于规则。"① 换言之，法律规则倾向于创造出法律角色，而法律角色反过来可以使人们无须知晓规则或降低知晓规则的压力。

46 达摩渊源以及传统文献对正知的论述也以同样的方式消除选择。可自由选择的人生阶段观念被放弃，转向一个这样的观念，其中可选择的人生阶段转变为有先后次序的人生阶段，在这种历史变化的情境下，奥利维尔提出上述观点。他指出："这项诠释学原则明显的含义是，凡涉及达摩有明确规定的事务，人们就应该遵守，近乎不惜代价地避免选择。"② 印度教法理学中每种前后相续的渊源都扩展了达摩的覆盖范围。如此，人们可以做出选择的范围，仅仅是由吠陀所标示，然后由法论加以具体限定，至于法论为选择留下的空间，则转而由地方习惯法加以具体限定。在这种背景下，我们也应理解《摩奴法论》为何将"自我满足"列入法律渊源。具有讽刺意味的是，这种渊源意图对人们完全的自由选择予以最终限制，这种完全的自由选择是指人们诉诸具有的实质性吠陀品格和借助于传统在品性中的内化所进行的选择，即便是依照法律做出技术层面的选择，这种渊源实际上也限制了选择。③

特别是就人生阶段而言，达摩文本里的禁令，正如针对人们而确定具体规则那样，尽可能限定人们的角色。一旦那些角色得

---

① A. Kevin Reinhart, "Transcendence and Social Practice: *Muftīs* and *Qāḍīs* as Religious Interpreters," *Annales Islamologiques* 27(1993): 5.

② Olivelle, *Āśrama System*, p. 135.

③ 参见 Davis, "On *Ātmatuṣṭi*," pp. 287, 291。

以确立并为人们所接受或强加于人们，那么根据法律权威进行选择的问题就越来越不重要。以吠陀和达摩禁令为形式的法治和以特定情境中界定的“贤人”为形式的合法之治，结合起来弱化了个人真正进行自由选择的能力。不过，这些权威渊源构想出的具体规则依旧对解释敞开大门，恰好是在这里，在聚焦于达摩的另一种不同的哲学传统——前弥曼差——中，重要的诠释学体系的发展，变得至关重要。仪轨旨向的弥曼差诠释学也致力于在吠陀仪式中消除选择，进而消除错误。由此，弥曼差融入或转变成了法论的风格和目的论，我们在第二章中转而探讨这个问题。

第二章 诠释学与伦理(mīmāṃsā)

47 弥曼差(mīmāṃsā)一词的意思是“思考的欲望”，或者更通俗地讲，是指“如何深思或解释事物”。多数时候，这一词汇特指古典印度的一种哲学和诠释学传统，在这种情况下，它意指弥曼差文献和理念。弥曼差不同于法论，但是，它与作为传统印度学术“王后”的语法学一起，是充分理解法论的基础，因为它提供了法律诠释学。然而，除了恰当解释文本所需的技术性规则外，弥曼差还表达了一种神学，这种神学取代了个人在宗教关怀中的核心地位。[①] 在弥曼差和印度教法中，个人救赎论都是一种事后想法；在更大的意义体系，亦即吠陀祭祀仪式中，关于个人救赎的讨论既非从属于，也非紧密附着于弥曼差的关注核心。不过，在印度教法传统中，法论的作者将重心从祭祀转移到了被称作“种姓与人生阶段达摩”的制度。换句话说，印度教法理学通过坚称以下观点重述了弥曼差神学，即为了种姓与人生阶段的社会制度之善，必须将个人之善“去中心化”。

最近引人入胜的讨论表明，只有在孔雀王朝阿育王(Aśoka)统治时期(公元前3世纪)之后，在南亚宗教史中，达摩

---

① 关于弥曼差的这一论点，我依据的是弗朗西斯·克鲁尼(Francis X. Clooney)的优秀著作，*Thinking Ritually: Rediscovering the Pūrva Mīmāṃsā of Jaimini* (Vienna: De Nobili, 1990)。这部著作为本章提供了信息和灵感。

才成为一项主要但有争议的神学范畴。奥利维尔已经指出，与多数当下理解和传统论述相反，在吠陀文献中，达摩并非一个重要的神学范畴。① 因此，所谓“吠陀中的达摩”② 是一种用词不当，而实际上，达摩是在弥曼差传统中得到分析的。在弥曼差 48
神学中，达摩是“一种受吠陀诫命指引的善”(PMS 1.1.2)③，它几乎仅限于处理被正确而适时执行的吠陀文献中所描述的仪式问题。相反，在法论中，人们设想了一种不同的达摩，这种达摩范围更加广泛，而且更具社会导向。④ 因此，几乎同时，关于达摩的两种独立神学观点被创造出来。在两种不同的达摩概念之间，圣传经迅速找到了调解一切明显冲突或问题的方法。对印度教法理学而言，这种调解及其诠释性和伦理性意蕴是本章的主题。

---

① Patrick Olivelle, “The Power of Words: The Ascetic Appropriation and Semantic Evolution of Dharma.” In *Language, Texts, and Society: Exploration in Ancient Indian Culture and Religion* (Firenze: Firenze University Press, 2005).

② Albrecht Wezler, “Dharma in the Veda and the Dharmaśāstras,” *Journal of Philosophy* 32(2004): 629-654.

③ 译文来自 Lawrence McCrea, “Hindu Law and Scripural Hermeneutics.” In T. Tubin, J. Krishnan and D. R. Davis, Jr. (eds), *Hinduism and Law: An Introduction* (New York: Cambridge University Press, 即将出版)。

④ 某些早期文献，例如因明学家帕坦伽利(Patañjali)，将法论归为一种现世(laukika)传统，而与此相联系的《利论》(*Arthaśāstra*)传统也避开了与吠陀的一切神学联系。参见 Patrick Olivelle, “Exploration in the Early History of Dharmaśāstras.” In P. Olivelle (ed.), *Between the Empires: Society in India 300 BCE to 400 CE* (New York: Oxford University Press, 2006), pp. 174-176。法论对弥曼差术语中的引入和自我展现永远更新了法论，将其作为一种神学计划来看，尽管法论与更广阔的、社会的而非神学的联系所建构的宗教和法律事实永不会丢失。

一、弥曼差中的仪式诠释学

弥曼差将达摩的知识和实践设为自身目的。[①] 在绝大多数情况下，人们忽视了有利于对弥曼差认识论和本体论内涵进行分析的弥曼差完整体系，而该内涵提供了这一体系关于仪式和人格的见解。[②] 正如所证明的那样，在这些内涵中，最重要的是对一种特殊启示的接受，即被称作吠陀的、自存而永恒的语词(Word)[*]，这种语词为一切人和宇宙的行为与目的提供了结构。否认吠陀有任何作者，将弥曼差诠释者从不得不寻找作者意图的活动中解放出来。因此，像所有受制于诠释学实践的文献一样，
49 吠陀经也拥有一种“语义自主性”(semantic autonomy)[③]。而且，启示并非沟通神或诸神的叙事，而是教导一种过程，即祭祀仪式的程序。在弥曼差中，达摩是“维持”(upholding)之意，即持续不断地从事祭祀，并伴随相应的细化、改变和调整。对弥曼差整

---

① PMS 1. 1. 1：“现在了解达摩的欲望。”(athāto dharmajijñāsā.)

② 在准备接下来对弥曼差传统的总结时，我依据的是詹姆斯·贝森(James Benson)最近对《弥曼差正理概要》(*Mīmāṃsānyāyasaṃgraha*)的批评性编辑和翻译。感谢他在出版之前，将该书的复印本分享给我。

* 此处将Word翻译为“语词”，意指弥曼差派特有的“声常住论”，“弥曼差认为，吠陀文献不是任何人所写成的，它是永恒存在的”，吠陀祈祷所使用的语言会产生无限常住的神秘力量。参见孙晶：《印度六派哲学》，中国社会科学出版社2015年版，第342页。

③ Paul Ricoeur, *Interpretation Theory: Discourse and the Surplus of Meaning* (Fort Worth: TCU Press, 1976), pp. 30-31. 尽管当然存在重要的哲学差异，利科(Ricoeur)的“文本语义自主性”的观点和弥曼差关于svataḥprāmāṇya(自有权威，自明)的理念，亦即吠陀经典自我赋予权威的特点，二者之间的相似性为它们提供了一种并行的诠释学框架，其中作者目的和对话参与在实践中都被排除了。

体而言，学习达摩主要是为了使人做好正确实践达摩的准备。正如我们在前一章中所讲，法论接受并重复在弥曼差中所描述的，作为神学假定的获知达摩的方法，而同时又将达摩的核心关注从仪式程序移开，转向社会动态。

在弥曼差关于语言的见解中，语词永恒而不断地与特定意义关联，因为如不这样考虑，就意味着预设存在一些发明了语词意义的具体个人。因此，吠陀语词的被给予性这一点意味着，人类应自觉并坚定回应吠陀告知我们之事。首先，这意味着，人类必须服从吠陀的戒律。这里经常会采用一种来自熟知生活经验的隐喻，即在日常生活中，人们受到父母、师长或上司的命令，这种经验转换为诫命的宇宙框架，它们就这样产生，编织进入宇宙结构本身，而且要求我们忠实回应。正如我们服从日常生活中不可回避的命令，以获得热爱、训练和报偿的好处一样，我们也应服从启示的诫命，为我们自己、我们的家庭和整个世界获得种种好处。若忽略那些诫命，就意味着否认人类拥有理解和回应它们的独特能力，实际上意味着拒绝所有伟大的人类目标。

理解吠陀诫命的第一把钥匙是学会识别首要之事和次要之事。弥曼差为决定一种仪式的主要和次要因素提供了诠释学规则，该决定通过一种体现语言要素优先性的等级列表实现，它包括：

1. 直接的文本陈述，在语法上可理解；
2. 相似或交叠的语词—意义；
3. 句法规则；
4. 语境；
5. 在文本中一个语词的位置，或执行仪式中一个科目的位

置；以及

6. 单纯名称的出现。

50 仪式可能非常复杂，延续多日的事务，而一个人必须一开始就知道主要事项，以确保准确执行仪式，达到预期效果。决定一项仪式的主要因素和次要因素继而依赖于一种意识，它涉及什么正在推动仪式，以及如何有效组织仪式。例如，它与一个人是否正在执行一项仪式有关，因为这是仪式实践的一种义务和常规部分，比如每日五次的火祭；或者因为一个人祈求一种具体而个人化的结果，比如孩子的出生。因此，仪式的动机密切关联于其整体组织和人们试图做什么的总体图景。深度参与这一组织的，是包含仪式整体的那些细微行动所带来的精确规程和次序。因此，如同确定首要之事一样，弥曼差也为正确安排一项仪式中的次要行为提供了诠释性规则，同样它通过仔细分析文本的语言和一种模范性仪式的实践来实现，并从这些语言和实践中借取成分。

我们可能会假定，仪式执行者是一切仪式的中心，但显然，只有在这一点上，弥曼差才引入了仪式执行者。对弥曼差而言，主要问题是谁有权执行这些种种仪式，并因此获得回报。然而，权利也意味着责任和义务。因此，尽管回报会诱导和激励对吠陀诫命的义务性反馈，但弥曼差将获得回报的动机解释为仅仅是在仪式过程中汇聚在一起的诸多因素中的一个。一项仪式的回报并非其目标，或至少并非其唯一目标。关于谁有权进行祭祀的规定类似于仪式中其他组成部分的规定和安排。祭祀者的身份影响仪式的其他方面。

根据弥曼差，所有吠陀仪式都是两种基本仪式的变体，即苏摩祭(soma)和神启祭(iṣṭi)，而所有其他仪式都是这两种仪式的发挥、扩展和更改，尽管很多别的仪式也被认为是其他仪式的原型基础。结果，每种仪式都是其他仪式的修改版，而借用变得泛滥成灾。因此，大部分弥曼差作为一个体系，处理仪式之间相互转换的程序和科目的规则。人们认为，转换既抽象又具体，并发展出为转换提供论证的复杂逻辑，并将特定转换的细节所需考虑的因素记录下来。正如所料，这种转化也必然常常意味着修改，这归功于原型仪式的不同片段合并为一种新形式的需要。因此，为了修改转化的因素，以及为了在特定情境下禁止转化和修改这些因素，才发展出规则。最后，弥曼差考虑到我们所谓的两种衔 51
接(cross-over)情形。在第一种衔接情形下，提供有限的规则，允许单一行为或一组行为同时作为两种概念下的独特仪式发挥两次作用。第一种衔接情形是一种经济规则，这种规则回避了对不断重复行为的需要，而在这种情况下，可以通过普通行为履行戒律。在第二种情形下，给出规则，以一种仪式的附带因素作为执行另一种仪式的一部分发挥作用。这里，借用并非在被称作转化的过程中，从原型衍生出更为重要的副本仪式，而是将附带因素从一种副本引入其他副本的过程。

到目前为止，对弥曼差整个体系的总结遵循着在最早的传统文献中发现的传统规则，即阇弥尼的《前弥曼差经》(*Pūrva-Mīmāṃsā-Sūtras*)。然而，描述整个体系的另一种模式也存在，这种模式既存在于该传统本身，也来自现代学术叙事。[①] 在前者中，也许对理解印度教法精神最重要的东西就是，弥曼差将权威文本陈述分为五种范畴，亦即戒命(injunction)、解释性陈述(ex-

① Clooney, *Thinking Ritually*, pp. 96ff. 该书通过以下方式提供了对弥曼差全部体系的可能最佳的现代学术重述，即根据主题，将弥曼差的核心概念分为九种在吠陀仪式的诠释学中具体发挥作用的程序。

planatory statement)、禁令(prohibitions)、定式(formulas)和名称(names)。

在多数情况下，进一步将戒律分为四个子范畴，这些范畴包括原创的(originative)、适用的(applicatory)、执行的(performative)和赋予资格的(qualificatory)。原创规则告诉我们一项主要仪式是什么，而适用规则具体说明那些主要仪式的辅助仪式，以及如何在不同情境下适用它们。执行规则在时间安排和次序安排两个方面明确仪式的顺序。最后，赋予资格规则具体说明谁有权从仪式中获益，以及执行仪式者必备的资质。由于弥曼差体系是含有认识论和本体论预设的宇宙诫命神学，因而戒律是其核心内容。因此，当诠释任何文献时，一个人必须首先力图发现诫命的内容。在弥曼差观念中，语词的关键力量涉及对应做之事的沟通。文本表达的所有其他范畴都促进这种诫命神学。

文本的第二个范畴，即解释和/或赞许(praise)，作为一种对诫命的支持发挥作用，尤其是通过在诫命中解释某些因素，使其
52 避免模糊不清，或通过劝诫人们遵守诫命做到这一点。有时候，诫命和解释(赞许)之间的关系并非一目了然，但是将一个文本的具体片段归入此范畴或彼范畴，将显著地并从根本上改变其在诫命神学中的意义。解释对其几乎全然没有强制性内容。因此将文本归类为该范畴，将消除它们好像具有的一切约束力，而无须否认这些文本发挥着一种边缘的支持作用。

正如人们所预料，禁令是消极诫命，即防止人们做某事的规则。因此，对禁令的解释反映多数诫命所适用的内容，尽管显然不需要任何阐述或限定禁止行为的子范畴规则。禁令的存在带来两个影响印度教法理学的一般诠释性问题。第一个问题涉及以下

情况，将一种文本陈述直接解释为禁令，就必然导致对周边陈述采取其他更成问题的解释。例如，如果一节内容旨在列出一系列应做的行为，与应予避免(或禁止)的行为相反，那么将任何个人行为解释为应予禁止，将与所有规则的一般意义相矛盾，也会给列明的其他规则带来问题。相反，弥曼差建议，应当将这些规则理解为排除规范。也就是说，诫命要求必须从事指定的行为，但同时排除禁止因素。[①] 第二个问题与前者相关，它涉及另外的原则情况，在这种情况下，将一种文本陈述诠释为禁令，将导致产生的解释性问题比它解决的问题更多，也就是说，在这种情况下，一项禁令将与其他诫命相冲突。对弥曼差而言，这绝对是所有能认识到的可能诠释情况中最坏的，因为它未能解决文本中的矛盾冲突，而人们几乎总是将这些矛盾冲突理解为虽然其是明显的，但并不真实。不过，在极少数情况下，直接违背戒律和禁令会引起一种选择情况——人们可以径直选择应服从两种冲突诫命中的哪一个。由于这些情况并不令人满意，诉诸选择有时会摆脱由完美的启示文本所引发的，令人深感痛苦的诠释性问题的纠缠。

在弥曼差中，最后两个文本陈述的范畴，即定式和名称更加明确，因为二者都处理在诠释上中立的形式。尽管根据弥曼差哲学，定式/祷文(mantras)对仪式的整体目标几乎没有任何作用，但它们构成了某些吠陀文献的重要组成部分。定式仅仅用于提醒 53
仪式执行者某些与执行仪式相联系的因素。根据相关诫命，他们的朗诵是强制性的，但定式本身并不具有祭祀的超越效果。相

① 从技术上讲，在陈述中应将否定性指示提供给某些因素，而非用于吠陀的终极目标。参见 MNP 330。

反，名称却通过以下方式为整体仪式提供一定水平的意义，即作为一种新的仪式、行动、神明的具体说明，或者继而执行一项具体指示的方式。与弥曼差的其他方面一样，将特定语词解释为名称应服从明确标准，该标准系统性地排除了其他可能性，并避免发生令人不快的解释后果。

总之，弥曼差承认的五种文本表达形式系统描述了任何可能的陈述或表达，并为理解它提供了最初的一套规则。以上对弥曼差体系的两种概括，都在其他重要的解释规则中运作，而这些规则是在对整个体系进行更广泛的描述过程中发展出来的。

为了更好地理解弥曼差的运作方式，我们可能需要将它与一种当下情况进行对比，在这种情况下，大量表面上不可理喻的混合规则（如巨大的吠陀文献汇编）通过一套诠释性规则变得可以管理，以使到巨型跨国公司兼职的年轻人都能完成必须做的事情：交税。对每个纳税人来说，弥曼差首先指的是说明书，该说明书附有官方税表，并通过一系列问题和附属表格逐步说明如何决策并缴税。弥曼差其次意味着人们实际设法填写表格的智力劳动和程序。正如一项特殊仪式那样，税法全文中只有很小一部分能适用于具体个人的缴税情况。弥曼差是一种帮助个体决定实际适用何种规则的工具。更具体地讲，它构成一种能力，既能够在随身携带的说明书内找到的税法典摘录部分中认知个体处境，也能够熟练地将一个人的处境模式化，以将该规则提供的潜在利益最大化。像宗教仪式一样，疏忽和违犯会消除有益的效果。

像弥曼差那样，纳税申报手册指导读者了解什么是主要的，什么是次要的。例如，在一个人能够写明关于免税情节、信用状况等具体细节之前，他必须确定各种各样的权利因素（年龄、婚姻、目盲、子女、军人身份等)，这些因素会使特定的规则得以适用或相反。为了正确完成主表格，有时也需要附属表格或工作表单，而且说明书帮助纳税人准确决定需要填写哪张附属表格(例如资本利得、股息、医疗费用、儿童保健支出等)。即便在 54
主表格中，一个人在确定各种减免之前，也必须计算收入。换句话说，存在一种明确的秩序，其中必须适用规则，并需要一定数量的附属表格去支持和完成主表格。

此外，对其他纳税人和纳税表格而言，特定的纳税情况会以范式—模型的方式获得考量。从弥曼差的观点来看，对个人纳税者来说，美国的1040纳税表格是原型纳税表，而其他表格，或多或少都是混合形式(1040A，1040EZ，等等)，是这个基本表格的副本形式。很多因素都从其中一个表格转化或转移到另外一个表格，根据相关的诠释性范畴填写。在某些情况下，一张表格可以服务于双重目的，或者填写一张表格对完成其他表格也有帮助。例如，在美国，当用完成的联邦税表来准备填写州的税表时就是如此。

我已经详细说明了弥曼差与现代纳税制度之间存在一定程度的隐喻性关联，以使对我们时代所采取的特定思维和行动方式来说，令人生畏的专门知识和弥曼差细节看起来不那么陌生。当然，弥曼差的预设和目标有着与此截然不同的，甚至是独一无二的成分，以至于这会限制将它与其他解释性体系进行轻率比较；但是，纳税的日常性质，其令人熟悉的特点，以及其极为广泛的复合性，使其可以作为一种可供选择的现代隐喻，用于表征弥曼差的社会—宗教地位和功能。完全无须求助弥曼差就可以并极有可能执行一项仪式，特别是一项人们熟知的仪式，但这一事实并不会降低弥曼差诠释学的价值。每个人都应当执行仪式，而且每个人都应当纳税，但很少有人能够或需要掌握全部规则体系，以完成必须和想做的事情。普通人必须参考或掌握该体系的一小部分。但由于特定原因，整个体系仍然存在，而且当需要时，能够处理整个体系的专家是必要而有用的。

二、印度教法理学中的弥曼差

法论将弥曼差纳入其经院传统从最开始就发生了，而且对弥曼差原则的明确依赖在所有早期法经的文本中都得到了证实，特别是在《阿帕斯坦巴法经》的评注中。法论吸收了弥曼差的吠陀
55 伦理，以及其认识论和诠释学。然而，法论也将弥曼差的这些核心要素转译到人类社会的现世世界。因此，尽管在达摩文献中，对吠陀完美无缺和绝对权威的神学承认得到了经常重复，但神学反思的新中心是种姓与人生阶段达摩体系，一种吠陀的神学伙伴。关于法论是否重新设想并构造了吠陀中的一种古老的、内容更有限的达摩意义，[①] 或者法论是否首次创造了一种以神学为中心的达摩观念，[②] 都存在争议。不管怎样，可以明确的是，与弥曼差相比，法论在其整体的达摩神学中包含了一种强烈的社会因素。

在弥曼差的核心，不可动摇的过程是祭祀之事。在法论中，核心却是日常生活。对弥曼差来说，不可置疑的权威是吠陀，特别是吠陀的诫命。对法论而言，其是根据一种牢不可破的理念和

① Wezler, "Dharma in the Vedas and in the Dharmaśāstras."

② Patrick Olivelle, "The Semantic History of Dharma: The Middle and Late Vedic Periods," *Journal of Indian Philosophy* 32(2004): 491-511.

制度传承加以定义的传统，据说所有这些都浸润着吠陀的意旨。对吠陀权威而言，法论与吠陀的联系是一种重要却次要的神学理由。人类传承是法论的反思核心。因此在法论中，对弥曼差的借用以一种隐喻的方式出现：家户中的日常生活是一种祭祀和“贤人”(good people)的传承，有关著作和习俗都是吠陀文献的延续形式。[①] 然而，一旦建立起这种自明的神学隐喻，法论的主要内容便与弥曼差彻底分开，正如其诠释原则适用不同的领域、不同的事件或过程那样。

弥曼差否认神作为创造者，并将非人格化的永恒的吠陀放在其权威结构的中心地位，这些对印度教法理学的发展产生了较大影响。法律永远也不能屈从于任何个人权力。抽象的传统共同体代替吠陀取得了至尊地位，作为法律稳定的非人格化力量即所谓的道德指针，这样，印度教法的整体权威来自非人格化人群(impersonal persons)的独特概念化。非人格化因素保证了法论规则 56
与非人格化和无谬误的吠陀之间的神学联系。在仪式实践和法律情境中，人格化因素保证了一种调整和情境化的潜力。印度教法对非人格化人群的承认，即对或多或少得到完美延续并体现非人类起源的非人格化权威的人的承认，提供了某些新的东西。总体而言，法律理论家认为，“与专家不同，法律的权威是非人格化的”[②]。相反，印度教法预想那些受到充分教育和训练的人能够

---

① 二者之间的方法论关联是饱受争论的业(karma)理念(更准确地讲，业[karman])。简而言之，吠陀与弥曼差中的业总是意味着这种或那种祭祀仪式，而在包括法论在内的后期文献中，业包含了更广泛的人类行为，我们象征性地将这些行为与今天联系起来。

② Scott Shapiro, “Authority.” In Jules Coleman and Scott Shapiro (eds.), *The Oxford Handbook of Jurisprudence and Philosophy of Law* (New York: Oxford University Press, 2002), p. 401.

作为非人格化权威的纯洁管道，而这种权威附属于吠陀，但仍并非完全是吠陀真理的机械管道。弥曼差用于强调作为印度教法理学中自明神学真理的非人格化因素。

在经院评注家的作品中，能够更清楚地看到弥曼差在印度教法理学中的体现，尽管它也时常在圣传经的根本文献中浮现出来。印度教法的评注者主要关心对基本文献的正确解释。因此弥曼差是一种文本解释和规则适用于情境的体系。它根本不是一种要求考虑具体事实的司法解释方案，而是对何种规则管理特定的事实情况做出的一种事前和(或)事后认定。我之所以强调这一事实，是因为弥曼差的法律作用与其说接近现代世界的管辖权问题和量刑问题，不如说它必须与一项判决本身的所有因素分开。

到目前为止，在印度教法领域运用弥曼差的一项经典例子是人的生活模式，或者生活阶段的问题。奥利维尔在对印度生活阶段的整体研究中指出，为什么关于人(特别是婆罗门)的生活模式的两种立场，都来源于对一项弥曼差原则的适用。[①] 在较古老的原初立场下，解释者将规定四种独立生活模式(梵行、家居、
57 林居、遁世)的文本陈述理解为对年轻人开放的四种终生选择。他们通过适用弥曼差的选择原则来论证这一立场，该原则的内容是，当同样权威的神圣文本规定了两种不同而潜在冲突的行为时，一个人可以径直选择其中一种行为去做。然而，后一种，而且是经典的立场参考了一种不同的弥曼差原则，将四者整合了起来。这一原则内容是，对得到类似宣告行动的列举必须全部得到遵行，在该情况下，四种生活模式在个人的一生中应依次得到遵

① Patrick Olivelle, *The Āśrama System: The History and Hermeneutics of a Religious Institution* (New York: Oxford University Press, 1993), p. 34 passim.

守。这一经典立场作为更佳解释得到广泛接受，因为它维持了所有的文本陈述，并避免了最终诉诸简单选择；它形成了印度教著名的人生四阶段的神学基础，而这人生四阶段是每一本入门书都会论及的主题。

另一个例子，这次来自一个具体评注，表明弥曼差在关于宰杀动物和食肉的规则上的适用。10 世纪的评注家梅达帝梯指出，在《摩奴法论》第五章的开头，存在一系列关于宰杀动物和食肉的看似冲突的规则。对任何评注者来说，关键词是看似。引起问题的主要段落如下：

> 肉，他可以在供过以后吃；或者按照婆罗门的意愿，或者在依规则受到邀请时，或者在生命垂危时。(5.27)
>
> “为了祭祀吃肉”，相传这是天神的规则；反其道而行之，则被称为“罗刹的行径”……牲畜被自在创造出来供祭祀，祭祀造福于万物；因此祭祀中的杀为非杀。(5.31,39)
>
> 他宁可在必要时做一个酥油牲畜或者面粉牲畜，也绝不可在不必要时想要杀牲畜。(5.37)
>
> 不杀生则绝不可能得到肉，杀生则不可能得天堂；因此，他必须忌肉。(5.48)
>
> 过失不在食肉，不在酒，不在色；对于众生来说，这是入世；而出世则有大果报。(5.56)*

---

* 此处译文参考了〔古印度〕《摩奴法论》，蒋忠新译，中国社会科学出版社 1986 年版，第 92—95 页。

在调和这些显然冲突的规定时，梅达帝梯求助于一种最普通的、以弥曼差为基础的文本解释技巧：一种规则和解释/规劝之
58 间的区分。① 他将从 5.28 至 5.55 之间的几乎所有段落，包括本讨论中的绝大多数段落在内，都归类为围绕 5.27 和 5.56 中得到必要解释的真实规则进行的解释、重复、赞许或非难，从而有效排除其禁止效力。② 在某些地方，他插入一项更实质性的讨论，涉及什么是主要的，什么是次要的（例如，在 5.37 和 5.48 中食肉和杀生的主［guṇatva］次［śeṣatā］关系），最后论断是食肉问题属于主要，杀生行为属于次要。③ 贯穿梅达帝梯对这些段落的评注，他都利用弥曼差范畴去缓解或消除某些段落的禁止效力，并坚持其他段落的禁止效力。最后，他依靠在弥曼差中详细阐释的论点去诠释这一组段落，将其解释为指示允许食用特定种类的

---

① 在印度教法和伊斯兰法中，将施加义务的规则和那些劝诫的内容做出区分的相似性令人印象深刻。在梵文中，弥曼差作者们关心的是命令动词的语法效果（称为 liṅ-tva）。在伊斯兰法中相应的范畴和语法是伊克他乌（iqta'u）和伊法尔（if'al）（Bernard G. Weiss, *The Spirit of Islamic Law*［Athens：University of Georgia Press, 1998］, p. 103）。此外，正如印度教法区分了强制规范（vidhi）和建议性嘉许、劝诫和解释（arthavāda），伊斯兰法也将沙里亚法中的义务规则（farḍ，wājib）与仅仅提供建议的劝诫（nadb，mandūb）区分开。也参见 Mohammad Hashim Kamali, *Principles of Islamic Jurisprudence*, 3rd edn（Cambridge：Islamic Texts Society, 2003），pp. 416–421。J. Duncan Derrett, *Religion, Law and State in India*（London：Faber, 1968），p. 87，该书比较了在传统犹太法中哈拉卡赫（Halakhah）与哈加达赫（Haggadah）之间的区分。

② Medh 5.56："从'维持呼吸的食物'到本段落的这些段落仅仅是一组 arthavādas（解释性/评论性陈述）。只有两到三个段落试图设立一项禁止性命令。"（prāṇasyānnam ity ata ārabhya yāvad ayaṃ śloko 'rthavādasaṃghāta eva｜dvitrāḥ ślokā vidheyārthāḥ.）对这一讨论的完整翻译也可以在 Ganganath Jha, *Manusmṛti: With 'Manubhāṣya' of Medhātithi*, 10 Vols., 2nd edn（Delhi：Motilal Banarsidass, 1999［1920–1939］）中找到。

③ Medh 5.48："这一段落表明，禁止杀生的这些段落整体从属于（禁止）食肉的规定。"（sarvasya hiṃsāpratiṣedhaślokasaṅghātasya māṃsabhakṣaṇaśeṣatām darśayati.）

肉，同时设定法律和道德的引诱，使人忌肉(5.56)。[1] 更具体地讲，他将“过失不在食肉”解释为对某些规定绝不可以食肉的段落表达的矫正。梅达帝梯对于何时可以食肉采取了一种严格的观点，即《摩奴法论》第5.27节的上下文，但同时在那些上下文中，承认其合法性。而且，既然食肉是超过杀生行为的主要行为，那么，杀生问题本身绝不能超过食肉的允许范围。此外，梅达帝梯详细解释了“而出世则有大果报”这一表述。他认为，
这一表述将所有的讨论结合在一起。据梅达帝梯所说：“根据弥 59
曼差，必须将这种未指明的功德理解为天界的报偿。”这样，对食肉的法律许可就被具有同等法律效力的尽可能戒绝食肉的法律奖励所冲淡。

到目前为止，我将一项对避免食肉的奖励规则界定为具有法律特征，当然会如我所料，给某些读者造成冲击，因为他们认为这是错误的。[2] 但是，这在理解弥曼差对印度教法的精神所具有的价值时，把我们带入了核心命题。法律不仅由可强制执行的规则和承认允许行为的规则即限制性规范所构成，而且也由带来特定利益的规则，以及对通过达成良善的可强制执行和非可强制执行规则亦即生成性规范(norms of production)的承认所构成。在伊斯兰法中，我们也能发现一种义务和建议规则的类似并置。遵守一项建议规则，会使穆斯林获得“精神回报(thawāb)，但若

① 梅达帝梯认为，在具体情境下杀生和食肉为法律所允许，但法律并未止步于此。相反，对法律的充分诠释性理解主张，法律要求我们为了节制所带来的“大功德”而戒绝这些行为。二者都是法即达摩，但达摩创造了超越单纯可接受性的受人青睐的更大嘉赏。

② 比较 Robert M. Cover, “Forword: Nomos and Narrative,” *Harvard Law Review* 97(1983-1984): 40。

未能履行，也不会施加惩罚”[①]。正如在梅达帝梯的讨论中出现的很多解释性/劝诫性陈述那样，“一般来说，‘嘉许的’（mandūb）辅助‘强制的’（wājib），前者或者充当后者的预兆，或者使人联想到后者”[②]。

在很大程度上，关于不具有强制力，不能强制执行的规则是否算是法律，这似乎是一种选择问题。几乎毫无疑问，其中存在着认识论的和概念上的难题，正如我们在韦斯对伊斯兰法中这一事项的界定中看到的那样：

> 在经典文本关于人的行为的分类中，认为属于建议或劝诫性行为，并不导致惩罚……因而绝不是规则；它们绝不能归于法律项下。因此我们有……一种沙里亚的主要成分，该成分不能合理地称为法律，然而这一现象既是沙里亚的有机组成部分，也是严格的法律现象。将以下内容永远牢记在心非常重要，沙里亚既涉及规定和禁止的内容，也同样涉及嘉许和劝诫性内容。[③]

在印度教法研究中，戴瑞特（Derrett）运用制裁和可执行性的同样标准来论证宗教和法律命令的区分，[④] 他也认为，只有可执行的规则才可以正当地称为法律规则。

60 同样的问题折磨着两种定性方式，即在应用之前，英语的法（law）范畴便已被设定为具有确定性优势，而目标术语，不论是达

① Kamali, *Principles of Islamic Jurisprudence*, p. 419.

② 同上注，p. 420。

③ Weiss, *Spirit of Islamic Law*, p. 19.

④ Derrett, *Religion, Law and the State*, pp. 75–96.

摩还是沙里亚，都被视为模糊或界定宽泛的概念，因为它破坏了在英语中创造的“自然”区分。若我们颠倒游戏，将会怎样？以下情况是否是可能的，即我们所谓的法实际上包含许多建议和劝诫的规则，这些规则有很多被认为在实践中不具有可执行性，但并没有承认它们为法的一部分？即便我们同意，对欧洲和美国法律体系来说，在过去大概200年间便已出现过采取这种建议和劝诫规则的趋势，那么岂非可以同样公平地讲，相对其他多数法律体系而言，欧美法律体系的特点在于缺乏某些重要的东西，也就是在那些法律体系中被视为法律本身有机整体、不可分割、不可区别之组成部分的那种支撑性的“法律道德性”？[①] 而且，如果在诠释学上将强制和建议性分离开来，那么难道西方传统本身不是将二者看作完全相互纠缠的吗？就好像贺拉斯(Horace)在其著名的箴言中所讲，无道德的法有何意义(quid leges sine moribus nanae proficiunt)？

最后一个例子涉及根据法论所涉所有权的属性问题。12世纪，《祭言法论》的评注作品《密塔娑罗》(*Mitākṣarā*)的作者毗吉纳奈什伐罗，在其基于出生的所有权问题所做的富有影响力的讨论中，指出所有权通过现世(laukika)途径，而非通过超越(dhārmika，vaidika)方法产生。尽管毗吉纳奈什伐罗为了支持这一主张发展了几条论据，[②] 但我仍想关注第三条，其中他依靠对

① 关于在达摩领域区分宗教和法律的拙劣努力，参见 Ludo Rocher，“Hindu Law and Religion：Where to Draw the Line?” In S. A. J. Zaidi (ed.), *Malik Ram Felicitation Volume* (New Delhi：Malik Ram Felicitation Committee，1972)，pp. 167－194；以及 Richard W. Lariviere，“Law and Religion in India.” In Alan Watson (ed.), *Law, Morality, and Religion: Global Perspectives* (Berkeley：University of California，1996)，pp. 75－94。

② Ludo Rocher and Rosane Rocher，“Ownership by Birth：The *Mitākṣarā* Stand，” *Journal of Indian Philosophy* 29(2001)：241－255.

PMS 4. 1. 2 的弥曼差诠释，即所谓的《利得经》(*lipsā-sūtra*)，即在弥曼差的开头对仪式中人的目标(puruṣārtha)和行为目标(kratvartha)两种因素的区分。[①] 在这里，我们仅需要注意，毗吉纳奈什伐罗似乎依靠 8 世纪的弥曼差评注者波罗婆迦罗(Prabhākara)对经(sūtra)的讨论，在他的《大释补》(*Bṛhatī*)中，他断言，对财产的获取(dravyārjana)必然影响个人，而完全不是
61 为了启动任何有效仪式的仪轨。这就是说，如果不占有某物，人就无法祭祀，换言之，如果只有通过超越性的方法，占有本身才能发生，则将没有办法进入这一体系。因此，占有必须是一种现世的事件。毗吉纳奈什伐罗运用这一论点支持他更广泛的主张，他赞成儿子因出生而非因父亲的去世获得所有权。

那么，这些例子告诉我们印度教法之善，换言之，其目的或有益结果是什么？每个例子都表明，法论诫命的目标或目的并非在弥曼差中处于核心地位的祭祀仪式。相反，它是某种更具包容性的东西，也就是种姓与人生阶段达摩本身。[②] 达摩文献所假定和在某种程度上描述的善是稳定、社会秩序、等级，以及在种姓与人生阶段达摩中所界定的一般世俗利益。现在，维持吠陀和祭祀只是以现世事务为中心的一种宗教—法律计划的组成部分。通过学习吠陀来保持祭祀是这一更大计划的组成部分，但现在这是

---

① Puruṣārtha 因素有益于履行仪式的祭祀者，而 kratvartha 因素则促进仪式本身的其他因素。

② 在法论中得到广泛应用，表达这种意义上的伦理之善的梵文词汇是利、善、好、极乐(śreyas)，看起来至少在《伽陀奥义书》(*Kaṭha Upaniṣad*)(2. 1-2)之前这个词就有了这层意思："善是一回事，快乐则是另一回事。"我的论点是达摩传统中的极乐(śreyas)意味着通过全身心坚守并实践种姓与人生阶段达摩所体现的人类利益。参见 Priyanath Sen, *The Genereal Principles of Hindu Jurisprudence* (Calcutta: University of Calcutta, 1918), p. 25。

一种目标/利(phala/artha)*，至少使人从人类文化生活中更为直接的目标，如平衡、秩序和正直中脱离出来，而这是通过学者传承(śiṣṭācāra)的知识实现的。法论涉及杀生、食肉以及所有权归属的问题。这些问题都涉及人类行为一般领域，而非单纯的仪式。种姓与人生阶段达摩是对这一领域的简略表述。

用技术性术语来表述(详见表3)，我们或许可以说，利(artha)已经巧妙地从弥曼差转向了法论。这种转向难以觉察，因为两种传承都聚焦于达摩，但弥曼差的达摩非常明确是吠陀诫命所描述的利，亦即献祭(yajña)。相反，对法论而言，达摩是贤人的良好习惯(śiṣṭācāra)所标示的目标，亦即种姓(varṇa)与人生阶段体系。这种并行关系令人吃惊，但内容十分明显。我们在两方面都有独特的利，该利通过一套诫命或规则(vidhis)**的方法(karaṇa)来落实，而这些命令或规则源自一种权威渊源。目标和渊源彼此分离，也可能互相包含，但这是这些方式的共同本质，即让弥曼差诠释学对法论也具有重要意义。

表3　法律与祭祀如何并列的技术方案 62

	artha 利/目标	karaṇa 工具	mūla 渊源
弥曼差	yajña 献祭	vidhi/śāstra 诫命/论	veda 神启真理
法论	varṇāśramadharma 种姓与人生阶段达摩	vidhi/śāstra 诫命/论	śiṣṭācāra 良好习惯

---

* phala 的意思是“果报”；artha 的意思是“利”即“利益”，在印度教中，它与法(dharma)和欲(kama)一道构成三要素。

** vidhi 意思为吠陀诫命、祭祀仪轨，引申为规则。

弥曼差神学运用于法论，使法论具有了利用传统吠陀伦理进行复杂哲学论证的能力，而法论同时扩展这一伦理，将其变成我们可以正当称为传统印度神学的事务。弥曼差赋予法论一种确认和在神学上论证共享之善的方法，而这种善为宗教体系的所有成分所意指。然而，通过用种姓与人生阶段达摩取代祭祀，达摩文献建立了一种包容全部人类行为的体系。种姓与人生阶段达摩并非单纯用于圣事，即限定于献祭的舞台，它是一种善，这种善同时拥有彼岸和此岸的价值，并或多或少体现了人类行为的全部领域，至少对那些有资格从事这些行为的人而言是如此。那么，在这种改造的形式中，达摩体系的核心部分便是一种共时(种姓)和历时(人生阶段)社会安排(达摩)的结构，在这一结构中，个体通过将自我置入更大计划的努力中，从而找到人生意义。就是这种获得普遍承认的印度教法之善，这种不证自明的许诺，随着时间流逝，将法论的法律和宗教体系结合在一起。达摩文献巧妙运用了弥曼差中的神学和哲学预设，以至于我们可以这样说，在法论文本的每一页中，都存在着一种含蓄的“参考弥曼差”的脚注。[①] 同时，法论构造了一种神学和法学体系，而该体系所关注的，其实是一些现世的社会和个人行为。

关于法，弥曼差首先有助于界定所谓的印度教法的精神，即法论的所有宗教—法律因素主要体现的理念，尽管达摩文献的内容并非直接涉及吠陀仪式，但该理念是对吠陀永恒真理的进一步
63 支持。而且，达摩作者对弥曼差的借用将诠释学放在法理学的中心位置。颁布、公开和执行法律全部让位于对法的解释，至少在

---

① 关于梅达帝梯对这种效果的详尽论述，参见本书第一章注释6(第77页注释②。——译者注)。

经院传统中是如此。因此，在传统印度教法律文献中，法既是良善生活的构成因素，也是为自己和他人建立良善生活的工具。重点在于法律实现什么，而非法律限制什么。总之，法律规则既规定也构成了种姓与人生阶段达摩，即比喻意义上的人类社会本身的献祭仪式和印度教法的至善。

三、一种程序中心的神学伦理

因此弥曼差赋予印度教法传统以三种事物：

1. 赋予与吠陀相联系的法论权威以一种哲学和神学正当性；
2. 适用于法律事务的一组诠释或解释原则；以及
3. 一种将法律类比为仪轨的观念。

在第一章中，我们已经讨论了第一点，现在我们必须探究后两点的更深内涵。这两个主题都涉及印度教法中界定的伦理，或者更宽泛地说，涉及诠释学和仪式与良善生活的法律主张有什么关系。

在解释中对技艺的培养，特别是在当下时刻将文本渊源带入生活的诠释性能力，被理解为印度教法精神所提出之伦理的必要成分。当针对如何通过行动做出伦理决定时，正是这种伦理理想与吠陀精神、过去圣人的传承，以及当下政治和社会情境协调一致。一种法律解释行为如何与伦理相关联？从印度教法和多数宗教法的视角来看，实际上诠释性约束预先决定了臻于伦理的良好比例。一个人的预断或偏见支配了伦理，因而这些预断或偏见应在做出伦理决定之前产生并成形，通过这种方式，人们就不再犯伦理错误。因此，诠释学是将传统施加于日常生活情境的艺术，是在偏见的风景中为惊奇留出地方的艺术。[1]

64 在印度教法中，诠释学对伦理的核心作用是印度教法与其他宗教法的共有因素。例如，在伊斯兰法中，“接受先知圣训作为仅次于《古兰经》的主要法律渊源，导致将法律的探讨转化为更广泛的解经事业”[2]。更重要的是，“法律由精确语言表达的规则所构成，依据专题组织的制成品，是法律解释的产物；它在解释过程之后产生，而非在解释之前出现”[3]。怎样强调以下理念的重要性都不过分，即法律是诠释的结果，而非诠释的基础。印度教、伊斯兰教和犹太教传统的规则本身并不是法，但它们使法律产生。所有这些法律都将法（达摩、沙里亚、哈拉卡［halakhah］）视为包括积极或消极的诫命或规则（vidhi/niṣedha, amr/nahy, mitzvot aseh/mitzvot to la'aseh）和某些解释性、劝诫性或建议性规则，以及作为义务性规则补充的故事（印度教的释义［arthavāda］、伊斯兰教的嘉许/圣训［mandūb/sunna］和犹太教塔木德的说教［aggadah］）。当然，这种等量齐观并非完美，但其共性已足以展示出一种法律的宽阔立场，在这种立场之下，法律是通过诠释法律渊源的行动而形成的道路或方法。通过接受规则，传统道路本身的经验知识被传授给人们，而这种接受既需要吸收传统的实质内容，又需要通过运用诠释，将传统应用于当前情境，来承受不断维持的责任。另外，每一传统都承认一种理想人

① 关于惊奇作为诠释学的一个要素，参见 Charles Hallisey, “The Surprise of Scripture's Advice.” In Judith Frishman, Willemien Otten, and Gerard Rouwhorst (eds.), *Religious Identity and the Problem of Historical Foundation* (Leiben: E. J. Brill, 2004)。

② Weiss, *Spirit of Islamic Law*, p. 14.

③ Bernard Weiss, “Interpretation in Islamic Law: The Theory of *Ijtihād*,” *American Journal of Comparative Law* 26(1977-1978): 200.

物，这种人既体现出郑重参与诠释性生活的过程，也展示了此一生活包含的伦理之善。印度教法文本将这样的人称为贤人(śiṣṭa)。在伊斯兰教，这样的人是权威法学家(mujtahid)，而在犹太教中，则称之为智者(ḥākāṃ)或者义者(tzadik)。从一种伦理立场来看，问题是一个人如何成为这样的理想人物。

答案同样类似，通过自我服从或服属于传统本身，迈上前哲已经铺就的法律之路。[1] 在《摩奴法论》中，我们发现学生应服从伦理的叙述："伺候心切的人得到师父肚子里的学问，正像一个人用铲子挖到水一样。"(MDh 2. 218)在这里"伺候心切"便是 65
śuśruṣu，其字面意思是"成为一个热心侍奉的人"，对最低种姓首陀罗而言，在同样文本内对其达摩的总结中用的也是同一词汇，而不出所料，这一总结是轻蔑而粗暴的(MDh 9. 334 - 335)*。通过无条件侍奉老师——这也是首陀罗服务于高级种姓的方式，学生获得无双的知识，而那些盲目的习惯使学生获得定义理想人格的伦理之善的习性。[2] 这些习惯的内容由在更广泛的法概念中运作的一套规则所界定。

在宗教法体系中，伦理顺服的过程需要一种相关程序，将在

---

① Jonathan W. Schofer, *The Making of a Sage: A Study in Rabbinic Ethics* (Madison: University of Wisconsin Press, 2005)，该书认为，在拉比思想中，"服从"是形成伦理的关键程序，而且提供了一种关于这种服从所具有之构成因素的微妙论述。

* 《摩奴法论》9. 334 指出："首陀罗的有助于他获得最高的法，就是侍候精通吠陀的和声名远播的婆罗门家居者。" 9. 335 规定："只要清静、侍候上等人、言语温和、驯服和一生托庇于婆罗门，首陀罗必将转生为高等种姓。" 译文援引自〔古印度〕《摩奴法论》，蒋忠新译，中国社会科学出版社 1986 年版，第 201 页。

② 关于宗教伦理的习惯(habits)和习性(habitus)，参见 Saba Mahmood, "Ethical Formation and Politics of Individual Autonomy in Contemporary Egypt," *Social Research* 70: 3(2003): 852。

这一体系中展现的法律创造力量与在现代法律体系中展现的方式区别开。在弥曼差语境中，克鲁尼将这一程序称为“人类的去中心化”。克鲁尼说：“祭祀并不从属于从人类视角明确表达的目的论；从事祭祀并非仅仅为了获得天堂和其他结果，即使人类以这种方式谈论祭祀时也是这样。相反，在祭祀中，人类参与者根据其在更大框架中所处的地位来加以认识和评价。”[1] 如果我们回想弥曼差中的献祭成为法论中“社会的仪式”，就必须设想，种姓与人生阶段的体系，即对理想社会生活的经院总体描绘也应将其重心从个人转移开，而无须否认他(她)在更大的计划中扮演的必要角色。[2]

印度人思想的情境伦理或至今众所周知的语境性或许最好归为一种事件导向的伦理，一种对人格特性的有意义展现，而这种人格特性根据每日生活中具体但重复的情境确定。在这里，一个人的人格不处于中心，一个人的行为才处于。一个人的永恒、抽象的人格或自我问题——在印度哲学中著名的阿特曼(ātman)——
66 被视为需要另作考虑的独立问题。[3] 实际上，法论所关心的是行动中的人，即造业的行动者，他的本性轮廓永恒变化，而其人生目的以具体行动为中心。实际上比行动者更重要的是行动本身。一个人的主要关注应当是行动是否得体。如果行动正确，那么良善将随之降临给行动者。但是，恰当的行动情境，亦即达摩，并非没有限度。传统既在规范性文本，也在规范性习惯的形式中约

① Clooney, *Thinking Ritually*, pp. 193-194.

② 个人如何从诠释性反思中被转移的一个很好的技术性例子是，将典范性的弥曼差诫命“希望升入天界的人应当祭祀”(svargakāmo yajeta)重新分析为“通过祭祀，实现升天”(yāgena svargaṃ bhāvayet)，参见 MNP 123。

③ Francis X. Clooney, “Jaimini's Contribution to the Theory of Sacrifice as the Experience of Transcendence,” *History of Religious* 25：3(1986)：204.

束着情境。

因此，当一个人在达摩程序中理解了个人的非中心地位时，从弥曼差的诠释角度理解的和在法论中应用的伦理便开启了。[①] 诠释学是将拼图各片加以拼接"形成社会"的过程。这种形成过程包括不止一人，而是许多人之间协调一致的努力，包括一系列实质性的命令，这些命令涉及应做何事，做这些事的材料，以及将所有这些内容整合在一起的一系列独立规则。[②] 在印度教法理学中，伦理非常明确地超越了个人人格的边界。实际上，在这里我们遭遇了弥曼差所提供的、为法论转化所运用的超越性。对事件而非人格的关注要求一种自我，这种自我被削减为一系列功能角色，而这些角色能够促进祭祀事业或社会事业。在上述隐喻中，正像将个人减化为呈交给税收管理当局的一组数字所造成的，类似去人性化的感觉一样，所以达摩的伦理需要将人性从关注的中心转移开。超越性恰恰是一种服从于达摩标准的伦理行动，因为这种服从将呈现在社会仪式中的分散个人转化为一个完整的人，一个在现世社会生活的超越体系中了解人性的地位，并开始表现这一去中心化的地位所要求的戒律，以实现"仪

---

① 正是离开个体的有趣关心，将印度教法关于伦理构成的观点和亚里士多德的观点区分开。亚里士多德关于习惯如何创造性格和美德(《尼各马可伦理学》, *Nicomachean Ethics* 2.1)的论述建立于个人在习惯上重复正当的行为，而非根据其构成部分来分析正当行为的基础上，而其中只有一个既定属于个人。

② 从克鲁尼的作品改写"Why the Veda Has no Author: Language as Ritual in Early Mīmāṃsā and Post-Modern Theology," *Journal of the American Academy of Religion* 55: 4(1987): 663:"弥曼差对所有批评(佛教和耆那教)的回应是，它不依靠任何单一的观点反思世界，从而有效地与单一视野的可能性切割开。它寻求一种无须外部确认便论证祭祀的方式，其既不来自活跃的神，也不来自令人满意的人，而且这种所需的论证既不需要设置超自然的现实，也不需要超越良好梵文文献的可靠世界秩序，它所需要的是良好的吠陀文献和得到认真执行的祭祀，以及一套将二者整合起来的规则。"

67 式”本身所具有的更高目的的人。然后那种通过服从而经历这一转化的人就变成这一现世超越性与他人之间的中介。[①]

从弥曼差到法论转化而来的，将法律作为仪式的隐喻，在印度教法和其他宗教法之间开启了一些重要的参照点。首先，法律是一种仪式的理念迫使我们将法律视为不仅包含规则，而且包含传统的先例，以及对妥当确定规则的履行。哈克声称这种达摩存在于其实行或实现(Vollzug)之先、之中和之后。[②] 印度教法坚持认为，和仪式一样，直到并除非履行了由法律决定的行为，达摩才完成，法律才产生。因为法律远不止规则。这是一种复杂的，而且经常是微妙的借用传统的过程，而这一过程是为了完成日常行动。我们最好借助实质性的隐喻来理解这一过程。作为传统的达摩是一样事物，是良善或功德的蓄水池，是一条修建的道路。作为行动的达摩是一个人通过行动达到功德池或正道所做出的自然贡献。当传统借助诠释学的中介影响行动时，其结果就是法律。然而，就像处于弥曼差核心的仪式那样，诠释学是不断重复而永不终止的过程。

其次，根据这种观点，法律应当有一个目的，并且应当带来善。在达摩观念中，我们最能够看清这一点，这种观念是，达摩除了别的以外，还意味着功德或正当。在弥曼差中，达摩的主导定义(“达摩”是吠陀命令所指示之善，参见 PMS 1.1.2)毫不含糊地指出，达摩是一种有目的的活动，一种善，或者是由一种特

① 比较 A. Kevin Reinhart, “Trancendence and Social Practice: Muftīs and Qāḍīs as Religious Interpreters,” *Annales Islamologiques* 27 (1993): 24: “在乌拉玛(ulama)的自我描述中，我们能够发现，在伊斯兰教逊尼派中，学者作为超越性的中介，并使这种超越性在日常世界中无所不在。”

② Paul Hacker, “Dharma in Hinduism,” *Journal of Indian Philosophy* 34 (2006): 490.

殊种类的命令规定的目标。在弥曼差的完整体系中，达摩似乎是三种独立目的之间的协调一致，这三种目的是人、行动和通过诠释学帮助达成的结果。[①] 在印度教法理学中，这种内在差异而又统一的目的，将印度教法与其他追求共享目的论目标的法律思想传统连接起来。

根据法论，达摩的目标(purpose)或目的(telos)是维护种姓
与人生阶段的体系，并使之不朽。在法律理论中，这种认为法律
体系应当具有一种内在和谐目的或目标的观念，引起了形式主义
者和工具论者之间的无穷辩论。[②] 人们提供了各种解决之 68
道。[③] 不过，考虑到本章的目的，我们只要注意到以下内容就足
够了，在一个法律体系中，有一种相对统一的目标将法律与伦理
和道德联系起来，而无须主张任何一个必然更高。在这种情况
下，法律和伦理会逐步趋同，这种体系的目的会作为共同标准，
既用于判断法律和法律规则，也用于判断其行为。共同标准也为
扎根于诠释学的辩论提供空间，但这种辩论永远也不会挑战这一
体系作为整体所具有的自明目标。[④]

---

① Clooney, "Jaimini's Contribution," pp. 208－210，关于达摩是 puruṣārtha，kratvartha 和 śabdārtha 的结合，即“人类意图、行为正直和言语清晰”的各自的目标。

② Brian Tamanaha, *Law as a Means to an End: Threat to the Rule of Law* (New York: Cambridge University Press, 2006), pp. 215－226.

③ 有很多可能的例子，参见 Clifford Geertz, "Local Knowledge: Fact and Law in Comparative Perspective." In *Local Knowledge: Further Essays in Interpretive Anthropology* (New York: Basic Books, 1983); Pierre Bourdieu, "The Force of Law: Toward a Sociology of the Juridical Field," *Hastings Law Journal* 38(1986－1987): 814－853。

④ 在现代世界的政治和伦理领域，对目的论最有说服力的辩护是 Alasdair MacIntyre, *After Virtue: A Study in Moral Theory*, 2nd edn (Notre Dame: University of Notre Dame Press, 1984)。

铭记以下这一点非常重要，即印度教法理学承认一种必然与政治相分离，而且高于政治的伦理。统治者的角色是为种姓与人生阶段体系的繁盛创造条件，并且在必要时对那些偏离这一体系的人加以制裁。像所有个体一样，统治者并不处于这一体系的中心，但对保障这一体系并使之繁茂负有更大的责任。

最后一个与法律、仪式和诠释学联系的关键命题是在多数或者说所有宗教法律体系中发挥作用的所谓诫命神学。依据弥曼差的观点，吠陀作为一种无作者的命令汇编而存在。这些诫命的“宇宙论”性质，其永恒性，以及其对人类行动的要求全部结合起来，表现了一种法律的视域，这种视域在神学的观点中被理解为人类对吠陀诫命的回应。一种类似的诫命神学将伊斯兰法界定为法(ḥukm，即规则或[特别是真主的]命令)，而这种法“同时是一种超越的和经验沟通的载体”[①]，更具体地讲：

> ḥukm既不能作为某种已知的东西，也不能作为一种规则体所划定和提供的规范来理解，应将法正确理解为某种在践行之前在理论上难以确定之事。菲格赫(fiqh)是这一践行的结果，它是由在宗教上正当的过程所创造的“理解”(菲格赫的字面意义)，在这一过程中，依据启示的汇编衡量当前情况，并以特定具体方式应用或发展启示中的信息。[②]

① Ebrahim Moosa, “Allegory of the Rule (Ḥukm): Law as Simulacrum in Islam?” *History of Religions* 38: 1(1998): 23.

② Reinhart, “Transcendence and Social Practice,” p. 8.

这种理解，即法律诠释学的产品，与自我塑造的伦理密切关联。[①] 在两种传统中，一种无可争辩的诫命体系，一种启示，必须被带入日常世界。诠释学便是启示在日常生活的情境中不断被重塑的过程。服从诠释学的支配意味着按照诫命的要求去行动，这构成了伦理的核心内容。最后从启示的诫命到诠释性说明，从而达到一致的行为的整个过程被统称为法，即达摩或沙里亚。在其最完满的意义上，所有这些因素对法律的出现而言都是必要的。[②] 69

在法论的语境中，弥曼差诠释学与印度伦理之间的关系导向一个与此相关的问题，即诫命神学如何影响人类。这种宇宙诫命的效果是什么？它如何在人们的生活中显露出来？法论中的答案是债或义务，即我们现在准备去讨论的梵语概念：债。

---

① 莱因哈特精彩地建立了这种关联，参见 A. Kevin Reinhart, "Islamic Law as Islamic Ethics," *Journal of Religious Ethics* 11: 2(1983): 186-203。

② 比较 Paul Ricoeur, *The Just*, trans. D. Pellauer (Chicago: University of Chicago Press, 2003), p. xxii: "正义的意义扎根于对美好生活的希望，并在程序形式主义中找到其最苦行的理性构想，除非在某种情况下，在行使判断的过程中达到适用规范的阶段，这种正义的意义才会得到具体的充实。"

第三章　债与债孽(ṛṇa)

70 传统上认为，人与人的关系是由法律所规制的两种人类互动形式之一。另一种形式，即人与物的关系，将在第四章进行论述。在这两章中，我们将运用印度教法理学的观点，考察上述两种获得法律认可的人类与世界的互动形式，并将其作为印度教传统实体法的一个缩影。尤其是，在这些互动关系中，我们可以发现法律、神学与日常生活最显而易见的联结，而这构成了印度教，乃至如我所主张的所有法律体系中法律构想的基础。

人与人之间存在着多种多样的关系类型，而这些类型均可能被法律予以具体化和实例化。单是回想历史上具有显著地位和悲剧色彩的主奴关系之法，就可以让我们理解这一点。其他日常关系也在各个法律体系中占据了重大或核心地位，诸如父母与子女关系(更经常的是关于父子关系)、夫妻关系、同学关系和商业伙伴关系，乃至个人与公司之间的关系，等等。依据某种对人类本质和生活本身的理解，这些关系被纳入法律条文之中，并因而为法律所倡导或禁止。众所周知，19 世纪法律历史学家亨利·萨姆纳·梅因(Henry Sumner Maine)指出，可以将法律的历史进步描述为一个“从身份到契约的运动”[1]。本质上梅因是要提出，

① Henry Sumner Maine, *Ancient Law: Its Connection with the Early History of Society and Its Relations to Modern Ideas* (London: John Murray, 1861), p. 141.

早期法律体系承认和强化了传统的特权、财富和习俗，而后来的法律体系则渐趋维护法律面前更大程度的平等性，其主要表现形式是个体自治，即个体身份并未从法律上被预先设定，其与他人的关系由自愿选择而形成的契约所规范。① 梅因这一高度简约的观点，看似完美无缺但又令人生疑，因而引发了学界的持续争论。

借鉴梅因的做法，我们可以探求，在印度教法理学中是否存 71
在一个统摄人际关系论述的根本隐喻。也许最为接近的，就是"债"的观念，或者说"债孽"(ṛṇa)的观念。"债"或者"义务"，是印度教法律文本中用于描述所有的人际关系的一个典型隐喻。在这种文本的视角下，人类生活被界定为两种债或者义务：与生俱来之债，也就是所谓的"三重债"，以及自愿负担之债。从更为技术性的意义来看，在印度教审判程序的第一种法律纠纷类型*中，后一种债孽是首要的命题，因而于其他法律命题具有典范意义。这两种债之概念的适用是基于这样一个观念，即生活是一个通过不断承担日常义务而偿还与生俱来之债的过程。这种观念所暗含的伦理意义是，以节制的方式实现自性净空(self-emptying of one's personal character)，并把入世(substance into the world)作为获得宗教救赎的方式。在本章中，我们将考察印度教法情境中"债"之观念的宗教与法律意涵，并探求"债"如何为审判程序提供基础，形塑审判程序，并持续进入法

① 梅因有关初民状态的个人观点主要基于对印度教的研究，但这一研究不仅受限于其印度教历史和语言知识的欠缺，更囿于其全力为帝国体制辩护的定位。见 Karuna Mantena, *Alibis of Empire: Social Theory and the Ideologies of Late Imperialism* (Princeton: Princeton University Press，即将出版)。

* 原文 title of law 是指诉讼分类的题目，参见《摩奴法论》第八章第 2 至 7 颂。为便于理解，译为"法律纠纷类型"。

律与日常生活的联结。

一、先天之债与契约之债

在印度教传统中，债之神学在文本上首见于《鹧鸪氏本集》(*Taittirīya Saṃhitā*)和《百道梵书》(*Śatapatha Brāhmaṇa*)，这两个文本的断代可追溯到中吠陀时期(大约公元前800—前600年)。[①]《鹧鸪氏本集》的表述方式在后世传统中更具影响力，根据它的记载："一个婆罗门于出生之始就负有三重债——学生之于老师之债、主祭之于诸神之债和子嗣之于父祖之债。实际上，当拥有子嗣、成为主祭并过着梵行者生活的时候，他就从这些债中解脱了。"[②] 马拉默德(Malamoud)称其为"婆罗门教的债之神学"，这种观念认为："一个人的先天之债没有起点，在其尚未出生时就已经全部形成，这种根本性的债将自他出生时起就影响和限定他。"[③]

在三重债的这种阐释结构中，首先应关注的是其先天之债的一般特征。在理想的婆罗门或再生人的居家和家庭生活情境中，所有这三种债都是其一般人生历程的必然组成部分。所有男性再

---

① 对印度教早期传统中债之神学的最佳研究成果当属Charles Malamoud, "The Theology of Debt in Brahmanism." In *Cooking the World: Ritual and Thought in Ancient India*, trans. David White (Delhi: Oxford University Press, 1996), pp. 92-108, and Patrick Olivelle, *The Āśrama System: The History and Hermeneutics of a Religious Institution* (New York: Oxford University Press, 1993), pp. 46-55, 176-182。本文就先天之债学说的阐述主要来源于上述两项研究。

② 译文源自Olivelle, *Āśrama System*, p. 47。TS 6. 3. 10. 5 begins: *tribhir ṛṇavā jāyate*.

③ Malamoud, "Theology of Debt," p. 95.

生人都应学习吠陀。[①] 在这一情境中，几乎可以确定，祭祀是指 72
每个男性再生人都应履行的“五祭”。[②] 这些都是在居家时举行的祭祀，实际上就法论而言，这些祭祀也定义了什么是家主。与此相似，婚姻也是一种必经的仪式，标志着成为家主并可以获得子嗣。[③] 这种将婚姻视为规定和义务的观念是宗教法律体系的特征。如在伊斯兰法中，“经典法学家将婚姻视为人生规定性的最终状态，而且在通常情况下，他们认为婚姻的必然结果是生育后代”。因此，宗教性法律将已婚男性家主预设为法律中的典型主体，这是整个法律文本预设的一种核心身份或角色。[④]

这三种债是与家户相关的达摩的传送链条，与一个人的不同人生阶段相联结。作为学生，他向老师学习并居于老师的家户之中，通过自愿服从老师指导和命令的方式，研习所有传统的价值观、规则和角色要求。在婚后，他建立自己的家户，将其所学行诸一种新的情境，在相当意义上说，这是他人生中最为重要的一个新的微观世界。随着子嗣的出生以及其最终进入学习和婚姻状态，为父者就通过了相同的先天之债的考验，并实际上依据他们的这一成就来享有生前及死后的荣光。达摩之链因而从父亲转移到了儿子身上，但更为重要的是，从一个家户转移到了另一个家户。

---

① MDh 2. 164–165.

② Olivelle, *Aśrama System*, pp. 53–55. 根据《摩奴法论》的记载，这五种祭祀是：“通过教育来祭祀吠陀；通过献酒来祭祀祖先；通过火祭来祭祀神灵；通过献波利(Bali，礼物、食物等)来祭祀生灵；通过待客来祭祀人类。”(MDh 3. 70)三重债与五祭在结构上的交叠足以说明两者之间存在某种关联。

③ MDh 3. 2, 4(关于婚姻的部分)；9. 137–138。

④ Bernard G. Weiss, *The Spirit of Islamic Law* (Athens: University of Georgia Press, 1998), p. 155.

《摩奴法论》用如下方式来阐述三重债这一规范：

> 只有在清偿了他的三重债之后，一个人才能获得精神的解脱；如果在没有偿债的情况下追求精神解脱，则此人将走向堕落。只有在依照规则学习吠陀、根据法律生育子嗣和尽其所能奉献祭祀之后，人的精神才能获得解脱。(MDh 6.35-36)

73 《摩奴法论》就此将三重债与人生阶段的体系联结了起来。清偿三重债成为进入再生人第四个也是最终阶段的先决条件。三重债中的每一项，都暗示甚至命令一个人在生命中所应当采取的特定生活模式或应当扮演的特定角色。对古圣先贤所欠之债，驱使一个人去习得传统知识与习惯，这以学习吠陀为标志。通过学习吠陀，一个人将其**过去之我**(past self)与传统融为一体。因此，这个理想状态的人承担了学生的角色，以使自己重新跻身于“贤者”之列。对诸神所欠之债，“特指诸神仅是另一债权人的代位者或中间人，那就是死神或者说阎摩(Yama)……整个债务都是死亡的代表物”[①]。本质上，人是通过献祭来向死神赎买生命。献祭者的角色集中地界定了一个人**现在之我**(present self)的含义。相似地，“对先灵所欠之债是婆罗门意识形态的核心。这种债在对人的宗教性定义中是一个本质性因素，进而也构成了繁衍后代的根本驱动力”[②]。婚姻与子嗣以及丈夫和父亲的角色因而从这种债中派生出来，但具有讽刺意味的是，向先祖偿还这种债

---

① Malamoud, “Theology of Debt,” pp. 100-101.

② Malamoud, “Theology of Debt,” p. 104.

是为了保证一个人未来之我(future self)的福祉。这三重债合而为一就构成了一个人之为完人(fully human)的必要条件，也因此可以作为印度教观念下宗教生活的一种象征。①

《那罗陀法论》NS 1.5 称三重债为“高等债”，而其他债为“低等债”:“父亲因其自身之利益而希求子嗣，试想，育有子嗣将同时解除其高等及低等债的负担。”② 评注者阿萨哈耶用举例的方式来说明这一区别，分别将其比喻为奉献给先祖的饭团和水，以及奉献给诸神的黄金和谷物。③《那罗陀法论》区分了先天之债与契约之债，并将儿子之于家庭或家户的意义作为示例，但其所揭示的先天之债与契约之债的联结，对于展示三重债神学与法论中作为法律纠纷类型之债的典型形态之间的概念联系具有重要意义。自此，我们转向对印度教法理学中债这一概念的考察，74
并首先关注法律纠纷类型上所谓的“未偿之债”。

这一法律纠纷类型最具权威性的定义来自《那罗陀法论》的如下表述:“未偿之债这一主题包括哪些债务将会被清偿，而哪

---

① 美好生活的另外一种象征是三种(“三要”)或者四种(“四要”)生活目标(puruṣārtha)，这一体系在早期的梵文文本中多有记述。但与债之神学不同的是，这些生活目标貌似在比较晚近的印度宗教史上才成为印度神学议题(agendas)的一部分。特别是“解脱”(mokṣa)目标增加到这一列表中的时序很难被明确标定，其似乎标示了人类学向神学概念的一次转换。参见 Donald R. Davis, Jr., “Being Hindu or Being Human: A Reappraisal of the puruṣārthas,” *International Journal of Hindu Studies* 8: 1-3(2004): 1-27。

② 对这组语汇的翻译基于对拉里维埃译法的微调。拉里维埃把这两种债译为“神圣之债”与“世俗之债”。另外可供对比的是，毗吉纳奈什伐罗区分了七种债的形式(评注《誓言法论》2.36-37，《那罗陀法论》1.1)，其中五种为低等债(adhamarṇa)，两种为高等债(uttamarṇam)。他认为，后者的构成基于《那罗陀法论》1.1 中关于给予和接受的相关规则。

③ Asāhaya on NS 1.5: yātha... uttamarṇaṃ pitṛpiṇḍodakādikaṃ dadāti tathā hirṇyadhānyādikam adhamarṇaṃ... dadāti.(正如向祖先供奉饭团和水是高等的，供奉黄金和谷物是低等的。)阿萨哈耶首次在《那罗陀法论》的意义上适用这些术语。见拉里维埃在其翻译中的评注，p.273。

些不会，由谁清偿，何时清偿以及如何清偿，还包括进行清偿和接受清偿的诸达摩（NS 1.1）。”[①] 这一宽泛的定义涵盖了几个特定命题。[②] 首先，我们发现了对诸种形式利息的规定，包括定期利息、约定利息、复利和用益性利息，还包括利息总额的上限（通常是本金的两倍）、最长还款期限和还款时间表。其次，这些文本探讨了债务人子嗣及其他亲属的偿债义务这一问题，包括重新分摊债务的特定顺位以及这一义务的法定限制。再次，相当长的讨论是与契约之债相关的保证和担保。与此相关的准据规则来自《那罗陀法论》，相关表述如下：“有两种形式的契约型担保，即人保和物保。法律文书和证人是确保相关契约关系明晰的法律证据。”（NS 1.103）人保是保证人作为个人针对贷款违约而提供的担保。类似地，也有关于物保各种形式的规定，如不动产抵押、动产质押和用益权担保，也包括次级抵押、租赁和不转移占有的抵押等。最后，文本还讨论了债务清收的适当程序，包括司法性和非司法性程序，这些规则也特别规定了债权人获得清偿的顺位和形式。

尽管《那罗陀法论》将布施/赠与及其接受置于债的主题之下，但布施这一重要命题并未完全包括在这一法律纠纷类型中。相反，我们在婆罗门的种姓达摩[③]中以及在所谓“兑现布施”

---

① 在对这一段落的翻译中，译者再次基于拉里维埃的版本进行了一些修正。译者认为，这一段落的第三分句在文本上有不同版本的表述，或可读作 dānagrahaṇa-dharmāc ca/dharmāś ca/dharmābhyāṃ（以及进行清偿和接受清偿的诸达摩）。甚至在拉里维埃的第一种解读中，他也没有充分考虑 ca（和，且）这一小品词的作用，其附加于对债的其他要素的列举之上。因此，如前述毗吉纳奈什伐罗所提到的，本段应被理解为这一法律纠纷类型下七种要素的列举。

② 参见 Haramba Chatterjee Sāstri, *The Law of Debt in Ancient India* (Calcutta: Sanskrit College, 1971)，其中对每个命题都进行了详尽的描述。

③ 参见 MDh 4.186–194, 4.226–237, 4.247–256 and YS 1.198–216。

(Resumption of Gifts)[1]的法律纠纷类型下找到了与布施相关的规定。现代学者对印度教法上的布施问题都一筹莫展，因为一方 75
面，法论和其他经典理论通常都明确否认施主与接受布施者之间产生了任何义务，而另一方面，法论的其他规定都清晰地将布施置于债的范畴并产生可执行的义务。需要强调的是，按照文本的相关定义，施主兑现布施承诺的义务仅及于法律上适格的财产(例如：不能是被盗物、抵押物和保证金等等)，且接受布施者获得布施须基于诚实守信的自我陈述。前述两个条件的任一缺失，都将引发法律行动而导致布施无效或被撤销。

有趣的是，法律见证这一命题常常出现在未偿之债的讨论中。其被置于这一纠纷类型之下首现于《利论》(KA 3.11.25－50)，之后这一做法被《摩奴法论》和其他法论作者所因袭。[2] 后来法论汇纂(Dharmaśāstra digests)的编撰者似乎自然而然地把见证这一命题转移到了对审判程序的一般性讨论中。一些根源性文本将有关见证的讨论置于布施法律纠纷类型下，这极可能是其在《利论》中原初文本位置所导致的必然产物，但债与见证之间的联系这一问题仍有待讨论。如我们在前引《那罗陀法论》中所见，

---

① 尽管布施(dāna)尤其是其法律面向在古代和中古印度并未被充分研究，但对布施行为中伦理问题的研究则十分丰富，另外也存在从社会、政治和宗教意义角度出发的大量研究。对中古时期法论中布施较为晚近和深入的研究成果来自玛利亚·海姆(Maria Heim)，其著有 *Theories of the Gift in South Asia* (New York: Routledge, 2004)，该书的文献目录展现了这一领域的最新研究情况。

② 《利论》约成书于公元前1世纪，主要内容是关于治国方略、政治经济以及几乎完全意义上的世俗法律等。通过将《利论》内容纳入其国王达摩(dharma of the ruler)的部分，肇始于《摩奴法论》的法论传统完全地吸收了《利论》传统。因此在《摩奴法论》出现后，于达摩范畴之外对国策、政治和法律的单独关注几乎中止，并且直到中古后期才重新出现。参见 Patrick Olivelle, "Manu and the *Arthaśāstra*: A Study in Sāstric Intertextuality," *Journal of Indian Philosophy* 32: 2-3(2004): 281-291。

见证出现在为契约提供法律担保的情境中，如保证和抵押等。如在保证情形下，尽管没有自行偿还债务的义务，但见证人因债务契约的缔结而承担了某种责任。除此之外，契约或交易的见证人仍须承担一种允诺性债务，即在纠纷发生时就交易细节情况作证。因而，司法过程中的作证行为，成为一种清偿对契约当事方所欠之债的行为。见证与债之间的联系，逐步揭示出在印度教法概念下与“债”相关的更多衍生性制度。

76 在同一论题中，《那罗陀法论》也包含了大量关于独立性或自治性(svatantratva)问题的讨论，以及其与法律能力的关系。初看这一命题与严格定义的契约之债似乎关系不大。相关讨论是这样引发的：“在世界上存在三种具有独立性的人，即国王、老师和在其家中的每一种姓的每个家主。”(NS 1. 28)在进入后续讨论前，阿萨哈耶指出：“这三类人的自治是基于特定卑下群体对于尊上个体的依从关系。”[①] 紧接着的段落解释道：“所有的臣民都处于依从地位，而国王不受约束。学生处于依从地位，而老师不受约束。妇女、诸子、奴隶和家臣都处于依从地位，而家主在其所承继的领域内不受约束。”(NS 1. 29-30)在此意义上，依从性创设了这两类人之间债的关系。这些义务是双向的。接下来的规则(NS 1. 32)将自治权与完全法律能力或法定年龄(vyavahārajña)联系起来。最后，自然而然地，自治权和法律能力被设定为进行有效法律交易，换言之，缔结契约的必要条件(NS 1. 38)。法律上处于依从地位的人没有缔约能力，而由法律上自治的人所进行的任何交易，如其并非反常或丧失法律能力者(NS 1. 36-37)，则在法律上有效。

---

① Asahāya on NS 1. 28：trāyo ‘pi svatantrā uttarādharaviśeṣāpekṣayā.

因此，如达摩本身，自治性是相对化和情境化的。在印度教法理学中，成为一个自治的人意味着免于针对某个特定群体承担固定的法律角色。因而，自治性赋予其针对某个群体的不受限制和不容挑战的权威，但也赋予了其相应的责任。除了王者和成年

表 4　印度教法理学上的 18 种法律纠纷类型(MDh) 77

1. 未偿之债
2. 寄存
3. 出卖他人财物
4. 合伙
5. 未兑现布施
6. 未付工资
7. 违反惯例
8. 撤销买卖
9. 主人与牧人之间争议
10. 边界争议
11. 言语攻击
12. 身体攻击
13. 盗窃
14. 暴力犯罪 *
15. 对女性的性犯罪
16. 夫妻关系
17. 析产与继承
18. 赌博**

---

*　根据本书第六章的论述，这里的暴力犯罪(violence)是指抢劫罪。

**　在印度教法律文中，18 种法律纠纷类型最初见于《摩奴法论》：(1)不偿还债务；(2)寄存与典押；(3)出卖他人财物；(4)合伙事业；(5)不兑现布施；(6)不付工资；(7)违反协约；(8)撤销买卖；(9)主人与牧人之间争议；(10)边界争议；(11)打人；(12)言语伤人；(13)偷盗；(14)强盗；(15)奸淫妇女；(16)夫妻关系；(17)分家析产；(18)赌与斗。参见〔古印度〕《摩奴法论》，8：2—7，蒋忠新译，中国社会科学出版社 1986 年版，第 137 页。本书作者此处所列 18 种法律纠纷类型在顺序上与《摩奴法论》略有不同，即把第十二类纠纷“言语攻击”置于第十一类纠纷“打人”即“身体攻击”之前。此段译文在参考《摩奴法论》中译本译名的基础上，进行了变通。

的再生人隐居者，无人能在所有情况下都具有自治性，并且即使是这种绝对的自治性也不时受到挑战。① 因此，可以通过回溯到印度教法中限缩选择权的倾向，来认识自治性问题。对大多数人来说，自治权最多是一种适用时间和范围均有限制的权利和义务。在人生中更为重要和决定性的是一系列非自治性的角色，其为法律所承认并主宰了大多数人生命中的大多数时光。

二、日常生活中的债与责任

考察完位居印度教法 18 种法律纠纷类型之首的“未偿之债”，下面要审视的是其他法律，以及它们与整个达摩体系尤其是与债的关系。通常来说，这些法律纠纷类型体现了法律上认定的民事和刑事违法行为。按照梅达帝梯所说：“纠纷事项被归入 18 种纠纷类型之下，而这仅指男性之间产生的此类纠纷……这些纠纷的不同变种也被归入相应的纠纷类型中，因为如果分别将这些情况列举出来，可能产生数千种纠纷类型。”② 印度教法律纠纷类型是一种理论性范畴，然而涉讼方必须依此才能将其案件诉诸法庭，③ 尽管公认的是，实际上的纠纷类型更加多种多样。

这种组合形式将法律应予回应的纠纷和犯罪类型分成了 18

① Patrick Olivelle, “Renouncer and Renunciation in the Dharmaśāstras.” In Richard Lariviere(ed.), *Studies in Dharmaśāstra* (Calcutta: Firma KLM, 1984), pp. 81-152.

② Medh on MDh 8.3 (Jha's translation, Vol. 6, p. 17).

③ 这些印度教法的法律纠纷类型可与英国法上的古老诉讼形式进行对比。

种，这是一个有传统特殊意义的数字。[①] 尽管在具体数目和纠纷类型编排上存在某些差异，[②] 但所有的法论文本都将“未偿之债”的纠纷类型置于首位。在法论和其他梵文文本类型中，有一 78
种相当古老的文本编排做法，即将居于首位的程序或命题称为原型(prakṛti)，而将其后的称为变型(vikṛti)。正如我们所见，在列举四种姓的义务时，婆罗门被作为原型。对原型的描述全面详尽，而对变型则出于文本简明性的目的，仅就其与原型相异的部分进行描述。将“未偿之债”作为其他法律纠纷类型的原型，不仅是因为针对它的有关规定重合于或在某些方面包含了其他法律纠纷类型的内容，也因为与债相关的主题内容也渗透于其后的法律纠纷类型。就重合性而言，关于证人、自治、法律能力、法律文件和契约担保的问题，在其后纠纷类型的讨论中均作为预设内容并得到持续关注。就主题性而言，只有通过检视其他法律纠纷类型，债的原型意义和典型特质才能显现出来。

通过人际纠纷和冲突的一系列共同点，整个法律纠纷类型体系构成了债之观念的一种延伸。通过将三重债理论的衍生制度适用于日常生活的各种情形和实践，复杂的世俗契约之债的规范在法律文本中到处可见。尽管在此不可能分别描述所有法律纠纷类型的内容，[③] 但对其中某些纠纷类型的考察将能够展示，债的观

---

① 在印度教传统中“18”是一个神圣的数字，例如18部奥义书，《摩诃婆罗多》18篇及其中的18章《薄伽梵歌》，18部往世书，等等，此外还有“18”这个数字的各种变形，如108和1008等。

② Patrick Olivelle (ed. and trans.), *Manu's Code of Law: A Critical Edition and Translation of the* Mānava-Dharmaśāstra (New York: Oxford University Press, 2005), p. 14，对于主要的法论文本提供了一个比较的列表。

③ Ashutosh Dayal Mathur, *Medieval Hindu Law: Historical Evolution and Enlightened Rebellion* (Delhi: Oxford University Press, 2007)，该书对中世纪文本中出现的法律纠纷类型进行了扎实的考察和概览。

念作为一种基础性概念是如何发挥作用的。《那罗陀法论》再次提供了一个对法律纠纷类型进行考察的衔接点，因其构成了这一体系的主要篇章和结构。

债之观念延伸到日常生活的一个明显例证是关于“合伙”的法律纠纷类型。无论规模大小，这种一群人协作和联合的形式都基于风险分担和相互义务的接受。对于这些风险与义务的定义和特别规定是该法律纠纷类型的主题。根据《那罗陀法论》的表述：

> 当商人欲建立合伙时，应遵照合伙法律纠纷类型的相关规定。他们通过建立合伙来获利，并将出资作为合伙经营的基础；因此，也基于出资来按比例分享收益。每个合伙人承担合伙所产生损失和费用或获取收益的比例，均与其投资额直接相关。合伙人应严格按照契约约定的比例承担相应责任，包括销售货款、经营费用、业务支出、应付账款、运费
> 79 和管理费。(NS 3.1-4)

通过将一个合伙人的资产和利益与其他合伙人相联结，合伙的产出和收益受到其所涉风险的调节。

> 如某一合伙人因疏失或违反禁令，或未获所有其他合伙人之认可而行事，则其应赔偿因此造成的损失……如某一合伙人不幸遇难，则其继承人可承袭其合伙份额。如其并无继承人，则另一合伙人或在可能情况下的所有合伙人可承袭其合伙份额。(NS 3.5，7)

这种规则是我们预期从一部“法书”中可以看到的，换言之，这是在特定情形下对不法行为的特别规定，其伴随对违法行为的某种惩戒，且/或在法律上重做安排以恢复秩序。有趣的是，上引条文的剩余部分同时暗示了法律的另一面相：“如果某一合伙人通过其自身努力从灾难或困境中挽救了合伙财产，如命定灾祸、抢劫或王室征收，则其有权另外获得合伙十分之一的份额。”(NS 3.6)

在此，积极的行为依法受到褒扬和奖赏。实际上，各法律体系中普遍存在因某些行为而受到肯定褒奖的规则。最为类似的现代制度是税额减免，或因慈善捐赠、生育子女和持有房产而获得的利益。这里要强调的是，法律往往不限于规定人们可接受行为的最低法律底线，也经常明确认定甚至明令奖励应予褒奖的行为。在此情形下，法律不仅是针对疏失合伙人所作之恶的规范，也包括为善意合伙人所行之善的规范。

当然，印度教法上对角色定义的范围决不仅限于合伙人。例如，在“违反服务契约”的法律纠纷类型中，规定了雇主和雇工之间的各种法律义务。《那罗陀法论》列举了关于契约雇工的一般条款：“雇工可以是学生、学徒、受雇者和监工。奴隶是生于该家户的人等。”(NS 5.3)相应地，其随后也就雇主做出了规定。学生被包含在这一群体中，事实上暗示了师生关系的性质。 80 在任何情形下，一组责任或义务都关乎尊长和卑下双方的关系。因此，除一些特别之事外，学生应“按老师指令行事”(NS 5.10)，但一个手工业师父“应教导学徒并使其从自己的家户获得餐食；不应令学徒从事其他行业的工作，且应待之如子”(NS 5.16)。

与此相似，在“未付工资”的法律纠纷类型下，支付工资的规则定义了法律所承认的更多角色，包括客户或雇主向经销商、承运人、牧人、农工甚至娼妓支付报酬。一般而言，“雇主应如约定期向受雇者支付工资，可以在工作之前、之中或之后支付”（NS 6.2）。然而，“如果有人承诺从事一项工作但实际未做，应先支付其工资，然后强制他完成该项工作。如果他受领了工资但未完成工作，则应双倍返还工资”（NS 6.5）。对此类一般性规范还有一些补充性规定，如“若商人预订运输工具而未使用，则应支付四分之一的工资；若其于去往目的地中途抛弃运输工具，则应支付全部工资”（NS 6.8）。

大部分法律纠纷类型都遵循了这种编写方式。首先是关于纠纷类型范围的界定，然后是一个或多个一般性条款，继而是例外性规定、特殊规定和一般条款的延伸性规定。随着规则内容的演进，越来越多与特定条款相关的法律角色被详尽地规定下来。这些规则和角色的评注者则频繁地通过对原初文本的演绎，提供更为完整的角色清单，并就原本中通常有隐含或晦暗不明的法律场景给出进一步的示例。于此，我们观察到社会历史对经院传统的偶发式侵入（occasional invasion）。地方性和临时性法律实践，有时也被纳入对特定法律规则的评注性探讨之中。且更普遍的情形是，当评注者实际上搜集并在评注中重复引用某些案例时，他们提供的例子貌似也只是为其自身所知的一些实际案例。

最简单的解释是，他们所列举的内容也许并非最佳示例，或至少并未包括所有示例。一个评注者从另一个评注者那里分享案例和借用阐释，体现了法论传统的内向型特征。其他案例和阐释，即使在现存文本传统中看来是独特的，在学术传统中也可能

仅构成所积累案例的一部分。在少数情况下，处于法论之外的历史性资源，可被用于支持历史环境的影响和作者的创新。但这仅 81
在一事一议的基础上才适用。相反，如果将评注者的工作预设为更新文本并使其与现时情境有所关联，这种描述对一些印度教法学者则未免失之过简。合理的解释是，他们确实是文本的更新者，但是评注性示例和阐释的共性揭示出，新的规则、案例和阐释都是例外性的，而非规范本身。

法学理论和法律实践之间的差距并未改变部分评注者的兴趣，他们仍致力于保存和捍卫正确诠释达摩的神学意义，这一传统坚信法律是印度教身份认同和社会体系的核心。此外，评注者的兴趣还集中于普通人在履行其法定角色义务时的努力。这一复杂的法律角色体系包括合伙人、所有权人、雇工、社团领袖和家主，该体系在文本中被极大程度地细化和差异化，以至于几乎每种可以想见的社会角色及其法定之债或义务，都被涵盖于法论某个部分的讨论之中。因此，与其他任何法律体系一样，这种法律限缩了社会生活和社会身份的无限多元性和不稳定性，将其纳入了一个复杂但有限的法律角色体系之中。

在所有这些角色中，也许最重要的是回顾先天三重债所界定的角色。尽管本章的重点是法律纠纷类型，在技术上，这一主题属于国王种姓达摩的范畴，但婆罗门种姓达摩的原型性规范，提供了大量的宗教仪式规则、神灵禁忌规则和婚姻规则等，这些规则更直接指向偿还对师父、诸神和祖先的三重债。换言之，法论中的典型法律角色是家主，即一个循规蹈矩的已婚婆罗门男性。这一角色是受到国王之法保护的最低法律标准，与其相关的规定主要体现于各个法律纠纷类型之中。从理论上看，只有家主才有权成为合伙人、所有权人和雇工等。

因此，一般意义上，婆罗门家主的达摩是国王和其他家主之达摩的原型。而在这一广阔的框架之内，家主进一步的法律角色来自一个不同的原型，即债务人和债权人的角色。诸如合伙人、所有权人、抵押人、行会会员、丈夫、父亲之类的角色，均派生于债务人和债权人的典型角色。因此，在这些法律纠纷类型中，家主的“先天之债”形塑了其“契约之债”，尽管这二者总是共同发挥作用。

82 有关婆罗门种姓达摩的描述，设定了偿还三重债的规则和角色。但在针对“夫妻关系”的法律纠纷类型下，家主也有义务偿还妻子之债；对子嗣之债的相关规定，见于析产和继承的法律纠纷类型中。于是，家主的先天和契约之债不断地递归于家户和联合家庭，而债之观念也延伸到了超出其原本含义的其他角色中。婚姻和联合家庭也许是古典印度教法中最好的例证，可以说明它如何将债和法律带入日常生活领域。婚姻是清偿三项重要宗教性债务之一的第一个步骤，这种对先祖所欠之债应通过生育子嗣来偿还。然而，要清偿对先祖之债，就涉及承担对妻子以及之后对子嗣的新债。在这一情形中最重要的是，古典印度教法律单元(units)将非常抽象和非常具体的债之观念联系在一起的这种方式，以法律和法理学为媒介，将宗教的因素和目标与所有日常财务和债务相关的情形密切地联系在一起。

三、法律角色和印度人

因而，先天之债形塑了一个人的主要人生轨迹，也界定了他在人生中所扮演的首要角色。在自愿和日常的情形下，围绕个人形成的契约、债务和义务界定了其日常角色，也构成其日常生活的结构基础。契约形成了一种关系，也创设了一套角色，如债务人和债权人、抵押权人和抵押人、买方和卖方等等，这些最简单但具有“仪式上”典型性的角色类型，使构建其他复杂法律角色成为可能，如家主、邻人、会员、证人、所有权人、丈夫等。印度教法的其他纠纷类型描述和界定了人在一生中可能承担的无数法律角色。将先天之债的神学适用于日常生活的情境，其结果是形成了相当丰富的法定角色类型。

通过这样的法律角色，债与法律权威问题联系起来。无人能够做到经常的自我检视(self-examination)和反思，以至于可以在理性选择的基础上不断行动来清偿债务。如果日复一日地对债务和责任进行自我反思(self-reflections)和质疑，则法律的权威性以及或多或少属于无意识习惯的法律统合效用，将在人们的生活中丧失殆尽。如我们所见，法律无法在不断反思和选择的情况下发 83
挥作用。然而，法律所限定的角色形塑了人们做出的所谓选择。事实上，这些法律界定的角色有效地预先决定了哪些选择看上去是或感觉上是真实的选择。法律发挥作用是因为人们并非在所有时刻都真正做出选择。相反地，出于各种原因，人们接纳那些具有选择限缩作用的法律角色，以谋取利益或避免遭到排斥或处罚。

因而，就债而言，法律的目的更多地不在于使自由创设关系成为可能，而是在于规范和修正先前就存在的关系和角色，这些关系和角色基于人类本性而产生，并由法律自身所界定。人类个体很少成为古典印度教法的关注对象，而总是被置于同角色相关或对他人负有某种债务的情境中。债作为一个概念促使我们思考这样的问题：法律是如何弥合人们自身所愿所想之事，与他们能够命令和强制他人所为之事之间的鸿沟呢？我们习惯于认为，法律仅在后一种情形下发挥作用，即根据某个法律规则施加义务。然而，在前一种情形下，法律的作用也同样重要，因其界定了某些角色，这些角色规范和设定了人们相互间的合理预期。当然，法律并未完全穷尽所有文化意义上的角色及其附随预期，然而作为一个重要但却被低估的因素，法律在社会文化预期的建构方面发挥了重要作用，这种预期涉及特定等级人群的哪些行为可以被认为是合理的和可接受的。

一个可资类比的当代事例是关于“未尽扶助和养育之责的父亲”(deadbeat dad)，这是指一个离异或分居的父亲未能向(前)妻和子女提供财务和其他支持。围绕子女抚养的法律和拖欠抚养金的惩罚都是按照可执行的经济义务来设计的，以施加于那些未能维持家庭达到最低法定生活标准的父亲。[①] 虽然如此，在这些法律的形成过程中，社会对这些父亲应有哪些预期的观点和看法，也被纳入了考量范围，在围绕一些行政命令和议会立法的立法性争辩中，这些观点和看法的作用相当明显。在义务性的语境下，当事方甚至被称为“权利人”和“义务人”，这些词汇充斥于同子女抚养有关的法律文本之中。然而，如果说法律只止步于强制未尽抚养之责的父亲们履行义务，那么就错误地将法律的
84 最低一般性要求当成其最高目标了。可以确定的是，这样的基本立法原则必要且重要，但当法律规则受到强调并以忽视法律角色

① 如《美国法典》第666节第42款是关于“为提升子女抚养义务履行之有效性的法定程序要求”。《美国法典》这一部分的其他条款中还存在类似的纠纷类型。同时，在各州层面，也存在针对“未尽抚养之责的父亲”的大量立法。

作为代价的时候，这一原则的推动力及其所产生的预期就都从视野中隐退了。针对“未尽抚养之责的父亲”进行立法的初始动机，是将权利和保护给予那些通常力量较弱且经济稳定性较差的母亲和孩子。这一立法本身进而创造了一种预期，即对于那些离异和分居的父亲来说，怎么才是一个好父亲。因而，“未尽抚养之责的父亲”角色不仅具有法律上的可诉性，同等重要的是，其也具有社会和法理上的可谴责性。相反，一个“适当履行抚养之责的父亲”角色，不但可以避免法律上的麻烦，也会因符合法律预期，其伦理之善得到肯定。也许在数百年以前，不论一个离异的男人是否适当扶助了他的家庭，一种异乎寻常的社会和法律耻辱都会施加在他的身上。然而，古旧的法律规则也许并不重视子女抚养问题，而专注于如何使离婚变得困难或不可能，而在当代，那些离异的父亲只要尽责地支付了子女的抚养费，就会因为符合抚养子女的角色要求而受到认可，而很少因其离异父亲的角色而受到谴责。

在印度教法中，如在其他宗教性法律体系中那样，维持较为广泛的联合生计是一个核心关切，在死亡和离异的情况下更是如此。法论就如何维持一个联合中各种亲属的生计提供了一套详尽的机制。在古典和中世纪时期的印度，这种联合的范围因地域而异，但不应打破或分割联合的观念却是共通的。[①] 在这方面，作为一个家庭内的财产安排模式，维持生计的考虑也许比继承更为重要。[②] 一般来说，“一个印度联合家庭的管理者有法律义务去

---

① 在历史情境中对印度联合家庭的最佳研究成果参见 Günther-Dietz Sontheimer, *The Joint Hindu Family: Its Evolution as a Legal Institution* (New Delhi: Munshiram Manoharlal, 1977)。

② John D. Mayne, *A Treatise on Hindu Law & Usage*, 1st edn (Madras: Higginbotham, 1878), p. 366.

维持所有家庭男性成员以及他们妻子、儿女的生计”[1]。这一义务也及于一个男性的私生子、妾室，甚至在某种情况下延及已休之妻。未能提供这种生计保障会威胁到联合的凝聚力。相反，提供适当的生计保障构成一个联合家长的核心义务。在伊斯兰法
85 中，家主也承担着类似的法律角色。[2] 因此，家主承担着巨大的法律责任，尤其是在印度教观念中，他需要承担维持大量亲属生计的一系列责任。这些责任实际上构成了法律上的债务，因而在司法上具有可诉性。印度教法将某些角色的法定义务与承担这些角色所产生的债务联结起来。

因而，在法律上这些角色的重要性引发了这样一个问题，即这些角色对个人来说意味着什么。惠特曼(Whitman)在很久以前写道，这些角色“不是自我之我(Me myself)，也脱离了自我认知的摇摆立场”。[3] 印度教的某些传统，甚或有时法论，均主张存在一个永恒、持久、不变和不朽的自我(self)，这构成了印度哲学对抗与其竞争的佛教和耆那教观点的核心壁垒。然而，在印度教法理学中，更具主导性的是“角色化的个人”(person-in-role)，根据另外一些观点，人之本我(essential self)实际上无足轻重。[*] 虽然如此，由于并未否定本我的存在或其终极重要性，印度教法理学并没有以“角色之我”的价值去挑战印度教及其

---

① P. V. Kane, *History of Dharmaśāstra* (Poona: BORI, 1962-1975), Vol. 3, p. 804.

② Knut Viker, *Between God and the Sultan: A History of Islamic Law* (New York: Oxford University Press, 2005), pp. 309-318.

③ Walt Whitman, “Song of Myself.” In Jerome Loving (ed.), *Leaves of Grass* (New York: Oxford University Press, 1998[1855]) p. 32 (sec. 4).

* 根据奥义书，本我是指灵魂之我，而现实中行动之我是指肉身之我。灵魂之我与梵合一，永恒不变；肉身之我经历生老病死或转世轮回。肉身之我的最高境界是追求解脱，与梵合一，摆脱转世轮回。

他宗教关于个人的宗教观念。

当然，一个人所承担的社会角色和所展现的自我形象，极大地影响着其社会价值和在社会中的待遇。戈夫曼(Goffman)称之为各种“前台”(fronts)的，一部分是由人们在每日生活中所呈现的自己所构成的，[①] 也许更大部分是在法律中或由法律所决定的。这些“面相”的联合体与戈夫曼所说的“剧班”(teams)有关，这些社会群体会持续地依据其所处情境和互动关系而重构。[②] 剧班的协同合作有正面和负面两种动因。在某些情况下，人们合作是由于相信如果不维持某种行为标准，就会受到“看不见的审视者”的惩罚。[③] 在另一些情况下，群体内部存在的亲密感或“亲近”的权利，构成了维持一种顺从“前台”的积极动因。[④] 在日常社会交往层面的双重动因，映射出法律在修辞意义上建构人类行为的正面与负面两个范畴。

然而，一般的倾向是仅仅关注负面范畴，也就是惩罚和制裁 86
的领域。例如，葛兰西就社会生活中的霸权，尤其是资本主义社会中的情况提出了绝妙的批评。当应用于法律时，霸权可能意味着法律修辞的力量足以使人们信服，遵从和顺服于法律价值符合每个人的最大利益，尽管现实是大多数人因此而受到剥削并被强权和暴力所控制。[⑤] 在此种意义上，如果不否认法律霸权的强制力，法律所提供的“建构性修辞”(constitutive rhetoric)就不仅仅

---

① Erving Goffman, *The Presentation of Self in Everyday Life* (New York: Anchor, 1959), pp. 22–30.

② 同上注，p. 104。

③ 同上注，p. 81。

④ 同上注，pp. 83, 85。

⑤ 关于葛兰西与法律的研究，参见 Douglas Litowitz, “Gramsci, Hegemony, and the Law,” *Brigham Young University Law Review* 2000: 2(2000): 515–552。

是剥削制度的一种意识形态隐蔽。① 至少从印度教和其他宗教性法律的视角来看，法律提供了一种社会协调和伦理自修的场域，而无须诉诸正义和秩序这样的抽象之善。②

关于法律如何建构性地创设角色，以及这些角色如何反过来增益和保护法律，已有一些有益和富有洞见的阐释。然而它们并未同时给出全面的解释，以说明这些角色重要的原因。它们很好地说明了其表面运行机制，但并未说明其背后的原理。

就此，我比较感兴趣的是惠特曼所谓“自我之我”的社会状态。除人们在生活中相对有限的亲密关系外，非角色化的个人很难拥有任何社会地位。③ 换言之，这种个人的本我对于陌生人来说毫无意义。其结果是，我们必须承担某种社会角色，以建立自己的社会地位或立足于世的个人定位。在这些角色之外，除了亲密朋友和家人，个体对任何其他人的意义都微乎其微，甚至在某些情况下，人们倾向于扮演隐藏本我的某些角色。

印度教法理学代表着这样一种体系，其对本我的考量相对于角色之我来说，处于次要地位。通过这种做法，法论作者清晰地

---

① 关于法律作为建构性修辞的观点，参见 James Boyd White，“Rhetoric and Law：The Arts of Culture and Communal Life.” In *Heracles' Bow: Essays on the Rhetoric and Poetics of the Law*（Madison：University of Wisconsin Press，1985），pp. 28－48。

② 在一部著作中，我就法律的创设之维进行了探讨，即 Donald R. Davis, Jr.，“Before Virtue：Halakhah，Dharmaśāstra，and What Law Can Create，” *Law &Contemporary Problems* 71：2(2008)：99－108。

③ C. J. Fuller，*The Camphor Flame*（Princeton：Princeton University Press，2004），pp. 89－99. 该书中，作者通过对不同形式的宗教崇拜仪式的分析，区分了人类和神祇的实质性与关系性两种身份认同。用作者的术语来界定的话，法律所首要承认的身份，有时甚至纯粹是一种关系性身份认同。

将关于个人的观念与他们关于法律的观念紧密地联系起来。在法律之下，众多但并非无限量的角色被描述出来，并为规则所约束。这些角色不仅是控制的工具，也是认同的手段。那就是说， 87
法律不会承认个人的地位，而仅会认可那些写入法律的特定个体类型或角色。法律预见到也承认，理想的主体或角色与现实的人之间存在不一致，但同时坚持前者的有益性和合法性。其结果是，法律对个人施加了某种影响，以促使其承担某些角色，而这些角色为法律文本所规定，并须按照法律制度行事。否认或脱离这些角色，将使人处于失范或实际的违法状态，在这种情况下，法律原本所提供的保护和有限制裁将让位于超法律的残酷惩戒，且其可能比法律原先所威胁的还要严苛。

没有法律体系可以在实践上应对个体境遇和个人历史中的所有可能情况。一般而言，一个人应以某种角色出现在法律面前，尽管在某些情形下，这构成了司法决定或其他法律适用的缓释因素(mitigating factors)。个人的本体身份或本我，并未也不可能被认可。他们从来都不是乔·史密斯(Joe Smith)或提婆达多(Devadatta)，他们总是业主乔·史密斯或商人提婆达多。乔不可能因其是乔而被制裁，提婆达多也是如此，除非乔作为业主有欺诈行为，或提婆达多作为商人从事诈骗。法律对他们的预期和要求来源于他们所扮演的角色，而不是他们作为个人或个体的本我。

承担特定的法律角色不仅影响一个人的社会人格(social persona)，它还是被法律惩戒纳入其保护范围所须付出的代价。法律不仅告诉人们应该做什么，也告诉人们如何预期和要求他人行为。在法律中被界定的角色某种程度上预示了他人作为农场主、雇工、社团领袖等将如何行事。这种预测某种程度上有相应的制裁作为保障，那些违反角色相关规定的人将会受到处罚。所以有很好的理由来接受法律所界定的角色。如果没有这些角色，则不仅是法律，社会生活本身都会变得极端不确定。法律所提供的预期和命令的调和机制，对一个富有成效和繁荣的社会来说，不可或缺。从一个视角来看，个人在这种“法律与秩序”调和中所付出的代价是自我压抑。但从另一视角来看，这种自我或个体实际上是一种角色的集合。如果一个人按照这些角色所设定的预期行事，则法律将提供相应的利益和保护。相反，如果一个人以违反法律的方式扮演其角色，则将受到惩罚和制裁。此外，如果一个人扮演法律所未设定的角色，则他会因在法律之外行事而面临
88 甚至更大的风险。这是因为在这种情况下，对惩罚的限制少之又少，而对暴行的反抗之声也归于沉寂。①

在最后的分析中，法律规范仅在与法定角色相联结时才发挥作用。印度教中的情况是，这种联结在相关规范中非常清晰地建立起来，这些规范与特定种姓地位、人生阶段联系在一起，也与本章所阐述的人生中债的各种变型所设定的无数角色相关联。法论作者提出的观点是，不同的社会地位和角色应负担不同的债，而这些债也界定了成为一个特定的人意味着什么。债由此形塑了整个印度教法理学上关于人的观念。特殊的三重债神学带有浓重的印度教特征，但更重要的事实在于，法律广泛但并非不受限制地创设角色，并依赖这些角色，这将法律规范的价值带入了不同视点。法律规范不适用于法律或社会意

① 关于置身法律之外的可怕后果，参见我在本书结论部分对于印度教法的批判性陈述。

义上未标示(unmarked)的人，而仅适用于角色化的人。印度教法的精神质疑任何将自治和未特定化的个体作为法律一般或标准主体的假设。相反，为了理解法律的实际效力，我们不仅必须考虑法律规范，还必须考察法律角色。

第四章　人与物(svatva)

89 在印度教法理学中，社会人格是分裂的。个体的完整性并非经由基本权利的主张或身心的严格边界而得到定义。个体只活动于那些共同界定他们世俗人格的社会角色中。人与物之间关系的分裂性标示着，并且部分地造成了印度教法理学上社会之我的割裂。在此，如前所述，那高居的自我，也就是印度哲学中著名的阿特曼，并不在讨论的范围中，也不可被理解为全体和永恒之外的任何事物。毋宁说，法论将社会之我(参见 MDh 12.12 的“自性”* [bhūtātman])视为一种促进达摩多样性的法律拟制，此种达摩意在将个人分裂为彼此相异、界限分明的社会角色。“斯伐特瓦”(svatva)这一概念意指财产或所有权，涉及的是我们与实物之间的互动关系如何从社会和法律意义，以及某种程度上从神学意义界定我们自身。正如在基督教中，“财产是神学理解下关于人类处境的一个类比……因为，人的本质即反映、折射并且限定了财产的本质和功能”①。

在本章中，我将探析法论对于涉物之法的观点，这构成对前

---

* 参见〔古印度〕《摩奴法论》，蒋忠新译，中国社会科学出版社 1986 版，第 241 页注释①。

① Frank S. Alexander, “Property and Christian Theology.” In J. Witte, Jr. and F. S Alexander (eds.), *Christiantity and Law: An Introduction* (Cambridge: Cambridge University Press, 2008), p. 205.

章所讨论的人法问题的实质性补充。在审视印度教法理学的悠久历史中某些涉及财产与所有权之本质的重要神学观点以后，我将关注拥有特别之物是如何对应于特定社会身份的形象。与此相对应的研究兴趣，至少可以上溯至马克思，我在这里亦基本上采用他关于所有权如何与等级和阶层相联系的洞见。与此同时，印度教法上关于财产本质上是分裂或可分的看法，挑战了马克思主义将绝对所有权视为当然的观点。虽然在印度教法上，所有权仍然经由一种无可争辩的剥削方式，与社会地位和阶层紧密相连，但 90
文本所希望强调的，毋宁是经由对多重所有权的基本肯认而获取的一种保障。印度教法理学上相似的策略在于将普通所有权与一种神学框架相联系，此种框架将人与物之间的诸多不同关系纳入现今被称为司法或法律的视域之内。

一、印度教法理学上的财产理论

在印度教法传统上,[①] 最早以及影响最为深远的关于财产的争论，围绕财产的渊源展开，即它是通过为法论所确认的合法方式，还是通过非文本化的、世俗的方式而取得。最早引发这一问题的规则之一说：“所有权乃是建立在继承、购买、析产、占有

---

① 任何关于印度教法中财产问题的研究，都离不开J. 邓肯·戴瑞特(J. Duncan M. Derrett)的开创性作品，“The Development of the Concept of Property in India.” In *Essays in Classical and Modern Hindu Law*, Vol. 2 (Leiden: Brill, 1977), pp. 8-130。伊桑·克罗尔即将提交的论文，“The Sanskrit Philosophy of Property” (University of Chicago)中关于印度财产哲学史，特别是现代早期孟加拉曾发生的围绕财产所有权的激烈争论的论述，有希望超越戴瑞特的奠基之作。我从克罗尔作品的意味深远的摘要中获益良多。

及发现的基础上；此外，婆罗门接受布施，刹帝利的征服以及吠舍和首陀罗的薪酬，也是获取所有权的方式。”[①]（GDh 10.39－42）这种说法的问题在于，如果一个人并非通过文本中列举的特定方式而获取某物，他/她是否可以合法地将其作为财产而拥有。用印度教法的话来说，即，财产问题属于世俗（laukika）范畴，还是一件依经（śāstrika）圣事？

早期法论的立场似乎是，财产及与之密切相关的获取行为，只有满足上文描述的关于获取的经典性方式之一，才是合法的。这一立场被技术性地归纳为“取得只能依据论（śāstra）”（śāstraikasamadhigamyatva）并广为人知。早期达摩文本暗示但并未充分发展这一信条，其只有在后来的中世纪评注中才得到支持。[②] 戴瑞特认为：“《高达摩法经》并未暗示其论述超越了对财产权创设实例的仔细研究……财产为所有的日常交易所需要，甚至对于那些祭祀者来说，除了知晓财产如何取得方合乎道德外，
91 确切地了解如何获取商品和土地中的财产权，同样非常重要。”[③]换言之，较晚的对于这一财产观念的描述，可能是对早期那种实用主义的、缺乏系统性的财产观念的提炼，在那种早期观念中，财产权本身在哲学上的正当性被忽视了。

对于财产的哲学兴趣源自弥曼差传统，特别是它关于用于举

---

① 比较《摩奴法论》10.115：“合法的财产来源有七项：继承遗产、发现、购买、征服、投资、工作以及接受善人的布施。”

② Julius Jolly, *Hindu Law and Custom*, trans. Batakrishna Ghosh (Calcutta: Great India Society, 1928), p. 198. 其中引用了《圣传经概要》（*Smṛtisaṃgraha*）中的话：“所有权的确认不能仅通过自然观察，而必须经由科学（śāstra）的方式，否则就无法有理据地主张某人的财产被另一人所取得。”

③ J. Duncan M. Derrett, *Religion, Law and the State in India* (London: Faber, 1968), p. 127.

行祭祀仪式的财富的讨论。在这一点上，那种财产获取只能依照论类经典的信条与一种“所有财产都应用作仪式”的观念相互纠缠。[①] 从最早的弥曼差评注者舍波罗(Śabara)开始(见 PMS 4.1.2)，有益于个人的(puruṣārtha)行为和有益于仪式的(kratvartha)行为已在诠释学技术上被区分开来，这一区分被用于对原先被贴上标签的财产进行分类，并有效地推动财产权概念的发展。[②] 在弥曼差所关注的吠陀文献中，那些关于仪式行为的规则得到了广泛而细致的说明。与此同时，那些关于个人行为的规则不仅数量较少，而且更少得到清晰的界定，这造成了此一领域内自由裁量和替代规则的增多。如果财产有益于仪式而不是个人，那么它们将在个体生活中变得相当无足轻重，并且其定义和法律存在都将受仪式程序规则的约束，而这些都使得财产在有限的情境之外不复存在。由于财产被需要，且在生活中经常被使用，其基本的哲学上的重要性就不能被限于仪式。进一步说，由于属于经类经典(scriptures)的文献要求祭祀者在举行仪式时使用自己的财富，财产的所有权即不能由仪式自身创设并被其完全包含，而必须存在于仪式行为之外和之先。

中世纪的法论文本广泛地依靠这种弥曼差论证，同时对讨论中的术语加以略微修改。以《密塔娑罗》(YS 2.114 的序言)这一文本为例，毗吉纳奈什伐罗在其中明确了“财产是一项世俗事

① P. V. Kane, *History of Dharmaśāstra* (Poona: BORI, 1962-1975), Vol. 3, p. 609: "yajñārtham dravyam utpannam, yajñārthaṃ vihitaṃ vittaṃ." (quoting *Mitākṣarā* on YS 2.135)

② 参见 Derrett, *Religion, Law and the State in India*, pp. 130-138。作者在这里对弥曼差财产观对于印度教法的影响做了深入的讨论。

务”(laukikam eva svatvam)的观点。[1] 在达摩的意义上，这意味着财产并不是联通吠陀或法论规则的首要之物。它仅是一项世俗事务，与其有关的事宜是被社会决定的。然而，由于财产为仪式举行、家户生计、祭品供奉及其他关于达摩的专门花费提供必需
92 条件，故其对于达摩有着十分重要的意义。因此，财产是一项实现达摩的工具，却并不经由后者而创设；财产使达摩成为可能，而非相反。

毗吉纳奈什伐罗列举了四种支持财产源于法论的观点的主张。其中最有趣的一种认为，抛弃文本性获取财产的途径，意味着消除了占有与所有之间的界限，而这将导致窃贼对财产的占有等同于所有者的占有，因此无疑应受到反对。[2] 在毗吉纳奈什伐罗对此一事例的回应中，他引用了一则出处待考的弥曼差文本：

> 如果对获取所有权的方式的限制牵涉到仪式，则只有当举行仪式所用之财产是通过限定的方式获取时，该仪式才是有效的……既然最后的见解是，对取得财产权方式的限制只影响个人，那么即便获取财产的方式违背了限制，用该财产举行的仪式仍然有效。[3]

上述阐释生动地捕捉到仪式在弥曼差中的核心地位。相较于

---

① 毗吉纳奈什伐罗的完整论述由卢多·罗切尔和罗塞尼·罗切尔(Rosane Rocher)翻译，载于“Ownership by Birth: The *Mitākṣarā* Stand,” *Journal of Indian Philosophy* 29(2001): 241-255。

② 参见 Priyanath Sen, *The General Principles of Hindu Jurisprudence* (Calcutta: University of Calcutta, 1918), pp. 43-44，其中包含了本文规定缺失的情况下将盗窃等同于占有的讨论。

③ Rocher and Rocher, “Ownership by Birth,” pp. 244-245.

对个人造成的不利后果，仪式的神圣性和有效性被认为更加重要。一旦用于仪式的物质财富被纳入仪式情境，它的来源是否合法就不再成为问题。个人或许仍然会因此获罪，但是那些可能受到罪恶玷污的财产并不会玷污用它们完成的仪式。在这里，个体的缺位(dislocation)和边缘化被反映得十分明显。

从更广泛的意义上说，毗吉纳奈什伐罗的讨论完全承认了一种多样的和传统的财产概念，这种概念使财产的法律效力和影响与地方关于合法取得的理解紧密联系起来。而那个贯穿其中的关切，似乎是保护财产交易的有效性和其在法律上的神圣性。重要的是确保交易安全，而不是保护财产本身，至于财产所有人的地位则更加次要。

尽管大量对于财产的关切发生在法论传统之外，印度教法理
学上还存在更加技术化和富有哲学精致性的财产定义。[①] 首先， 93
如我们所见，弥曼差传统，特别是发端于舍波罗，而由波罗婆迦罗在他的《大释补》一书，以及 10 世纪的评注家帕特萨罗提·弥什罗(Pārthasarathi Miśra)在他的《坦特罗之宝》(*Tantraratna*)一书中做出卓越贡献的那一部分，首次对财产理论予以关键性协调。其次，至迟从罗怙那陀·悉罗摩尼(Raghunātha Śiromani)在 16 世纪早期的著作《摄句义真性解》(*Padārthatattvanirūpaṇaṃ*)开始，甘格霞(Gaṅgeśa)于 13 世纪晚期开创的新正理派(Navyanyāya)在围绕财产的哲学论述中占据了统治地位。诚然，在毗吉纳奈什伐罗的《密塔娑罗》对财产进行了广泛讨论之后，法论对于财产的兴趣急剧增加，但所有关于财产的法论讨论，在

---

① 我的依据是克罗尔的“Sanskrit Philosophy of Property”的第一章，他在这里对印度知识传统上财产相关观念的发展历程做了基础性介绍。

很大程度上都以这两支学术传统发展出的观念为基础。

财产权最早的法律表述是“依己之所欲运用某物之事实”(yatheṣṭaviniyogatva)。正如戴瑞特所指出，此一定义存在两个致命的问题，即“该物或被非法地使用”及“该物之所有人或将其束之高阁”。[①] 基于这些忧虑和关切，早期的财产权定义受到一种精致的修正，成为“某物依人之所欲而得到恰当运用之事实”(yatheṣṭaviniyogayogyatva)。[②] 然而，这一经过重构的概念仍然面临事实的质难，即一个人即便并不拥有某物的所有权，也可能在实际生活和法律上拥有使用它的资格，借用他人之物便是一例。[③] 正因如此，有人批评此种定义不够精确。应当注意的是，以上两种定义都预设了一种弥曼差视角下关于财产权的基本原则，即其固着于所有者与所有物的关系中(svasvāmisaṃbandha)。

以罗怙那陀·悉罗摩尼为肇始，此后的作者都指出，这些定义过于简单地回避了如何界定上述关系或联系的问题。作为回应，两种分别具有主客观视角的财产权定义被相继提出。主观视角重点关注某人“此物属我”(mamedam)的自我认知，并试图从合法或正确认识论知识的角度分析财产权概念。[④] 如果那种某物“属我”的认知/印象(saṃskāra)或知识(jñāna)能够在认识论上得到证成，则财产权或可从主观方面加以定义。事实上，在法律上令人信服地论证此种正确认知的困难性，引起了人们从客观

① Derrett, "Development of the Concept of Property," p. 107.

② 戴瑞特在上引书中认为这一表述出自《摩陀纳珍宝之光》(*Madanaratnapradīpa*)，但是克罗尔提醒我，此表述最早出现于9世纪的伐遮斯波提·弥什罗(Vācaspati Miśra)所著的《正理评释真义疏》(*Nyāyavārttikatātparyaṭīkā*)，比前者更为古老。

③ 同上注，p. 108。

④ Derrett, "Development of the Concept of Property," pp. 113-115.

方面界定财产权的努力，即将财产权视为某物自身的一个本体论范畴(padārtha)。[1] 依此观点，和某物的其他内在性质一样，财 94
产权被视作特定物体的一种品质或特性，其存在可能通过出售或布施等外部介入或应用而被消灭。

大多数学者反对以下观点，这种观点认为财产权仅作为物的自身性质而存在，相反，一种财产权概念的最终构想将主客观的考虑结合起来。根据无名氏所做的《所有权秘义》(*Svatvarahasya*)一书的观点，财产和所有权都是作为一个单独的本体论范畴的一部分而同时产生，而此一范畴是由包括所有者在内的若干人同时对“某特定物为财产，且某特定人为其所有人”的“实际观察”或认知所引起的。[2] 在这一定义中，主观与客观因素的结合一定程度上弥补了单一构造的弱点，然而它指向了一种相当复杂和高度理论化的财产构想，后者或许并不能从任何方面为现实法律带来益处。

然而，通过以上对印度教法理学中财产理论的简短梳理，我们首先可知，那些从哲学上对财产性质的探讨，旨在把用于宗教仪式的真实财富纳入以下更为宏大的视野：一个人如何能够开始拥有自己的财富。在经过扩展的视野下，财产是影响个人而非仪式之物，此种观点被作为所有财产均属世俗事务的论据而被法论所吸收，并在区域共同体中成为法律。另外，对世俗的关切同样发展为新逻辑学派/派错综复杂的哲学论述，这些论述将对哲学的兴趣与对法律的兴趣予以结合。尽管如此，在印度教法传统的大多数时候，一旦财产权得到界定，对于个人可以利用财产做什

① Derrett, “Development of the Concept of Property,” pp. 108-112.

② 同上注，p. 117。

么这一问题，哲学层面的复杂论证就不起决定作用。接下来，我们将更多地关注印度教法理学对财产权加以承认所产生的实际效果。

二、合之家庭与分之财产

当然，财产(svatva)并不存在于一个理论真空中，那些对于财产的兴趣之所以具有深远的现实意义，是因为它们有着非常实际的影响。财产首要的现实区分是动产(jaṅgama)和不动产
95 (sthāvara)。这在很多方面与法律上一种更为显著的区分相对应，即个人的、由自己获得的财产(svayaṃ prāptaṃ dhanam，svayam arjitam)与祖传的财产(riktha，dāya)之分。此外，法论中还对财产类型采取了大量进一步的划分和规定。

比分类更为重要的是情境。在印度教法上，正如在伊斯兰法上，“个人生命及其子孙的延续……乃由财产制度予以确保……个人所有者是法律上人的原型”①。因此，尽管理想的法律主体是个人所有者，财产在神学上的理想语境却是联合家庭(kula)。相对于个人所属的联合家庭的需求和目标，个人在所有权上的资格和权利虽然从未被否定，但几乎始终处于次要地位。松特海默尔(Sontheimer)将印度教法上的大家庭描述为“以父子关系为中

---

① Bernard G. Weiss, *The Spirit of Islamic Law* (Athens: University of Georgia Press, 1998), pp. 158-159. 亦参见 Baber Johansen, “Secular and Religious Elements in Hanafire Law: Function and Limits of the Absolute Character of Government Authoity.” In E. Gellner and J. Vatin (eds.), *Islam et Politique au Maghreb* (Paris: Centre National de la Recherche Scientifique, 1981), pp. 283-289。

心的一种取得—管理—享用财产的单位"[①]。然而，父子关系的核心地位，也带来了与这两个关键人物相关的联合家庭成员的冗长清单，他们包括：

1. 财产共有人，享有财产共有权的其他男性后代；
2. 生母与继母；
3. 妻子们；
4. 未婚女儿；
5. 寡妇；
6. 与永久情人所生之子；
7. 如果同意的话，也包括与永久情人所生的女儿；以及
8. 入赘婚共同体中的已婚女儿。[②]

在前一章讨论过的债之特征，同样为联合家庭内财产基本原则的神学证成奠定了基础。父子间的相互义务建立在这样一个前提之上，即父与子是完全同一的，父亲在，至少部分地在儿子的身上获得了新生。以此为基础，引申出了两种观念：其一是互相抚养——父亲抚育年幼的儿子，而儿子赡养年迈的父亲；其二是子、孙、曾 96
孙们对已故先辈的"债"所负担的责任。[③] 这种数代人之间的法律关系被宗教性地表达于家祭/祖先祭(śrāddha)的仪式中，这种仪式是印度教中最古老的部分之一，在南亚诸宗教中绝无仅有。[④] 按照松

---

① G.-D. Sontheimer, *The Joint Hindu Family: Its Evolution as a Legal Institution* (New Delhi: Munshiram Manoharlal, 1977), p. xx.

② 同上注，p. xxi。

③ G.-D. Sontheimer, *The Joint Hindu Family: Its Evolution as a Legal Institution* (New Delhi: Munshiram Manoharlal, 1977), pp. 26–34.

④ 参见 Axel Michaels, *Hinduism: Past and Present* (Princeton: Princeton University Press, 2004), pp. 144–149。这部著作对印度教的祖先祭祀仪式以及它们在印度教仪式中的核心地位做了可靠的描述。

特海默尔的观点，“祖先祭祀的目的……在于确保血脉的延续，并排除其他亲属的要求，保证自己后代对财产的继承”[1]。换言之，对举行祖先祭祀仪式权利的承认，是划分及配置被继承财产的首要识别因素。这就是所谓的“精神利益”原则(在下文将详细讨论)。个人与为家庭举行这一仪式的男性联系愈紧密，其所能分享的财产和控制权就愈多。

女性同样拥有特殊的财产权利，此一权利的范围甚至超出她的基本生活所需。嫁妆(strīdhana)是一项古老的印度习俗，法论中随处可见确保和阐释这一习俗的规定。以《摩奴法论》为例：

> 女子的财产相传有六种：彩礼、嫁妆、丈夫喜欢的时候给的、得自兄弟的、得自母亲的和得自父亲的。如果妻子在夫主在世的时候去世，那么她在结婚以后得到的和夫主喜欢时给她的财产归她的后代所有。(MDh 9.194-195)

但其后的文本也同样将妻子、女儿甚至寡妇纳入联合家庭财产潜在继承人的扩展清单中。[2]

然而，法论中涉及财产的争论最为激烈的话题，是继承以及与之相关的联合家庭财产的性质问题。对于那些对传统只是稍有涉猎的人来说，印度教法最广为人知的事或许是，其中存在被称为“密塔娑罗”和“达耶跋伽”(Dāyabhāga)的两个“学派”，它们源于两位分别来自印度南部和孟加拉的、同样影响深远且几乎同时代(12 世纪)的评注家，这两种学派提出了两种完全

① Sontheimer, *Hindu Joint Family*, p. 32.

② 同上注，pp. 50-55。

不同的对继承的理解。因此，具有讽刺意味的是，学派既非真实，且易产生误导，其毋宁说是印度殖民时期的一桩虚构，仅在科尔布鲁克(Colebrooke)这位杰出的东方学家和加尔各答最高法院法官的时代以后，才适用于英属和现代印度教法。正如罗切 97
尔所明确指出的，“密塔娑罗”和“达耶跋伽”这两个“印度教法学派”之间，围绕因出生而获得之所有权(janmasvatvavāda)与因父亲去世而获得之所有权(uparamasvatvavāda)的法理学区分的描述而产生的争论，完全是科尔布鲁克的人为杜撰。① 我严正指出此点，旨在敦促未来的印度教法学者不要再重复这个关于传统印度教法的谬误。科尔布鲁克在给托马斯·斯特兰奇(Thomas Strange)的一封信中编造了它们，在此之前，并不存在所谓的印度教法学派。这封信被收入托马斯·斯特兰奇《印度教法的要素》(*Elements of Hindu Law*)一书的初版附录，并于1825年出版。②

当然，这两个文本各自清晰地阐释了它们对这两种法律地位的理解，其中蕴含了对它们最具说服力和广度的讨论。但实际上，在这两个文本前后，这两种立场都曾获得支持或反对。所有权因出生而获得的观点曾在毗什婆鲁帕(Viśvarūpa)和阿萨哈耶那里获得类似的拥护；另外，所有权因父亲去世而获得的观点在

---

① Ludo Rocher, “School of Hindu Law.” In J. Ensink and Peter Gaeffke (eds.), *India Maior: Congratulatory Volume Presented to J. Gonda* (Leiden: Brill, 1972).

② J. H. Nelson, *A View of the Hindu Law as Administered by the High Court of Judicature at Madras* (Madras: Higginbotham, 1877), pp. 20–22. 此处作者根据杰出的梵语学家伯奈尔(A. C. Burnell)的观点，批评了包括印度教法学派观念在内的关于印度教法的“错误原则”，亦即伯奈尔所谓“对于原始文本而言多余和无关之物”。用尼尔森的话来说，“可见，关于‘印度教法学派’的离奇说法在很久以前就被英国法学家发明，以致托马斯·斯特兰奇先生毫不犹豫便接受了它”(p. 20)。

更早的跋鲁吉、达累什伐罗（Dhāreśvara）和梅达帝梯的论著中就能找到支持。[1] 16世纪的普罗塔波鲁陀罗（Pratāparūdra）则指出了这两种观点各自的缺陷。

尽管如此，这两种关于继承的广阔视野之间的区别，仍值得我们注意，因为在它们背后蕴含着印度教在理解财产方面的重要观点。简要地说，支持所有权因出生而获得的观点主张，一个儿子自来到这个世界之始，即享有财产权利。一如上文所述，毗吉纳奈什伐罗主张一个人可以基于出生等世俗理由享有家产，由此规避了法论所指出的获取财产的途径。接着，他关注了“析产”（vibhāga）一词，并主张在一般的世俗用法中，它意指“分割由数人共同所有的财产”，而其中就包括父亲和儿子所共有的财产。最后，他引用了《高达摩法经》中的一句话作为总结：“师曰：人
98 自出生，即为所有者。”[2]

为以上观点构筑基础的是毗吉纳奈什伐罗对《摩奴法论》中“宾陀”（piṇḍa）一词颇具争议的解释（见 YS 1.52）：“一宗血脉里最接近本人之人（anantaraḥ sapiṇḍās yas）应获得其财产。”（MDh 9.187）依照毗吉纳奈什伐罗的看法，宾陀的意思是父子之间共享的那一部分身体。换言之，“在《密塔娑罗》中，遗产及继承的顺序乃是基于血缘的远近”[3]。

与此相反，吉穆陀伐诃那（Jīmūtavāhana）用一种多少更加自

---

① 参见 Ludo Rocher, *Jīmūtavāhana's* Dāyabhāga*: The Hindu Law of Inheritance in Bengal*（New York：Oxford University Press，2002），pp. 28–32，and Sontheimer, *Hindu Joint Family*, pp. 92–95。

② Rocher and Rocher,“Ownership by Birth,” pp. 248–249.《高达摩法经》的这一部分内容并未被现存的法经文献所证实，但却在其他法论评注中被广泛引用。乔利（Jolly）及其他学者已经提出这一引用可能为毗吉纳奈什伐罗所杜撰。

③ Rocher, *Jīmūtavāhana's* Dāyabhāga, p. 27.

然的方式，将宾陀解释为家祭仪式中供奉物之一的饭团，也就是家祭品(前文所引《摩奴法论》中内容前一颂，即 9.186 颂所提到的)。① 吉穆陀伐诃那无视《高达摩法经》那些或许是杜撰的文本基础，他声称未发现存在将出生作为获取财富方式的文献或法论根据，含蓄地坚持财产应有法论根据的说法。② 他因此关注“家祭品(宾陀)”这一术语的内在含义，并从中发现了支持财产因父亲去世而获得这一关键观点。此处，让我们回到上文提到的“精神利益”概念，其往往被不恰当地仅与吉穆陀伐诃那联系在一起。③ “精神利益”意指由儿子所奉献的祭品中的饭团所代表的宗教供奉，这种供奉是献给他的三代男性先祖。经由这第四代人，一条永恒的通往极乐净土的宗教阶梯得以生成。因此，家祭品就是供奉者前后三代人的“共享之物”。吉穆陀伐诃那关于继承的观点源自他眼中祭祀的重要性，特别是其中的一个观点，即财产权利来自向父亲及其他先祖提供家祭品的“供奉”，因此，只能始于父亲的死亡。无死亡即无家祭品，无家祭品即无供奉，无供奉即无权继承财产。死亡与祖先崇拜相联系，标志着对联合家庭财产提出法律主张的起点，同时，个人与主祭者亲属关系的远近决定了他能够继承的数量和继承的顺序。 99

概言之，印度教继承法精神存在两种相反的要素。首先，联

---

① *Dāyabhāga* 11. 6. 17.

② *Dāyabhāga* 1. 19：“由于没有任何文献将出生作为获取财产的一种方式，因此那种认为出生本身即可引起所有权的主张是不可接受的。”(janmanāiva svatvam ity pramāṇābhāvac ca arjanarūpatayā janmanḥ smṛtāv anadhigamāt.)

③ Ludo Rocher, “Inheritance and *Śrāddha*: The Principle of ‘Spirit Benefit.’” In A. W. Van den Hoek, D. A. Kolff, and M. S. Oort (eds.), Ritual, *State and History in South Asia. Essay in Honour of J. C. Heesterman* (Leiden: Brill, 1992), pp. 637–649. 在这里，罗切尔指出，“精神利益”的概念既非由吉穆陀伐诃那首创，亦非为孟加拉宗教所独有。

合家庭财产神圣不可侵犯，其必须完整地在世代之间保有和传承。其次，继承权源自男性后代在信仰仪式中向他们祖先提供的“精神利益”。所有权因出生而获得的观点侧重于第一个要素，现实中联合家庭财产的完整性似乎是一个极为有力的法律原则或目标，以致英国统治者用了将近一个世纪的时间，才开始承认印度实际上存在位于联合家庭之外的私有财产。① 所有权因死亡而获得的观点，则强调祖先崇拜背景下继承的宗教基础。现实中大家庭首领或管理者的巨大权力，暗示了这一原则同样影响了真实的继承分配，虽然其还不至于破坏家庭财富的基本完整性。②

凯恩和戴瑞特都认为，“精神利益原则‘更接近真实的印度教传统’”，以及“如果对法论加以仔细的研究，人们将不得不承认，古老的经(sūtra)作者们注意到了继承财产与供奉家祭品之间的密切联系，而对单纯的血亲关系关注甚少”。③ 如果仅从法论解释的角度来看，那么这些观点或许正确，但是，即便所有权因出生而获得的观点是一种以维护联合家庭为目标的法律拟制，以该目标为内容的另一原则也实际上同样在整个达摩体系中占据重要位置。不论如何，这两个原则共同揭示了关于财产的更为广泛的真相。

---

① William Logan, *Malabar*, 2 Vols. (New Delhi: Asian Educational Service, 1995[1887]); Dharma Kumar, "Private Property in South Asia? The Case of Medieval South India," *Comparative Studies in Society and History* 27: 2(1985): 340-366.

② 参见 Sontheimer, *Joint Hindu Family*, pp. 206-214, 尽管所有权始于死亡说的影响在此处并未得到充分认识。

③ Rocher, *Jīmūtavāhana's* Dāyabhāga, p. 30. 罗切尔在此处赞许性地引用了这两句话。

财产在很多时候是一种关系的扩展。[①] 尽管其哲学正当性有赖于“此物属我”这一客观可证的排他性主张，财产确是人类诸多关系的物质象征，尤其是那些与家户及社团有关的关系。这也是为何在继承这一事务上，出生所有论者与死亡所有论者之间的争论如此激烈。他们不仅关切在世代际传承财产的最佳方式， 100
并且代表了对家户或联合家庭的本质的两种根本不同的看法。

财产必须同时体现以下两种观念：一方面，“财富的目的在于举行仪式”[②]；另一方面，“财产对于日常生活的交易及参与其中的个人和团体都不可或缺”。这两种观念之间的紧张关系不仅通过文本反映在对待继承的两种观点中，还体现在关于大家庭的对立看法上。一方面是神圣不可分离的联合家庭概念，在这种观点下，父亲对分家析产仅有非常有限的权利。另一方面是一种虽然在仪式上具有完整性，实际上却可分的联合家庭概念，如此一来，尽管继承实际上在父亲死亡时才发生，但他具有自由分配家庭财产的强大权利。下文我们将进一步阐释这些关于家户的观点，但这里我们须首先关注印度财产观念的另一个重要面相，即不仅在大家庭语境之内，更在其之外的财产的性质。

依据戴瑞特的观点，“因此，印度财产观念的显著特质，在于一项所有权中同时存在不同人的利益，即不仅能够像在共同所有者情况下那样，这项权利(adhikāras)由数人分享项，而且尤其

---

① Alexander, “Property and Christian Theology,” pp. 207-208：“财产是身份、权利和控制；财产界定了与同一物有关的人们之间的关系……所有关于财产权利的描述，都是对行为人、行为和争议物的规范性总结。”

② 除了前述凯恩所引用的通常定义(yajńārtham dravyan utpannam 等)，还存在诸如《那罗陀法论》1.39 中所谓的“一切交易皆源于财富”(dhanamūlāḥ kriyāḥ sarvāḥ)这样的宽泛表述，阿萨哈耶将这里的 kriyāḥ(或许最初意指“仪式”)注释为 dharmārthakāmakriyāḥ，意指财产中蕴含的人类交易的总体。

有特色的是，这些共存的权利互相不一致、彼此排除”①。正是因为印度教法理学的财产观有着这样的特点，数人共有一物才会得到承认，该物涉及土地时，尤其如此。在联合家庭中，共享财产观念的典型事例是数个儿子同时分享家庭房产利益，在析产时可分得其中的部分利益。而在联合家庭之外，这种财产可分观念的最简单的例子便是土地保有权。

实际上，我们在为历史证实的中世纪土地制度实例中发现的内容，与法论中对同一片土地上的不同所有权主张的描述十分一致。在文献和历史档案中，社会地位/种姓与占有土地的类型有着相当严格的对应。譬如，喀拉拉（Kerala）的婆罗门通常对土地有着最高（janmaṃ/aṭṭipēr̲）支配权，而普勒耶（Puḷaya）的不可接触
101 者们则往往仅有耕作（kuṭima/aṭima）占有权（或称奴隶权）。在二者之间的其他种姓，则拥有抵押权（veppu 等）、租种权（pāṭṭaṃ）或产品分成权（kāṇaṃ）。然而，只有拥有特定社会地位/种姓的人们才能拥有与之对应的土地保有权。② 这种对应之所以引人注目，是因为其代表了印度广为人知的，尤其反映在种姓这一形式中的社会分层体系，这种体系实质性地体现在特定种姓所能够拥有的财产类型之中。当然，历史上此种对应必然有着数量可观的例外，但通常的模式是：更高的社会地位意味着财产范围的扩大和对它们更有力的控制；较低的社会地位则意味着只能拥有所有权的派生性权利，并且即便存在法律保障，这些权利也不

---

① Derrett, “Development of the Concept of Property,” p. 86. Compare, Sen, *General Principles*, pp. 49–51. adhikāra 在此处意指所有权同时带来的权利和责任。

② 参见 Donald R. Davis, Jr., *The Boundaries of Hindu Law: Tradition, Custom, and Politics in Medieval Kerala* (Torino: CESMEO, 2004), pp. 41–78，此处对喀拉拉的案例做了详尽的讨论。

可移转。

我们可以将音乐产业中 mp3 的演化和文件分享作为它的现代对应物。当我们所探求的不仅是对下载音乐过程中所涉版权问题的律师式理解，更有关于“人们认为自己拥有什么”的通常理解时，那种分裂的所有权观念就被很好地揭示出来。在一份 mp3 文件的众多所有人中，有艺术家、唱片公司、下载资源的提供者、消费者以及那些喜欢这首歌的朋友。尼默(Nimmer)即举例说明，一个提供 1 000 首歌的网站如何在最后拥有 500 000 个以上对这些歌曲主张或多或少的所有权人。①

法律试图为所有主体界定合法的所有权。不仅如此，法律还创制了新的话语和途径，以便我们理解各主体如何对同一件商品提出权利主张。“知识产权”“合理使用”“实质性相似”等用语已经成为许多 mp3 文件普通用户的日常词汇。正如对一个 mp3 文件的众多权利主张，印度教的财产权即是一种在现实中几乎无须正式法律确认的有效所有权。反过来说，正如众多的所有权标志着，并且在一定程度上决定了一物之上众多所有者的社会地位和权力，mp3 文件的众多所有者也是依据他们对该文件做出的财产主张的类型而得到标示和安排。从法律和社会角度来看，青少年文件分享者、跨国唱片公司、创作和演唱歌曲的艺术家都是非常特殊的人格主体，在很大程度上，正是法律为这些“人”编排了不同的社会角色。我们拥有相对稳定的观念来界定哪些角色拥有权力，哪些角色具备诚信，以及哪些角色通常没有恶意地试图免费获取产品。 102

① David Nimmer, “ ‘Fairest of them All’ and Other Fairy Tales of Fair Use,” *Law & Contemporary Problems* 66: 1-2(2003): 265-266.

财产语境下人与物关系的全部要点在于，对学者们来说，存在这样一种需要，即反思人们与他们的所有物之间的关系，如何影响他们在日常生活中以及法律上的地位。其实，在这个问题上，法律倾向于通过所有权的话语来再现稳固的社会形态。同时，法律也会消解此类稳固形态，特别是那些不平等或歧视性部分，这意味着法律上允许不同地位和不同所有权形式之间的相互跨界。[①] 失去如此的法律保障，这样的越界无法想象。这里，法律的工具性价值再一次被用于对共同体施加建构性影响，将诸如音乐和公寓作为所有权的一般客体，并重新界定与此种所有权相关的伦理之善。

三、拥有普通生活与特殊生活

黑格尔在他著名的关于财产的论述中说道：

> 人为了作为理念而存在，必须给他的自由以外部的领域……跟自由精神直接不同的东西，无论对精神来说或者在其自身中，一般都是外在的东西——物，某种不自由的、无人格的以及无权利的东西……人有权利把他的意志体现在任何物中。该物因此成为“我的”并以我的意志为其实质目的(这一目的于其本身是不存在的)、规定和灵魂……因为我的意志作为人的意志，从而作为单个人的意志，对我来说

① 此处，我想到了芝加哥市区近期的住房项目，根据这一项目，正在老旧的卡布里尼格林(Cabrini Green)街区建造的公寓中的特定比例，被保留给了那些符合特定标准的中低收入家庭。项目能否取得理想的效果仍待观察。

> 是成为客观的了，所以所有权获得了私人所有权的性质。[①]

黑格尔的财产概念始于对一个无生命、无意义实物的意志和专属权。专属权为物品赋予价值，因为在黑格尔看来，它是一种人格的客观化形式。财产之所以在生活中具有意义并成为一种法律实体，是由于其根源于个人的意志。黑格尔的精神自由神学即是通过这种方式，为实物赋予了意义。

对黑格尔来说，关系是财产和契约的表征，是经由协议交易
这些实物的意志和自由的具象化。与此相反，在印度教观念里，
财产是关系的一种表征。在黑格尔那里，财产意味着一种个人意 103
志优先的活动，它将导向更高层次的关系建构，即依次是市民社
会和国家。而在印度教法中，关系占据首位，并由财产加以物质
性表达和固化。

法论中，关系的优先性处处可见。家庭关系构成了关于继承、婚姻及收养等充满争议问题的核心。契约与布施的背后，则是超越家庭的团体关系。对于统治者来说，家庭和团体关系构成了税收和救济的基础。这一范式再次反映了黑格尔的理想观点："**家庭**是国家首要的伦理基础；市民社会基础上的**社团**位居其次。"[②] 关键性区别在于印度教法理学的终极目标或归宿。种姓与人生阶段体系高居统治者之上，并取代国家作为伦理发展的最

---

① G. W. F. Hegel, *Elements of the Philosophy of Right*, trans. H. B. Nisbet, ed. A. W. Wood (New York: Cambridge University Press, 1991), pp. 73 – 77 (§41 – §46).（本章涉及《法哲学导论》处，译者部分参考了范扬、张企泰的译文。参见〔德〕黑格尔：《法哲学导论》，范扬、张企泰译，商务印书馆 1961 年版。——译者注）

② 同上注，p. 272(§255)。

终目的，尽管统治者拥有保护这种体系的主要责任(见表5)。此外，印度教的世界观是循环运动而非线性发展，其以家庭为伦理发展的出发点，并最终回归于它，这种回归被视作完全领悟种姓与人生阶段后的伦理实践巅峰。在这个兼具共时性和历时性的过程中，财产是社会各阶层伦理惯例和素养的物质体现。

表5 财产和种姓与人生阶段达摩

社会组织	作为该组织关系物质表现的财产形式
(1) 家户	(1) 继承、婚姻
(2) 团体	(2) 契约、布施
(3) 国王	(3) 税收、救济
(4) 种姓与人生阶段体系	(4) 家户、团体和国王的财产，其中家户的财产由后二者予以支持

法律意义的财产使我们得以按照自己的意愿表达我们的喜好和渴望，但它同样也表达出我们被特定社会地位的物质表征所标示的人格，这种社会地位在文化上与我们所拥有的财产相对应。无论我们想到的是积极还是消极的事例，事实确实如此。不论我们如何看待“穷人为了饥饿的家庭而偷窃面包”的谚语，事实是人们往往偷窃那些表征他们希望成为或认为自己应当成为的人的物品。如果蒲鲁东(Proudhon)“财产即盗窃”的著名讽喻属实，且这种盗窃是针对某种由本能发觉或渴望得到的地位，那么财产也与社会地位密切相连。一个人所接触到的物品的属性极大地影响他的地位。① 如果把所有权想象为某些物品的集合，由于

① 这种将人与物视为能够相互转换的实体的观念在印度尤为强烈，民族社会学界，特别是麦金·马里奥特(McKim Marriott)教授和他的学生们，对相关现象做了深入详尽的探索。参见 McKim Marriott (ed.), *India through Hindu Categories* (New Delhi: Sage, 1990)。

它们是某人的财产，因此他习惯性或经常性地接触它们，那么所有权或可被视为“财产”这一争议物的延伸。人的属性部分地由其财产的属性决定。从认知的角度，我们可以说 mamedam 即 104
“此物属我”这一财产的关键思想，渐渐地转变为“此物为我之一部分”的观念。

因此，生活在很大程度上是指“拥有”一种生活。按照雷丁(Radin)的著名分类，法律应当关注“一般性”和“人格性”财产，并特别注意保护后者。① 而从印度教的视角看来，这两种财产都应服务于确保种姓与人生阶段体系生息运转的总目标。② 在印度教法中，二者的不同在于，一般性财产意味着日常生活中的所有权，而人格性财产则标志着一种特殊生活中的所有权。婆罗门、统治者以及遁世者③都拥有特殊生活和对所有权的特殊关切，这些内容在法论中得到广泛讨论，同时，所有的人都有各自的特殊达摩(svadharma)，即他们的人格责任及其在财产上的物质性表现，这构成了他们日常生活的基础，并超越日常的范围，从社会和个体的角度对他们加以界定。

然而，在独立的个人之上，从家户到国家的团体同样通过财

---

① Margaret Radin, *Reinterpreting Property* (Chicago: University of Chicago Press, 1993):“我使用‘人格性’一词，意指那些与个体人格相联系的财产，使用‘一般性’一词，意指那些除了作为金钱来源，与特定个体无关的财产”(p. 2)；“以结婚戒指为例，当它被一个珠宝商店拥有并等待转售时，它是一般性的，然而，当某人认为它具有象征情感的意义并将其持有时，它是人格性的”(p. 16)。

② J. E. Penner, *The Idea of Property in Law* (Oxford: Clarendon, 1997), p. 206. 此书作者批评雷丁“对一般性财产，特别是那些消耗品的建构性价值视而不见。有些人很大程度上正是围绕饭桌的喜悦而形塑自己的生活”。

③ 在印度教中，即便是神灵，也被认为如法人一样拥有自己的财产。参见 Günther-Dietz Sontheimer, “Religious Endowments in India: The Juristic Personality of Hindu Deities.” In H. Brückner, A. Feldhaus, and A. Malik (eds.), *Essays on Religion, Literature and Law* (New Delhi: Manohar, 2004)。

产表达出它们的“人格”[①]，正如它们的社会地位通过其财产的文化层次得到类似的表达。我们只需要考虑主人是如何由里到外
105 地装饰屋子，即可开始想象不同社会地位之间的差异，这种差异会通过购买昂贵的原画、手织地毯、精心打理的花园和草坪以及装饰天台所需的资金和意向表达出来。它们与成批印刷的海报、地毯的边角料、“混凝土”花园或不经意的装点以及学生公寓迷你阳台的反差十分显著。学生们作为承租人的所有权限制了他们做出改变的法律能力。为了拥有不同形式的财产，他们同样必须首先通过成为某种“高等”所有者来改变自己的地位。反之亦然，在一定程度上，正是通过获取不同形式的财产，他们才改变了自己的地位。

法律既保护又限制特定社会地位中所允许的财产差异程度。区划法规可能要求房屋必须砖砌且屋脊必须使用瓦片。他们可能限制一片特定街区中所有房屋的建筑面积，并禁止人们在家门前放置不雅观或有着潜在危险的物品。在各种团体组织中，通过法律对财产界限的确认，社会地位得到维护。

财产法中蕴含着的理想型人类关系，同样在很长一段时间内深深吸引了政治哲学家。[②] 对于洛克(Locke)来说，财产是一种个人自由民主原则的表达，在此原则下，财产权意指对“凝结了人类劳动”物品的占有，这一概念为个人构筑了一道与国家抗衡

---

① Hegel, *Philosophy of Right*, p. 208(§169)：“家庭作为人格来说在所有物中具有它的外在实在性。它只有在采取财富形式的所有物中才具有它的实体性人格的定在。”

② 参见 Jeremy Waldron, “Property Law.” In Dennis Patterson (ed.), *A Companion to Philosophy of Law and Legal Theory* (Malden, MA: Blackwell, 1996)。该文对此问题做了综述。

的屏障。在马克思那里，社会主义废除了私有财产权，并通过一种对集体财产的标准化关系来表达个体间的绝对平等。诸如此类的观点还有很多，但关键在于，政治哲学的宏大命题与对于财产的根本观点紧密连在一起。通常来说，一种政治主张塑造和构建一种与之配套的财产观。某一政治观点的成功，其实质性的证据即是与之相应的某种财产为“正当”的观念。

然而，在大多数政治观点中被奉为顶点的国家，同样通过它所掌握和自我限定的财产类型，表达出其自身的地位和本质。对国防、社会服务、公共建设等事项的资金配置，体现了一个国家的政治权力和地位，并反映其内在的自我理解。印度教法理学同样关注国家的存在及其对财产的保护与维持神学所规定的社会身
份之间的紧密联系。[①] 106

这将我们带至印度教法丑恶的一面，特别是其对于财产的观点。人们必须承认，种姓与人生阶段体系，亦即构成印度教法根基的达摩概念，本质上是一种以出身决定的社会分层为表现的等级和剥削制度。由于此种体系同样巩固了一种差异化的财产所有权概念，并在其中物质性地表现出来。我们应进一步指出，从现代的观点来看，“天生地位”观念显然是非正义、不平等的观念，正是这种观念从理论和实践两方面造成了人们与财产的特殊关系。现代印度教徒经常否认种姓差异在今日仍然必须作为他们宗教信仰一部分的观点。这是正确的，但是如果声称在历史上种姓与人生阶段体系从未成为印度神学的代表思想，或者印度神学

① Benoy Kumar Sarkar, “The Theory of Property, Law, and Social Order in Hindu Political Philosophy,” *International Journal of Ethics* 30: 3(1920): 311–325, and J. N. C. Ganguly, “Hindu Theory of Property,” *Indian Historical Quarterly* 1(1925): 265–279.

从未维护过它，则不诚实且不正确。用神学来维护人类的不平等绝非印度教的专利，但为了理解印度教法精神中的一个重要组成部分，我们必须坦率地指出印度教传统中这种神学所采取的形式。[①] 那些试图通过有选择地解释印度教文献来否定印度神学中种姓与人生阶段关键地位的做法，对学者和修习者都有害无利。

在以上批评中，我们或许感受到某些消极的因素，但这并不妨碍我们从印度教财产观中汲取同样积极的因素。彭纳(Penner)在“美”与“财产”之间采用了一种概念性类比。他主张，在对这两个概念不切实际的界定上，人们争吵不休，与其如此，毋宁将研究兴趣放在“我们为何视某物为美，或视其为财产”的问题上。[②] 印度教财产观对这个类比的贡献，在于一种急剧扩展的“什么可被视作财产”的观念。那种在单一实物上有着共享所有权的独特观念，说明了法理学会从对更广泛财产权的确认中获益。如我们所见，一方面，尽管在种姓与人生阶段体系中，那种对于财产的根据和目的的印度教见解导致了公然剥削和不公分配；另一方面，它却带来了基于共享财产权的法律保障。对共存于建筑物、土地或社团中财产权的多重地位和形式的承认和赋值，或许会在事实上推动财富的平等分配以及财产和地位的
107 平等获取。而在分配之外，印度教体系指示了另一种路径，用以克服“收入型社会中一种对财产使用的偏见，即认为只有我们积极参与创造具有价值的某物时，才能使用产生价值的该财产。与之相反，印度教的财产观是，仅仅就我们能消费财产的意义上，

① 本书的结论部分包含了与此相关的对印度教法更为广泛的批评。

② Penner, *Idea of Property*, pp. 5-6.

我们才‘分享’财产利益”[①]。

一个理想的状态是，在克服印度教体系中的僵化性和神学教条的同时，保留那种对实物中真实财产权利的保护和认可，这些权利在当下的法律中几乎得不到真正的承认。将财产的话语拓展为一种新的所有权概念，不仅仅是一种修辞的转换。时下，在当代法律“神学”中被放逐至边缘的，正是那些对神学体系中的地位和人格予以潜在接纳的法律规定。

通过这种方式，对于所有人类来说，所拥有的不仅是一种日常生活，更获得了一种拥有特殊生活的可能性。法论标示出人类特定的理想类型(最常见的如婆罗门、国王和遁世者)，以便进行更广泛的论述，并将理想型生活状态与特定的所有权相连，后者则从物质角度对“他们是谁”加以界定。在这些讨论中，正如神学对其的定义，财产是个人情感和社会地位的造物。《大森林奥义书》(*Bṛhadāraṇyaka Upaniṣad*)中的一个古老段落生动地捕捉到了财产的精神及其与家庭这一语境的关系：

> 太初，这个世界唯有“自我”。他是唯一者。他心生愿望：“我应该有妻子，然后我可以生育后代。我应该有财富，然后我可以举行祭祀。”确实，愿望就是这些。凡怀有愿望者，所得不会超过这些。因此，直到今天，单身者怀有这样的愿望：“我应该有妻子，然后我可以生育后代。我应该有财富，然后我可以举行祭祀。”只要其中有一项没有达到，

---

① Penner, *Idea of Property*, p. 217. 彭纳在这里的讨论建立在阿伦特对现代社会中财富与财产的区分之上。

他就会认为不完整。(1.4.17) *

认知某物归我所有并为了依照自己的意志使用而保护它，对一个人来说，即意味着为了使自己变得完整而开始一种日常生活。当法律为了限制或鼓励个人所拥有财产的种类而运作时，那些日常生活中的实物即转变为法律上的财产，这些财产通过法律被赋予了神学价值。认为财产的价值仅由社会决定的观点，忽视了那些更具目的性和显著超越性的价值，这些价值经由广义上自觉的神学议题，被体现于财产之中。

* 本段参照了黄宝生的译文，引自〔古印度〕《奥义书》，黄宝生译，商务印书馆2010年版，第31—32页。

第五章　疑问与纠纷(vyavahāra)

人们如何知晓达摩，达摩由什么组成，这两个问题之上的一 108
个基本因素，实质是如何消除对达摩的疑问，以及如何解决基于达摩而可能产生的纠纷问题。疑问与纠纷属于毗耶伐哈罗(vyavahāra)范畴。毗耶伐哈罗有两层基本含义：其一是关于实践、商业或日常交易的一般意义，其二是关于审判程序和包括审判的诉讼过程的特殊意义。这两层含义富有成效地相互作用，审判程序必须考虑法律先例，这些先例既关乎人们日常生活的一般行为，又关涉法官在法庭上的特殊作为。[①] 同样，日常实践之好与坏的判断，也与由审判程序产生的决定相关。

本章对审判程序的描述，以印度教法律文本提供的若干定义为基础，[②] 但也拟在更为广泛的达摩讨论情境下进行。然而所提出的更大问题，是从新一波法人类学中汲取的灵感。最近关于多样时空(如现代非洲、19世纪科西嘉岛以及古雅典)的研究中，一些作者反思了法人类学一度不言自明的真理。该真理主张，社会和谐植根于所有纠纷的解决，即通过协商、对两造诉求都给予

---

① 关于印度教法先例的解释，参见 Davis, "Maxims & Precedent in Classical Hindu Law," *Indologica Taurinensia* 33(2007): 33-55。

② 关于毗耶伐哈罗的一系列传统定义，参见 P. V. Kane, *History of Dharmaśāstra* (Poona: BORI, 1962-1975), Vol. 3, pp. 245-248。

109 一定满足等方法恢复社会和平。[①] 相比之下，在新一波研究中，冲突不仅被视为正常，还对伸张正义必不可少。据此观点，法律是对社会必要冲突的公平管理。同时，正义由以下组成：在社会层面，增进人们主张相互冲突之诉求的能力和讨论。在心理层面，培养这样的情感：一旦人们有诉求或问题，就存在一个公平程序对其进行处理。受这一观点启发，我将考察冲突在印度教法理学中以及与印度教审判程序有关的地位。

一、印度审判程序的性质

称为《那罗陀法论》的印度教法律文本，在开篇段落为将达摩与审判程序联系起来这一特定问题提供了背景：

> 当人将达摩作为唯一关注的事务时，当人是真理的发言人时，没有审判程序，没有敌对状态，也没有(利己)冲突。当达摩在人间丧失时，审判程序产生。审判程序的执掌人是国王；国王执掌刑杖。(NS Mā 1.1-2，引自拉里维埃的译本，有变通)

该文本的重要评注者阿萨哈耶认为，第一句可能意味着达摩

---

① John L. Comaroff and Simon Roberts, *Rules and Processes: The Cultural Logic of Dispute in an African Context* (Chicago: University of Chicago Press, 1981)："程序范式将纠纷设想为正常且不可避免，而非病态或功能失调。"(p. 5) 又见 Stephen Wilson, *Feuding, Conflict, and Banditry in Nineteenth-Century Corsica* (New York: Cambridge University Press, 1988); David Cohen, *Law, Violence and Community in Classical Athens* (New York: Cambridge University Press, 1995)。

与审判程序(连同审判程序所伴随的敌对和冲突)相互排斥——用他的比喻说，犹如阴影与光明。但他随即如同某个假想的反对者所做的那样，否定了这一观点，转而主张第二句话代表那罗陀(Nārada)的观点。阿萨哈耶指出，“人们创设审判程序，旨在重建达摩本身——审判程序不是达摩的敌对方”①。

这里产生的问题是：审判程序与达摩是什么关系？该问题对于印度教法理学来说并不陌生，却很特殊。说它不陌生，是因其与西方哲学围绕正义概念的争论(尤其广受热议的罗尔斯[Rawls]的“程序正义”)相似。同时，相似的说法只是部分恰当，因为达摩并非正义，疑问与纠纷不只是程序(法律的或别的什么程序)。我们会适时回到这一比较要点，但须先考察印度审判程序的性质及其与达摩的关系。

印度审判程序有两种不同的划分方式。第一种划分是，审判 110
程序由审判的四个阶段组成——起诉、答辩、举证和裁决——每个阶段有大量具体规则。② 这是疑问与纠纷的程序性划分。该划分包括广泛讨论：证人资格及审查，来自证人的证据模式，书证，获取宣誓和考验，以及受高度限制但经许可的法律代理形式的描述。③

---

① Asahāya on NS Mā 1. 1-2：tasyaiva dharmasyābhyuddharaṇārthaṃ vyavahāraḥ pravartitaḥ na dharmapratipakṣabhūta.

② 关于审判阶段的详尽说明(如法论所述)，参见 Ludo Rocher (ed. and trans.), *Vyavahāracintāmaṇi by Vācaspati Miśra: A Digest of Hindu Legal Procedure* (Gent, 1956)和 Rocher, *Studies in Hindi: Law and Dharmaśāstra*, ed. Donald R. Davis, Jr. (Torino：CESMEO，即将出版)的第三部分。

③ 关于印度教法中的证人，参见 Richard W. Lariviere, “Witness as the Basis for all Other Modes of Proof in Hindu Law,” *Adyar Library Bulletin* 51(1987)：60-70。关于印度教法的法律代理或代替出庭的特殊理解，参见 Ludo Rocher, “‘Lawyers’ in Classical Hindu Law,” *Law and Society Review* 3(1969)：383-402。

第二种划分是，审判程序根据前文关于债的章节所述的 18 种法律纠纷类型进行分类。有些纠纷类型是民事性质，有些是刑事性质，不过梵语所做的区分是否完全相同，这一点不太清楚。[①] 这是对疑问与纠纷的实体性划分，神圣的数目 18 又进一步划分为成百上千的可判诉因。

一些文本进而产生了如下印象：审判程序的主要意图是做出一个关于达摩的决定（nirṇaya），该决定既考虑集体记忆或传统，又顾及政治干预或紧急情况。而它之所以能做到如此，是因其权威受到古代专家（能毫无疑问地正确充分履行达摩之人）的担保（见 *Vyavahāra-Nirṇaya*, DhK 4）。这又是一种神学运动。吠陀本身是达摩的担保，而使审判程序合于达摩、同于达摩、产生达摩的担保的，却是吠陀的人类知晓者和传播者，是非人格化的人。通过这种方式，法论中达摩的神学聚焦点——吠陀，保持完好，不容置疑。但一种冲突范式（vivāda）作为决定和履行达摩的当前方式同时存在。权威从吠陀向执掌吠陀者的偏移，使法律与伦理行为看似不可通约的范式得以结合起来。

111 审判程序即疑问与纠纷，在达摩文本中也以俗语和惯例分析进行界定。俗语衍生的毗耶伐哈罗意为消除（hāra）各种（vi）疑问（ava）。这个词尽管在字面意思上不同于引申意思，但它从词源学意义上确实揭示了对审判程序的一种通常理解：用以确保和确定人们认知何为达摩的一种手段。《迦旃延那法论》（*Laws of Kātyāyana*）（25, SC 1）以传统惯例为基础，对审判程序界定如下：

---

① dhana-/artha-mūla（源于财富/利益的）和 hiṃsāmūla（源于杀生的）违法之间存在技术上的区别。参见 Ludo Rocher, "Ancient Hindu Criminal Law," *Journal of Oriental Research Madras* 24（1954–1955）：15–34。

> 当传统正理(nyāya)*——称为达摩的传统推理和[只有]经努力才能得以证明的传统推理——的详细列举被违反/有冲突时，以有待证明之事为基础的纠纷，称为审判程序。

提婆那跋多(Devaṇṇabhaṭṭa)在对这段内容的评注中指出，纠纷产生于两种理由，要么是某人感觉根据18种法律纠纷类型之一，有权“获得某(些)益处”，要么是“某人的达摩避免与他人的相关习惯达摩发生冲突”(SC 2)。提婆那跋多对这一点阐释道：“审判程序是指关于隐匿或否认财产的纠纷，也指称由[法律]惯例或个人达摩产生的纠纷。因此，审判程序绝不可能指涉由盗窃或暴力产生的纠纷。”(SC 2)①

又有评注称：

> 传统正理是经有学问的人(śiṣṭasaṃpratipanna)集体同意的事宜，是世俗事务的规范性实践。其列举意味着一项决定(nirṇaya)，它鼓动如下形式的诉求：“那是我的财产，别人偷了它”或“该土地、财产等可以这样使用，但不可有别的用途”……毗耶伐哈罗一词按照惯例，是指以证明某事为基础的

---

* 梵文nyāya一词，一种意义是指逻辑推理和辩论方式，另一种是指正义观。在古代印度，有两种正义观，一种是称作尼提(nīti)的正义观，另一种是称作尼夜耶(nyāya)的正义观。前者是指追求正义的理想，关注制度设计和人的行为符合正确的规范；后者则更关注现实，强调人的能力和行动的整体效果。在本章中，这两种意义的尼夜耶(nyāya)都出现，我们根据语境分别译为“正理”和“正义”。

① Devaṇṇabhaṭṭa, SC 2, on KS above: [citing Hārīta:] svadhanasya yathā prāptiḥ paradharmasya varjanam... dhanāpahnavavivādaḥ pāṣaṇḍādīnaṃ svadharmasamayavivādo 'pi vyavahāra ity arthāḥ | na caivaṃ cauryapāruṣyādivivādo na vyavahāra iti śaṅkanīyam.

纠纷，其结果根据正理做出决定。(PMādh, DhK 5)[①]

此处评注者摩陀婆(Mādhava)为正理这一术语赋予了传统推理的抽象意义，甚至可能与正义接近。他将审判程序的目标或成果解释为一个决定，该决定既建立又创制通过传统延承的推理。

有趣的是，摩陀婆的解释受到密特罗弥什罗(Mitramiśra)的强烈批评。后者称："然而，在《摩陀纳珍宝之光》中，正理意指一
112 种认知方法，即法律举证；列举它就意味着建立它。"(*Vyavahāra-Prakāśa*, DhK 5)[②]密特罗弥什罗以其他一些文本为依据，主张正理并不具有摩陀婆所赋予的推理之抽象意义，而仅仅意指法庭举证。因此，《迦旃延那法论》上一节的整体意思应是，审判程序是一种植根于某些有待证明之事的纠纷，伴随前半节所述的证明程序(举证，用以佐证随后被答辩人反驳的诉求)。在语法基础上，密特罗弥什罗对该节的解释，在我看来似乎的确更接近真实，但摩陀婆并非将抽象推理与审判程序联系起来的唯一评注者。

伐罗陀罗阇(Varadarāja)对《那罗陀法论》中较前面一节阐释道：

由于迦利时代罪孽深重，由于非达摩(adharma)熏天赫地，且为消除与此相连的无序/非正理(anyāya)，摩奴和其

---

① Mādhava, *Parāśaramādhavīya*, on KS above: nyāyaḥ śiṣṭasaṃpratipannaṃ laukikam ācaraṇaṃ tasya vistaraḥ 'idam madīyaṃ dhanam anyenāpahṛtam' 'tat kṣetradhanādikaṃ etasya yuktaṃ nānyasya' ity upapattipuraḥsaro nirṇayaḥ... tatpravartako rthipratyarthinor yo vivādaḥ sa vyavahāra ucyate.

② Mitramiśra, *Vyavahāraprakāśa*, on PMādh above: madanaratne tu nyāyaḥ pramāṇaṃ tasya vistaraḥ pravṛttir yasmin viṣaya iti sādhyamūla ityādi tulyam.

> 他自律的圣贤(śiṣṭa)，以审判程序及类似形式颁布(建立)了秩序/正义(nyāya)。摩奴及其他圣贤使国王成为秩序/正义的掌管者，以及对那些监督无序/非正义之人的惩罚者。①

伐罗陀罗阇使用否定性术语非正义，初看似乎是为正义硬加一个抽象解释，因为此处非正义不可能意指“缺少证据”。但是，非正义总是以某种方式具体化，正义则不必如此。这就是为什么我们对构成非正义之物的感受和感知，总比我们观察并界定正义的能力更敏锐。② 而且，非正义有另外两种可能的具体含义：程序混乱或违反道德法则的不正义。有关同一节文的其他评注证实(诚然这些证实不具决定意义)，在审判程序语境下，应将正义主要与国王作为惩罚者的角色相关联。这里的威胁是，在我们的堕落时代，作为不良行为的实在性结果，人们应记住非达摩也是一种实在，在人类世界会造成混乱，并引起由人类所提供之宇宙维持的某种熵效应的解体。圣贤使统治者即国王恪尽职守，旨在通过惩罚那些不遵从相应达摩者及/或从事非达摩者，113
以抵御这种无序。由此，尽管这里有可能从 nyāya 一词中看到正义的抽象意义，但评注者们似乎以更具体的方式来看待这种事务：传统中所颁布的审判程序及其确认国王对审判程序的掌控，乃是面对一个不可避免趋于动荡的时代所采取的一种维护秩序与

① Varadarāja, *Vyavahāranirṇaya*, on NS Mā 1.1–2 above: kaliyuge kāladoṣān manuṣyāṇāṃ adharmaprādhānyāt tannibandhanānyāyanivṛttyarthaṃ manvādibhiḥ śiṣṭaiḥ vyavahārādinyāyaḥ pravartitaḥ pradarśitaḥ | tasya nyāyasya draṣṭā anyāyadraṣṭṝṇāṃ ca daṇḍayitā manvādibhiḥ rājā kṛtaḥ.

② Paul Ricoeur, *The Just*, trans. David Pellauer (Chicago: University of Chicago Press, 2003), p. 54.

稳定的方式。于是正义指涉传统具体制度，包括审判程序、法律格言和法律教育、国王及其所任命的人或代理人用此解决有关达摩的疑问与纠纷。[1] 在该观点中，审判程序部分地是一套间接维持达摩的具体要素。

对审判程序与达摩关系的不同评价还可通过其他方式考察。假如我们再度审视上文从《那罗陀法论》所引的内容——“当达摩在人间丧失时，审判程序产生”，会发现一种疑问与纠纷和达摩的不同关系。在神学上，我们可以说审判程序是达摩的仪轨替代物，其产生是由于当今人们靠自力不能充分履行达摩。将审判程序作为仪轨替代物看待出于两个目的，两者对于宗教法都至关重要。一方面，一个合法替代物可带来神学上的正当性与权威性，这对于使审判程序与吠陀形式的永恒标准保持一致必不可少；另一方面，在当代，替代的可能性为法律问题的情境化解决敞开了大门。正如所有替代物一样，只要审判程序与传统的集体意志保持一致，而这种传统受到来自梵文学科的智识遗产所设定的大量词语的限制，审判程序在恰当情境下也会产生同样的效果。[2] 审判程序受传统重要性的影响，作为一个达摩替代物发挥作用。换言之，一种内在冲突的过程产生了一种伦理之善——而这预示了随之而来的争论。

关于疑问与纠纷及其在整个达摩体系的地位，梅达帝梯做了一项重要区分。在《摩奴法论》8.3 和 5.110 处，梅达帝梯称，疑问与纠纷的意义正如“日常事务”的含义所示，是指处理事实

---

① 对印度教法情境下正义(nyāya)的进一步探讨，参见 Davis，“Maxims & Precedent”。

② 这种智识遗产或传统的一般术语包括 nyāya，vyutpatti，vṛddhavyavahāra，śiṣṭācāra，等等。

性事件(siddhārtha)和从那些事实中所习得的可察知的行为课业
(pratyakṣādyavagamyatva)。因此，关于疑问与纠纷的文本，尤其
圣传经，不可能以吠陀为根据(vedamūla)，因为吠陀只关心“应 114
做”之事(kārya，sādhya)。梅达帝梯意欲直接主张法论所包含的
规则，不仅来自某些吠陀文本预设的权威，也来自“日常事
务”。其重要段落写道：

> 无论在什么情况下，圣传经文本都是理解达摩的渊源。但人们仍须决定何为达摩这个问题，将圣传经文本理解为唯一权威是错误的。因为人们不能说处理疑问与纠纷的圣传经文本以吠陀为基础，因为这些文本处理的是事实性事件(siddhārtha，语义为“既成的有目的行为”)和通过观察等获知的事情，如赢与输。(MDh 8. 3)①

> 谁曾说摩奴和其他圣传经作者的陈述完全以应做之事为基础？人们赞同某事，应当是依据可从中获知的事物来源的性质。就祭拜阿室陀迦(Aṣṭaka)仙人及诸如此类的仪式而言——这些仪式从属于应做之事，有关这类仪式的表述必定是渊源；但就既成行为来说，渊源必定从属于既成行为。(MDh 5. 110)②

---

① Medh on MDh 8. 3：sarvathā pramāṇamūlāni smṛtikāraṇam | vyavasthā tu kartavyeti | na ca smṛter eva pramāṇakalpanā yuktā | na hi vyavahārasmṛtir vedamūlā śakyate vaktum siddhārtharūpatvāt pratyakṣādyavagamyatvāj jayaparājayaprakārāṇām.

② Medh on MDh 5. 110：yat tu kāryamūlatvaṃ manvādivākyānām iti kenaitad uktam | yatra yādṛśam mūlatvena śakyate ' vagantuṃ tatra tad evābhyupagamyate | aṣṭakādan kāryarūpe tādṛśam eva vākyaṃ mūlaṃ | siddhe tv arthe siddhārthaviṣayam eva.

对梅达帝梯而言，吠陀与达摩之间泾渭分明。吠陀完全处理应做之事，对吠陀的所有表述，必须解释为对某些行为命令的维持。相比之下，达摩既处理应做之事——这些事情是吠陀行为，其直接渊源或许可知，或许不可知，但都做了假设——也处理有关的经验事实和从经验主义获知的事情。

梅达帝梯举的简单例子是纯净壶与干净壶的区别。一把壶通过吠陀所规定的咒语和仪式，变得纯净；但一把壶(即使是同一把壶)用水洗和擦洗就变得干净，人们不需文本权威就知晓后者。对于梅达帝梯来说，毗耶伐哈罗像一把干净的壶，不是经吠陀而是由经验和传统获知之物。不过疑问与纠纷虽像一把干净的壶，却被用来履行吠陀规定的责任，即国王职责——国王达摩(rājadharmas)。梅达帝梯设立了一个一般传递原则，据此对法律
115 纠纷的调查被认为是国王履行其职责的一部分，因而在文本规定的国王达摩之列。但是，“对所有人来说，有关法律纠纷的调查结果只有一个：消除疑问”(MDh 8. 2)[1]。换言之，对于大多数人的一项基本世俗事务，是国王的一项特殊吠陀责任。对平民来说，结果是在此世发生；对国王而言，结果更是超验的。梅达帝梯在某处结尾完整表述了这一点。在对《摩奴法论》国王法部分的第一节实体性内容进行评注时，他说：

> 据称，“达摩”一词意指对应做之事的一种表述……国王既应做看得见效果的事情(如治国六策)，也应做看不见效果的事情(如圣火仪式)。本文我们主要讲授看得见效果的事情。无论怎样，正是此处被称为国王的达摩……在该情

---

① Medh on MDh 8. 2：sarveṣāṃ saṃśayacchedamātraphalaṃ tu vyavahāradarśanam.

况下，所讲授的达摩渊源于其他获知方式；并非都以吠陀为基础。但是，尽管这些达摩以其他渊源为基础，在本文中，我们只讲述那些与法论没有矛盾的内容。(MDh 7.2)①

因此，根据这一表述，我们可以说，梅达帝梯意识到一种责任——某种“应做之事”(kartavya)，甚至将这种责任称为达摩，即使它与吠陀没有(哪怕是假定的)联系。但要成为达摩，它不可与法论冲突。综上所述，我们看到法论被表述为一种不同于吠陀的独立达摩渊源。这种情况尤其符合国王达摩，但也扩及甚至靠经验方式就能通晓的所有事情。梅达帝梯由此将吠陀达摩与法论达摩区别开来，而不否认这两者存在某些联系。② 就疑问与纠纷而言，国王——某种程度上还有其法院中的婆罗门——拥有调查法律纠纷的独占权(adhikāra，见 MDh 7.2)，将该调查作为其个人达摩事务，如同经吠陀及吠陀传统所认可的达摩一般。但是，对于国王及其婆罗门，对于其他所有人来说，审判程序也是一项来自人们世俗经验和传统的达摩，这种达摩在法论众多条款 116
中有详尽阐释。

毗吉纳奈什伐罗提出了一个类似的过渡性观点，但他显然更关注审判程序所包含的国王及其婆罗门的宗教或仪式责任。在

---

① Medh on MDh 7.2: dharmaśabdaḥ kartavyatāvacana ity uktam | rājñā... kartavyaṃ ca dṛṣṭārthaṃ ṣaḍguṇyādi adṛṣṭārtham agnihotrādi | tatreha prādhānyena dṛṣṭārtham upadiśyate | tatraiva ca rājadharmaprasiddhiḥ... pramāṇāntaramūlā hy atra dharmā uryante na sarve vedamūlāḥ | anyamūlatve ca yad atra dharmaśāstrāviruddhaṃ tad ucyate.

② 威斯勒(Wezler)的论文“Dharma in the Vedas and in the Dharmaśāstras”，以早期文本证据为基础做了一项相似区分，这或许表明，梅达帝梯的见解已成为传统的一部分。

《祭言法论》1.359 中，他追随基础性文本称，使犯罪者罚当其罪，对于国王犹如以厚礼献祭一样。因此，实施惩罚是国王个人的达摩。① 随后一节将审判程序纳入视野，“国王熟知每一例惩罚都带来与祭祀同等的回报，他与他的法官应当每日依审判程序行事”（YS 1.360）。据毗吉纳奈什伐罗的观点，审判程序“旨在查明孰罪孰非罪”，在罚当其人的重要责任中，这是一项必要的准备工作，没有它将“无法无天”。因此，对其国民的保护是国王的最高职责，而惩罚与祭祀相等同（kratutulyaphalam），保护人民在其个人达摩中免受干扰。相应地，审判程序对于惩罚不可或缺。这再次说明，疑问与纠纷是履行重要达摩的一种必要手段，对于保护和惩罚的王室仪规而言，是其所需的“干净壶”。

总之，可见在印度教法理学中，审判程序首先与国王身份密切相联，负责审判程序属于国王的个人达摩。审判程序也是几种制度性工具之一，这些工具共同保留、传承印度教法中的实体和程序传统。鉴于国王与婆罗门直接被责成执行和裁决审判程序，疑问与纠纷通常意义上是一种直接达摩。但对国王、婆罗门及其他人来说，审判程序还被看作达摩的间接必要物，因为其功效和内部过程，均来自体验和经验式观察。

有趣的是，在有关印度审判程序的法理学中，我们没有发现这种意识：公共或社会和谐是疑问和纠纷解决的目标，以及协商式的纠纷解决（该解决方式自过去一波法人类学以来为人熟

① 对比一下摩陀婆对审判程序概念的公开讨论：“因此，对土地和人民的保护，是国王的一项[可嘉]品质。对审判程序的调查是与此[品质]相连的达摩……与该统治品质关联的审判程序调查，是国王达摩的特征。”（tathā ca rājño bhūpālakatvaṃ mānuṣyapālatvaṃ ca guṇaḥ | tatprayuktadharmo vyavahāravicāraḥ... ataḥ paraṃ bhūpatvaguṇaprayukta-vyavahāravicārātmako rājadharmo ‘bhidhīyate.）PMādh, VyK, 6-7.

知)优先于厘定胜负和明辨善恶。如梅达帝梯所述,“在一项审 117
判程序中,一方胜,一方负”[1]。易言之,人们虽常说古典印度教法首要看重衡平性而非合法性,但至少法理学文本赞同一项审判程序本身应在这两者间保持平衡,同时承认,不管有多不幸,在法律的程序及其最后决定中,任何不确定的因素都不得以合法的面貌对抗衡平的要求。[2]

二、与国王达摩有关的审判程序

对印度审判程序的性质进行基本理解后,现在我们转向讨论审判程序在更广泛的达摩——国王的或从属于国王的达摩——观念中的地位。审判程序再次以两种不同方式被分类。评注家摩陀婆对第一种分类如此解释道:“综合考虑(vicāra)那些[审判程序],是国王的规范性责任,它采取适合国王达摩的形式存在。”(PMādh, DhK 6)换句话说(如前所述),我们发现审判程序是国王(达摩)的特殊源起。在法论语言中,审判程序是国王的一种个人达摩或特殊达摩,正如其他诸多个人达摩(如仪式表演、节食等)和特殊达摩(如军事保护与征税)一样。依此观点,在达摩的分类中,审判程序被归类为一种特殊的不同的种姓与人生阶段达摩,由此,我们可以在更宏大的达摩体系中找到审判程序所处的位置。该分类很重要,因为它标示出审判程序从属于对人类社

① Medh on MDh 8.3: vyavahāre jīyata itara itaro jayatīti.

② 例如《那罗陀法论》:“甚至无辜者可能被定盗窃罪,一个盗窃犯也可以被释放”(NS Mā 1.36),“诉讼已解决,证据便无用……犹如粮食已成熟,雨水滋润便无用,对于既判之讼,证据失效”(NS Mā 1.53-55)。

会达摩结构的更为重要的理解，这种理解时时处处强调仪式的效果、根深蒂固的等级和达摩的情境化。

第二种分类将审判程序列为法论的三个重大主题之一，另外两个主题是习惯法(ācāra)和赎罪(prāyaścitta)。基本上，习惯法(第七章主题)提供了达摩的基本内容——应做之事的规则，审判程序提供一种机制，用以解决关于达摩实质内容的疑问和冲
118 突，赎罪作为一项技术，用以矫正和修复对达摩实体规定的违反或触犯。人们可以尝试从以下方式思考这三层类别：习惯法近似实体法(关于命令和禁止的主要规则)；疑问与纠纷构成程序法(规定诉讼程序和旨在解释、补充实体规则之法律制度的次要规则)；赎罪，连同国王的惩罚(第六章的刑杖/惩罚)，类似于刑法，是针对违反实体规则行为的报复性和改造性手段，经由程序法做出决定。但是这种划分并不严格，特别是由于若干实体法律规则在审判程序的 18 种法律纠纷类型说明中得到了阐释。尽管如此，一套限定性的标准主题在中世纪印度的汇纂作者中大行其道，包括此处提到的三种以及少数其他主题。也就是说，审判程序成为法论**可分离的**几个主题之一，成为一个直接可归于国王责任的主题。

这两种分类对于审判程序在整个达摩制度中的相对重要性，多少产生了不同的影响。在第一种分类下，审判程序只是国王达摩的一个子类，相应地，国王达摩是种姓与人生阶段达摩体系的一个子类。相反，第二种分类中，审判程序承担了一个重要角色：作为达摩的其中一个重大主题。更为重要的是，审判程序(及其他几个入选主题)作为学术主题，呈现为一种几乎独立的存在，不须再纳入达摩标题之下。中世纪印度的几部汇纂和委实

重要的《那罗陀法论》，只处理这些重大主题的其中之一而非全部，这一事实是对种姓与人生阶段达摩所含整体性想象的一种偏离。很多作者创作的汇纂—评注，完全讨论审判程序而不述及其他，如《毗耶伐哈罗决断》(*Vyavahāranirṇaya*)、《毗耶伐哈罗花环》(*Vyavahāramāla*)、《毗耶伐哈罗合意》(*Vyavahārasaukhya*)等，尽管若干其他单一聚焦的汇纂也论述别的主题。

而将这两种分类联结起来的，是国王这一人物。有关古代及中世纪印度王权与国家的著述很丰富，对该主题的任何充分思考，均有必要远超出印度教法文本之外。[1] 同时，存在一个重要 119
理由，使我们关于国王的思考限定于法论范围。如我们所知，王权构成更为宏大系统表述中的一部分，若引入关于政治生活和理论的其他文本渊源，可能使这个较大的表述体系丧失核心地位。

关于国王与法律的关系，一个仍具有说服力和洞察力的构想是，“印度古典法律体系以合法性(legality)的观念取代权威的观念”[2]。因此，国王是“执法者而非立法者”[3]。这些简明表征所抓住的重点是，印度教法理学赋予法律权威的非立法性渊源以首要地位。对王室立法权力的认可至多限定在法论内，但是，试图将以权威为基础的制度和以合法性为基础的其他制度截然两分，便混淆了立法和法律，严重低估了印度国王在法律情境中的权力。

---

① 参见 U. N. Ghoshal, *A History of Indian Political Ideas* (Bombay: Oxford University Press, 1959), J. W. Spellman, *Political Theory of Ancient India* (Oxford: Clarendon Press, 1964), 以及 Hartmut Scharfe, *The State in Indian Tradition* (Leiden: Brill, 1989)等。

② Robert Lingat, *The Classical Law of India*, trans. J. D. M. Derrett (Berkeley: University of California Press, 1973), p. 258. 又参见 Oliver Mendelsohn, “How Indian Is Indian Law?” In M. John and S. Kakarala (eds.), *Enculturing Law: New Agendas for Legal Pedagogy* (New Delhi: Tullika, 2007), pp. 132-157。

③ Lingat, *Classical Law*, p. 256.

合法性标准确实不应等同于立法——后者本身被误解为“实在法”。合法性观念意味着，法律规则有这样一项重要意义：它独立于任何能用强力支持法律规则的特殊个人权威。而且，合法性暗示一套制度中，人们认为决定合法与非法，甚或决定正确与错误的是规则，而不是潜在可变的个人判决。在此意义上，印度教法理学无疑认可一种合法性的概念。事实上，我们已知在梅达帝梯论断中该见解的一个出色例子：一般来说杀生之所以不对，不在于杀生本身属于道德所说的固有邪恶，而在于存在一项不得杀生的禁令这一事实。[①] 反之，在特定情境下，使动物牺牲得到许可的是存在允许规则这一事实。此处正如法论任何其他地方一样，文本及传统权威与合法性齐头并进。认为印度教法律思想不承认合法性标准的看法，忽略了规则或命令在印度教传统法律想象中的绝对中心地位。为了种姓与人生阶段制度以及此秩序中个人的利益和繁荣，人类行为必须与这些规则保持一致。与当前讨
120 论更为相关的是，国王实施惩罚、任命法官、管理国家、军事努力以及财政拨款，均须与法论的明确要求保持一致。国王达摩昌盛，整个达摩制度及个人达摩才能得以兴旺或可能昌盛。

而且，达摩文本尽管没有为国王的立法行为划定专属范围，但不断地讨论君王敕令或命令，并间或在其所产生的限定情境下将其宣布为达摩渊源。对这一影响最著名的论述来自《那罗陀法论》：“国王的权力是颁发敕令。敕令以国王之言为基础：无论国王说什么，无论所说对错，对于诉讼当事人都是达摩。”（NS 18.19）人们或许将此称作对印度国王的保护条款，因为理论上，

① 参见第一章讨论以及 Donald R. Davis, Jr., “A Realist View of Hindu Law,” *Ratio Juris* 19：3(2006)：307-308。

国王的司法判决免受事后猜度(second-guessing)——那些猜度指根据某种独立标准或解释品评判决对错。国王的判决是关于法律纠纷的最终裁决。因此，在审判语境下，国王敕令是指国王的判决，该判决将当下称为达摩的特定行为，强加于诉讼当事人。在诉讼当事人看来，裁判是一项专门指向他们的命令。在文本语言中，该命令是一项有约束力的决定(nirṇaya，vyavasthā)。此场景不只是国王的权威在起作用，因为那样意味着裁判以任意性和开放性为基础，仿佛国王不过是随心所欲做出判决。但这里所讨论的是这样一项保证：在国王之上没有更高的上诉可以提出；换言之，是一项对诉讼过程本身的制度保障。纠纷双方必须服从国王的裁判结果，不仅在于该判决可以由国王强制执行，还在于审判程序本身的功能：将围绕某桩特定法律事务所进行的专门格式化决疑过程予以合法化。通过这种方式，国王的权威和由疑问与纠纷解决程序产生的合法性共同发生作用，以认可一种法律的解决方法，其理想状态是与法论命令和习惯法保持一致。但这种解决方法即使的确与其他法律规则冲突，也仍被认为是一种不容置驳的达摩宣谕。将《那罗陀法论》关于国王立法权的表述，理解为国王可为所欲为，乃不得要领。

与否认印度教法律思想中的合法性相伴随的更大问题，是将立法误认为法律。兰加将印度的权威与西方的合法性进行了对比，在比较中，他自身的偏见显露了出来。兰加支持大陆法系的这一观点："实在法尤其是制定法总是居于首要地位。"[①] 他还主 121
张"将法律理解为全民意志的表达"[②]。从历史和理论上讲，这

① Lingat, *Classical Law*, p. 258.

② 同上注。

两种观点都存疑。[①] 不能由于印度教法将首要地位赋予学术文本渊源和习惯法，就断定其合法性观念阙如。当然，即使我们同意兰加的这一观点——立法已成为西方首要的法律渊源，那也并不意味欧洲法律制度缺乏一种权威的观念。印度权威受合法性约束，以及欧洲权威压倒合法性的例子，都不胜枚举。最后，兰加的洞见只剩下这么一项：需要承认印度教法理学只给予了立法一个无足轻重的角色。这一小角色的定位使印度教法看起来更像伊斯兰法，而不像普通法或大陆法，也不像其他如中国的法律制度。[②] 于是，印度教法与欧洲法的真正区别在于，后者将一种普遍立法理论纳入了法理学。印度教法的确认可国王制定法律的能力，历史上这种能力的例子显而易见，[③] 但该能力并没有普遍化到可合理有效地称之为立法的程度。

兰加将印度国王仅作为执法者的构想诚然有影响力，他也(几乎同时)提出了一种与其自身主张相对的观点：

---

① 对兰加实在法观点的相关批评，参见 Richard W. Lariviere, "Dharmaśāstra, Custom, 'Real Law,' and 'Apocryphal' Smṛtis," *Journal of Indian Philosophy* 32 (2004)：613-615。

② 兰加事实上准确识别了伊斯兰法与印度教法的相似性，"在这两种情况下，法律的权威都不是依赖在其治下的民众意志，而是仰赖神启，在伊斯兰法方面是《古兰经》与圣训，在印度教法方面是吠陀与圣传经……这两种制度中，诠释都同样至关重要，习惯都扮演举足轻重(若非同样)的角色，尽管其原则上不可与神启文本相矛盾"(*Classical Law*, pp. 260-261)。

③ 例见 J. Duncan M. Derrett, *Religion, Law, and the State in India* (London：Faber, 1968), pp. 169, 188-195；J. Duncan M. Derrett, *History of Indian Law (Dharmaśāstra)*, Handbuch der Orientalistik Vol. 2. Part 1. ed. J. Gonda (Leiden/Köln：Brill, 1973), pp. 21-23; and Donald R. Davis, Jr., "Intermediate Realms of Law：Corporate Groups and Rulers in Medieval India," *Journal of the Economic and Social History of the Orient* 48：1(2005)：104-106。

> 假如我们想要在印度传统制度中找到此概念(合法性与法治)的一个相近对应物，我们或许应在法人团体规定和“规章”以及我们已提及的其他规则当中寻找，这些规则由利益相关方自行创设，或宣布其惯例，确定每个成员的权利义务。当中无疑存在实在法。[①]

从兰加结论的这一暗示性(但有启示性)部分中，我们发现 122
承认印度古典时期及中世纪存在法律创制的又一实践渊源。在前现代印度，于家庭、联合家庭和(可能某些情况下的)大家族层面之上，在国家层面之下，存在大量中间法人团体，它们或许构成了法律的基本稳定和直接力量。[②] 这类团体的完整列表会极为冗长，不过举例而言包括：宗教团体(既含修道机构，也含以神庙为中心的机构)、军事联盟、同业行会、交易社区、农牧团体、种姓联盟和宗派运动。毋庸置疑，正是这些团体法律的直接性、专门性和公开性，致使兰加视其为比印度教法理学的其他部分更近似于立法情境的法律。就法律的实用性而言，法人团体是印度中世纪创设法律并将其实施于团体成员的主要社会机制。此处我们必须预设，个人能够轻而易举地同时隶属于数个法人团体。

达摩文本主要在各种名为“违约”或“违反惯例”的法律题目下，关注这些团体。[③] 作为一类法律题目，这些中间法律共

---

① Lingat, *Classical Law,* pp. 257-258.

② 关于印度教法历史情境下法人团体角色的考察，参见 Davis，“Intermediate Realms of Law”。

③ 对该题目进行深入法论探讨的一篇译文，参见 Donald R. Davis, Jr.,“The Non-Observance of Conventions: A Title of Hindu Law in the *Smṛticandrikā*,” *Zeitschrift der Deutschen Morgenländischen Gesellschaft* 157: 1(2007): 103-124。该文悉数重述了本段观点。

同体的法理学，仍然处在国王的终极权限范围内。因此，法论关于法人团体及其法律的讨论经常提及国王，就不足为奇了。尽管法论文本阐述是针对执行审判程序或实施惩罚的国王或其授命者以外的所有人，但法人团体被授予权力自行实施审判和执行惩罚。[①] 不过，法人团体同时也获得授权，当其内部程序和惩罚被置若罔闻时，可寻求国王的帮助。文本告诉我们，这种情况下国王应当发布命令，要么对该团体的既存规则进行纠正和重新示例，要么(在较少情况下)宣告一套新规则，责令该团体遵守。

123 这些讨论所呈现的一般法律图景，将国王置于裁判和惩罚(这两点是印度教审判程序的主要焦点)的终极责任人的地位。国王的权威和责任既与神学上种姓和人生阶段的表达范式相联结，也与实用主义的治国之道和政治(这些组成国王达摩的一个重要部分)的集中讨论相关联。在国王达摩范围内，文本为法人团体的法律创设了一个文本内受限但实践中巨大的空间，这些法人团体在法律上的诸多方面是自治的，但其权威与权力有时要依赖国王，在文本和其他历史渊源中均是如此。这些法人团体的性质再次证实了法律对日常生活的影响，因为人们会将身份认同和经常性的大量劳动投入这些共同体中。法律，犹如政治，总是地方性的，对在法人团体框架内从事的日常活动之关注，是世俗法律的核心焦点，也是法论中存在的对法律进行文本思考的一个明显(假如有限)的焦点。

---

① 文本陈述不断授权合作团体裁决其自身纠纷。例见 *Laws of Bṛhaspati* 1. 73, 92–94, 75 (trans. at Jolly 1. 25–31) and NS Mā 1. 7, 1. 135。

三、印度审判程序与正义的必要阈限

上文业已讨论了印度教审判程序自身的性质及其与达摩的关系(或各种想象的关系)，我想就更一般化的问题——法律与正义的关系，反思一下印度教审判程序的哲学或法理学含义。在印度教审判程序的讨论中，对冲突的反复强调引人注目。疑问与纠纷一再被称为原告与被告、申请人与被申请人之间的纠纷。值得顺便一提的是，法律代理并不发达，因此诉讼当事人必须自行陈述案件，自行具备程序规则知识。[①] 对冲突、对抗式辩论和举证的强调，更难与下述观念相匹配：审判结果意在社会和谐，甚或如我所理解的正义。同时，种姓与人生阶段制度在概念和伦理上的突出地位，是一种无可否认的偏重和谐的秩序，法理学即是为支持这一秩序而生。科马罗夫(Comaroff)和罗伯茨(Roberts)描述了诸如法人类学“规则与程序”之间的张力：规则代表固定 124
的规范标准，程序取决于冲突和政策。[②] 在此张力间，到何处去发现正义？显而易见，例如在我们自己的对抗式制度中，法律判决与公正判决并不总是同一的。那么，如果有(正义)的话，一个强调冲突的审判程序会产生何种正义？

在对该问题的中肯回答中，最有名的是约翰·罗尔斯(John Rawls)的程序正义。罗尔斯通过其著名的“无知之幕”隐喻，

---

① 参见 Ludo Rocher, “‘Lawyers’ in Classical Hindu Law,” *Law and Society Review* 3(1969)。

② Comaroff and Roberts, *Rules and Processes*, pp. 5-17.

为其广为人知的两个正义原则预设了实现的先决条件：

> 第一，人人享有与其他人相似的最广泛的基本自由之平等权利。
>
> 第二，社会与经济不平等应如此安排，使它们(1)被合理期望为是为了所有人的利益；并且(2)附带条件是，社会地位与职务向所有人开放。[①]

一方面，罗尔斯与康德一脉相承，因为他的程序正义，或作为公平的正义，没有任何指导基础，因此在性质上是道义论的；另一方面，关于假定的“原初状态”框架之外的正义构成要素，罗尔斯虽力图避免先入为主，但也时而通过借助“深思熟虑的正义信念”[②]，再度引入某些目的论预设，并总体上赞同道德判断的理想。当然，在一本完全非伦理的著作中诉求正义的伦理标准，这种诉求尽管很成问题，却丝毫没有削弱罗尔斯的魅力。但我们不妨与利科一同发问：伦理能否通过纯粹程序正义被完全回避。利科本人的立场是否定的：“正义的程序性概念，至多为一贯被预先假定的正义感提供合理化。”[③] 利科的论断是有说服力的，故我们必须进一步跟随他本人的观点。

利科感兴趣的是正义的性质，但他也将正义的存在预设为一个哲学问题，这一点我们回头再述。他写道：“当从属于善时，

---

① John Rawls, *A Theory of Justice* (Cambridge: Belknap/Harvard University Press, 1971), p. 60.

② 同上注，p. 19。

③ Ricoeur, *The Just*, p. 50.

正义有待发现；当由纯粹程序手段产生时，正义有待建构。”① 此处道出了一个关键点。对利科而言，伦理与公平程序均产生某种正义，如他所示，尽管是以程序的形式，但决定程序的过程也同时蕴含正义感的建立。基于此，利科发现，即使罗尔斯意义上的程序公平实际上或许是最可行的情况，某种程度上伦理考量也在所难免。 125 与他对伦理的诠释方法一致，利科主张，在正义感方面，伦理与程序两种倾向之间的调和是可能的，不单是诉诸直觉信念，更是通过对教化(Bildung)或人文主义培育的批判性鉴赏——这形成我们当前的正义感。② 易言之，在坚守不容讨价还价的标准与为某一公平程序(该程序使局中人可为其所是而斗争)酌留余地之间，可以存在一个平衡。而且我们发现，该平衡不是通过直觉或纯粹理性达到的，毋宁是通过人们在生活过程中建立的品性、观点和先见，即德国人称之为教化的东西而实现。③ 实质上，利科由此提供了一种对罗尔斯的“反思性平衡”(在信念与理论之间的动态平衡点)的再阐释。然而，利科与罗尔斯观点的细微差异在于强调两种正义的张力——一种是对传统的反思性、批判性利用，一种是逻辑的、道义论的及经验式理论建构——所需的必要阈限。

恰恰是在必要阈限的建构方面(此乃本人而非利科之见)，我们可以将其与印度教审判程序进行一番对比讨论。印度教法的解决方式与此类似的是，印度教法也预设个人(或毋宁户主)必

① Ricoeur, *The Just*, p. 40.

② 同上注，p. 56。

③ 关于教化在人类生活中的核心角色，迄今最好的解释是：Hans-Georg Gadamer, *Truth and Method*, 2nd rev. edn. trans. J. Weinsheimer and D. G. Marshall (New York: Continuum, 1989), pp. 9–18。

须在至少两条相对界线之间来回顾盼，一条是正义(justice，我发现梵语没有精确的对应术语)被归入达摩(或吠陀)的目的论之善，另一条是正义被纳入一个程序替代物，该替代物建构其所推动的达摩。就印度教法理学而言，审判程序的运行，既**依照达摩**，也**创生达摩**。印度教法的二分法在多个方面反映了利科所主张的阈限位置，因为它预设认知或发现达摩的目的论目标只有经验式渊源——被理解为教化之产物或结果的“直觉”“深思熟虑的信念”以及“道德判断”。假如通过教化过程学习达摩并将其付诸实践，我们也仍然建构或创设达摩：通过我们的努力，其经验式渊源将影响我们的日常生活环境。经由这种方式，我们居于
126 外在于我们的“规则”和我们参与其中的“过程”之间。而且历史上，“规则”经常被重新议定，发生过程性改变，而“过程”旨在于新情境下产生新规则。疑问与纠纷是指涉这种中间位置的印度教法概念。

在疑问和纠纷被解决的情况下，关于达摩所需要的这种必要阈限，开启了一种哲学可能性，它蕴含于找寻这样一个点——在作为公平冲突的正义观与作为伦理价值的正义观之间调和、摆荡或以其他形式并存的点——的过程中。更有趣的是，通过观察印度教法，下述问题的提出成为可能：正义是否必定总是上位范畴，如罗尔斯和利科所假定的那样。换言之，印度教法理学以缓和争辩的方法(或可说执中而为的方法)提出了一种模式。

印度教法理学中存在一种正义感，但它嵌入了其他概念如达摩或疑问与纠纷当中。然而，这种嵌入性提出了一个重要问题：在并非孤立的正义中，是否存有哲学反思的价值？必须澄清的是，印度教法理学经常将达摩作为人类生活的目的论目标来谈

论，但达摩同时是吠陀的反映、审判程序的结果和由国王保护的首要政治福祉。在终极伦理目标与世俗公平之间，审判程序扮演一个必要的干预角色。而且达摩作为法律，是关于生活的超越性追求和探索与人为建构之正义的中介点。法律黏附于这两者当中，必须致力于发现两者的有效性与可适用性。我们不妨追随伯尔曼(Berman)的观点，扩展前述列表，认为达摩作为法律暗示着一种“整体性法理学”，它将超验的、历史的与政治的三种要素结合为一体。① 在印度教法律术语中，达摩是吠陀、贤人的良好习惯和国王的判断(rājavicāra)。这三种要素的叠加，事实上或许是一个宗教法制度的先决条件。然而关键一点是要记住：法律或达摩同时兼有三者。通过审判程序，每种因素在人类实践事务中各自显现。据此观点，审判程序是完美达摩的世俗替代物，因此它是涵盖性范畴，是联结点，最为重要地，是人们须从中妥善平衡上述三种要素的阈限世界。

鉴于正义观及围绕正义展开的争论远比这里所能展述的广博
精微得多，我将只概述印度教法对法律与正义的更广泛思考可能 127
做出的潜在贡献。关于审判程序的印度教法理学，为当时发现和遵行达摩描绘了一个固有且确实必要的冲突范式。对于那些已经很难或不可能维持的其他类达摩执行方式来说，审判程序是一种仪式替代物。这种借助法律手段的程序性解决办法，实际上产生了一个伦理过程：责任的发现与执行，其目标是通过达摩回溯与吠陀的神学联系。当然这一制度最上位的概念是达摩，一切均服从之。而像西方那样的正义概念甚至在达摩的构成性概念(其中

① Harold J. Berman, “Toward an Integrative Jurisprudence: Politics, Morality, and History,” *California Law Review* 76(1988): 779-801.

包括审判程序）中亦未曾出现。相反，朝向达摩的目的论运动，在具有伦理、制度和社会必要性的阈限基础上得以构建起来，并将其自身置于达摩的三个主要层面之间，如表6所示。

表6 达摩：作为超验的、历史的和政治的结合体

达摩=作为下列三者结合体的法律：	（1）吠陀=超验的，自然的，道德的 （2）贤人的良好习惯=历史的，建构的，程序的 （3）国王的判断=政治的，权变的，应急的

法论将上述三类关切或视域结合起来，审判程序是平衡三者的实践情境。最后，既作为理论又作为实践而构想的达摩阈限空间，将显然漫无方向、道义论的公平冲突理念与有意日趋吠陀化的伦理——且不说可能出现的某些政治紧急情况——融为一体。这整个过程的实现或至少是设想，没有将任何西方那样的清晰的正义感或正义的哲学假设作为总体目标。

第六章　公正与修复(daṇḍa)

惩罚是将法律带入现实世界的一项实用工具。但是从神学意 128
义上讲，也是从理论上说，达摩进入这个世界，是通过吠陀以及达摩在学术传统中延续至今尚未间断的传承。而经由一种间接的神学路径，达摩通过国王的惩罚作用于现实实践。国王的重要性由此超出了第五章所讨论的审判程序的责任。事实上，毫无疑问的是，印度教法主张，对人民的保护、对种姓与人生阶段制度的推进是国王的主要责任。惩罚正是这样一种保护和推进的动力与方法。

在印度教法文本中，对特定罪行的惩罚有着非常详细的阐述和规范。然而，要考察印度教法律观中关于惩罚的精神，我们首先必须考察在文本中提出的关于惩罚的一般描述和理论。达摩体系和政治观念的一般理论关系揭示了这样一种支持宗教和政治目的的惩罚观。除了注意国家层面的惩罚效果，我们也会考察惩罚在种姓与人生阶段制度中的作用。在所有一般的法律要素中，惩罚是最明显与这一问题——法律体系能对我们有何作为——关联的要素之一，此外，印度教法传统所要强调的是，惩罚对我们来说也很重要。惩罚功能对其他所有法律要素来说是一项不可或缺的重要补充。

一、犯罪、惩罚与公正

刑杖(旦陀，daṇḍa)对于印度教法中出现的达摩体系而言十分重要。[①] 首先，惩罚像审判程序一样，是统治者的一项特殊责
129 任。但不仅如此，旦陀对任何人违反或触犯法论的行为进行检查。印度教法理学经常将惩罚视为神性的人格化。下面这一段强调，在《摩奴法论》中，惩罚在国王个人达摩以及更广泛的种姓与人生阶段体系中的重要性：

> 为了他(国王)，自在先创造出刑杖，它是自在亲生的法，它是神的势力的化身。它是一切生物的保护者。
>
> 正因为怕它，一切动的和不动的生物才甘心供人享用而不越出各自的法。
>
> 那刑杖就是国王，就是人，它是引导者，它也是统治者；相传它是四个生活阶段之法的保障。
>
> 刑杖管教一切生物；只有刑杖保护一切生物；当所有的官吏都睡着的时候，刑杖却醒着；智者们视刑杖为法。(MDh 7.14-7.15，17-18) *

---

① 我在接下来谈到的旦陀可以参见卢多·罗切尔在下文中对印度刑事法学的学术研究。Ludo Rocher, “Ancient Hindu Criminal Law,” *Journal of Oriental Research Madras* 24(1954-1955)：15-34.

* 此处译文参考了〔古印度〕《摩奴法论》，蒋忠新译，中国社会科学出版社1986年版，第116页。

在这些经文中，这种对旦陀和达摩富有诗意的辨识，很好地表达了印度教法精神对于惩罚的总体观点。它与国王相联系，由国王得以辨识，更重要的是确保种姓与人生阶段制度的繁荣。惩罚施加了一种约束，确保社会世界向神学限定的印度教法目标迈进。而关于犯罪与惩罚细微差别的详细研究，又对这一宏伟设想进行了补充。对法论中关于惩罚观点最完整的汇纂，是 16 世纪筏驮摩那(Vardhamāna)所著的《关于惩罚的区分》(*Daṇḍaviveka*)一书，这本书是下文所描述的印度教法中犯罪与惩罚的根基。

针对犯罪案件的刑罚可以用以下六类条目归纳：

1. 谋杀；
2. 盗窃；
3. 强奸；
4. 诽谤(语言攻击)；
5. 攻击；以及
6. 杂罪。[①]

筏驮摩那区分了刑事和民事的惩罚，并将研究重点放在刑事惩罚上：

> 各种民事纠纷来源于贪婪或无知，因此，任何非法主张权利或隐瞒事实的一方都有罪，并因其犯罪行为而受到惩
> 罚，民事案件中也是如此。那是对的。(但[这项工作]…… 130
> 根本不涉及这些民事纠纷偶尔附带的惩罚。)然而，本论是关于严格意义上的犯罪，这类犯罪由密探报告给国王，由国王下属传讯犯人(到法庭上)，然后进行审判，并非来自任何

① *Daṇḍaviveka*, pp. 23–24.

私人控诉。[1]

这一陈述将严格意义上的惩罚(旦陀)和严格意义上的犯罪(通过公职人员的警务工作呈报给国王的那些案件)联系起来。其他惩罚，特别是那些源于民事诉讼的与金钱或其他财产有关的罚款，则被排除在外，因为这种惩罚产生于一般性审判程序本身，而不是直接源自国王的惩罚达摩。[2]

这一区分对理解印度教法中关于惩罚的精神非常重要。无论社群还是个人，违反种姓与人生阶段制度都会受到惩罚。民事违法行为只是间接或偶尔附带涉及惩罚，这些行为大部分属于那些涉及私人纠纷的 18 种法律纠纷类型(通常是前 14 种)。那些关于赔偿损失、返还财产、重新分配遗产的判决，在执行中并不归入具有惩罚意义的类别。更确切地说，民事诉讼及其随之而来的财富转移更像是自力救济，它是由国王保证、由个人起诉的一种法律形式。因此，旦陀主要是关乎犯罪与罪孽，而与合同或侵权等民事违法无关。

旦陀的形式在传统意义上可以分为以下四类：

1. 警告；
2. 训诫；
3. 罚款；以及

① *Daṇḍaviveka*, p. 24.

② 要深入讨论筏驮摩那关于犯罪的定义以及与其他违法行为的区分，可以参见 Ludo Rocher, "Ancient Hindu Criminal Law," pp. 31–32。罗切尔同样讨论了"严格意义上的犯罪"(kevalasāhasa)和"严格意义上的惩罚"(kevalasāhase daṇḍaḥ)的专业术语(pp. 30–31)。

4. 身体刑。[①]

这四类接下来还会被细分为更加具体的类型：例如固定的或可变的罚款，或在身体上的10处或14处部位可能施加的体罚。[②] 因此对法论而言，非常典型的是，传统创建出一些分支和子分支构成的体系，这一体系逐步列举了惩罚的法定原因和法定形式。这一列表式的学术实践不断深入列举了影响惩罚执行类型和程度的各种因素。 131

筏驮摩那列举了下面有可能影响惩罚决定和执行的11类情况因素：

> (侵害者的)种姓、(侵害所涉的)事物、(事物的)数量、(事物的)功效、涉及侵犯的相关人(parigrahaḥ)、(侵害者的)年龄、能力(如侵害者的财产状况)、(侵害者的)资格、(实施侵害的)地点、(实施侵害的)时间以及具体侵害行为，这些是(在实施惩罚时需要考虑的)若干因素。[③]

在印度教法中，实施这些刑罚受多种因素的限制，从而影响具体案件中对适当刑罚的确定。所有的法律体系虽然都承认固定刑罚中存在减轻情节，但印度教法理学预设每个案件从一开始都是特定的，因此对于文本中列举的不同犯罪行为的惩罚，都受到手头案件情况的影响。质言之，没有自动适用于特别犯罪行为的刑罚，这种刑罚是指对某些犯罪行为本身，无条件地适用固定和

---

① *Bṛhaspasi* 29. 2 (Rang. ed.), 27. 4 (Jolly).

② *Daṇḍaviveka*, pp. 16–17.

③ *Daṇḍaviveka*, pp. 26–27.

预先设定的刑罚。

筏驮摩那关于影响惩罚的因素的长篇大论，标示了印度教法理学中一种现实主义方法对刑法的重大意义。① 一些例子能够提供这些因素的主旨。如某些特定人群可以得到死刑豁免，这些人主要是各种婆罗门，有些时候还有国王；对与女人合意但非法的性行为之惩罚，是对强奸罪惩罚的一半；那些低种姓或不可接触种姓仅处以身体刑，而非财产罚；不能没收商人和工匠的工具，因为那将会导致难以忍受的贫困，从而引发愤怒、怨恨以及更多的犯罪活动；累犯比初犯受到更加严厉的惩罚；婆罗门、上层家庭以及那些努力主持宗教仪式的人，犯罪后可以获得身体刑的免除，代之以罚款。

132 尽管法论文本明显偏好将广泛的（如果不是详尽无遗的话）列举方式作为表达刑法的最佳方式，但其同样将违法行为的严重性置于首要位置。在道德上最难以容忍的罪行被称为萨诃萨（sāhasa），通常译为暴力，但正如罗切尔表明的，暴力有时与盗窃（steya）②密切相关。针对所有者的暴力性盗窃或抢劫，是印度教法中一种典型的犯罪。18 种法律纠纷类型中对抢劫的惩罚远较其他三种常见犯罪（诽谤、攻击和盗窃）更加严重，同样，对它的处置也比其他 14 种纠纷类型中涉及民事违法行为的处理更加严重。③

在印度教法中，18 种纠纷类型中的四种标准纠纷类型，似乎难以覆盖所有可能发生的犯罪行为。因此，法论的评注者巧妙利用了在印度教法大部分文本中均可发现、一贯众所周知的“杂

① *Daṇḍaviveka*, pp. 26-56. 下文的例子都源自这一论述。

② Ludo Rocher, “Ancient Hindu Criminal Law,” pp. 27-28.

③ 同上注，p. 27。

罪”(prakīrṇaka)①一项。这项条目指向犯罪和刑法的实际运作，但在法论其他部分仍然未做详细说明，也缺乏分析。正如我们所看到的，法论中一条著名原则指出：“国王及其属下任何官员都不应独立启动诉讼。”(MDh 8.43)[*]但在“杂罪”项下，我们可以找到很多范例，国王会独立启动一项审判程序，因为他们是尼栗跋什罗耶(nṛpāśraya)，字面意思即“依靠国王”(NS 18.1)。这样一些犯罪对象和行为包括“违反敕令、履行职责、赠赐村庄、处置王国臣民事务”(NS 18.1-2)。有趣的是，这些事态还涉及“异端、吠陀的信徒，行会和社团成员不履行职责”(NS 18.2)。换言之，法论文本授予了国王启动调查和对各类犯罪行为实施惩罚之权。

通常，法论文本精确列举了哪些犯罪行为可以由国王自行主动提起控诉：

> “杂罪”这个杂项涉及的犯罪对象和行为包括：与国王相关的争议，违反国王敕令，履行职责的表现，赠赐村庄(granting villages)，对其王国臣民的处置，异端、吠陀信徒、行会和社团成员不履行职责，父子间的争论，违反赎罪
> 规定，怠于布施，修士愤怒，种姓混杂的罪孽，对谋生方式 133
> 的限制以及那些到目前仍未纳入的内容，所有这些都能在

① Ludo Rocher, “Ancient Hindu Criminal Law,” pp. 32-33：“对于那些在传统条目下无法归类的犯罪，作者可以将其归入‘杂罪’类别。”

* 蒋忠新译的《摩奴法论》将本节译为：“国王本人及其臣仆都不应该教人起诉；他也绝不应该压制其他人提出的起诉。”参见〔古印度〕《摩奴法论》，蒋忠新译，中国社会科学出版社1986年版，第140页。原文此处的表述与蒋先生的梵文译本的表述略有差异，故以原文为准翻译。

"杂罪"这一项下找到。(NS 18.1–4，也引自*Daṇḍaviveka*，p. 220)

很明显，那些违反国王敕令或其他政府正式决议的犯罪，会被国王在没有任何外部敦促的情况下提起控诉，因为国王本身在某种意义上就是受害者。同样有趣的是，国王为各种形式的法人团体提供了法律实施的元结构(meta-structure)。当他们颁布和执行团体法律的努力在团体内不奏效时，国王就会亲自实施惩罚来干预和纠正违规行为。

通过这项有目的的开放式法律，法论的作者和评注者能够找到一种可延伸的、柔性的传统类别，用于考虑大量刑法，尤其是那些与国王相关的法律，以及从《利论》切入法论传统的法律，《利论》作为治国策论是与法论并行的传统，主要讨论国王如何擅权。[①] 除了列举的犯罪名称之外，"杂罪"这一名称在定义犯罪和刑罚细节方面，赋予了印度教法传统一种很好的框架结构。当然，这些细节服务于该部分从《摩奴法论》的公开引用中所提及的更宏大目标，它们也同样例证了该领域真正成熟的法理学传统。关于印度教法中惩罚的更多功能，则需要进一步探讨。

二、对于罪孽与犯罪的威慑与教化

惩罚在印度教法中实际上体现为两种形式：旦陀和赎罪。两

① 关于这两个学术传统的联系，以及选择《利论》的内容加入法论，参见 Patrick Olivelle, "Manu and the *Arthaśāstra*: A Study in Sāstric Intertextuality," *Journal of Indian Philosophy* 32: 3–3(2004): 281–291。

者对印度教法的精神而言都很重要。首先，旦陀即指由法律权威施加的惩罚，通常由国王对刑事犯罪或民事违法行为实施。其次，赎罪是指违反法律或宗教规定者自愿承担的悔罪或赎罪。最后，更广为人知的“业”(karma)这一概念，经常容易与印度教法中其他关于惩罚的概念相混淆，但业在特定意义上没有那么重要。在讨论旦陀和赎罪之前，我必须先解释为什么我认为业不那么重要。

印度教法中关于惩罚的被最广泛引用的研究作品指出，“报 134
应的更高原则”(the higher principle of retribution)结合了早期印度文本中的各种惩罚机制。① 更具体言之，“惩罚是对行为(而不是对个人)的报应”②。伴随以行为为中心的报应，业也得到突显。一种宇宙论的道德因果观念构成了人的生活的前提条件，并决定了永恒灵魂的身体形式，这一观念自印度远古以来就为人所共知，也几乎为整个古印度诸思想体系所共享。行为导致后果。令人满意的结果是回报，而令人痛苦的结果是惩罚。法论以一种非常确定的形式论证了这一观点：“由思想、言语和身体产生的行为，其果报有善有恶；由行为产生的人的归趣包括上中下三等。”(MDh 12. 3)*

但是，对于业的后果的研究仅仅着眼于那些不好的行为，这被认为附属于更大的赎罪问题。③ 14 世纪的评注者摩陀婆解释

---

① Terence P. Day, *The Concept of Punishment in Early Indian Literature* (Waterloo: Wilfred Laurier University Press, 1982), p. 241.

② 同上注，p. 242。

* 此处译文参考了〔古印度〕《摩奴法论》，蒋忠新译，中国社会科学出版社 1986 年版，第 240 页。

③ 评注者摩陀婆对此直接指出：“即使在一般性言论中，达摩一词通常讨论好的和坏的行为，而在此它仅仅指那些坏的行为，因为考虑到赎罪的本质，一般认为只涉及坏的行为及其中止。”(yady api loke dharmaśābdaḥ sakṛtaduṣkṛtayoḥ sādhāraṇaḥ tathāpy atra prāyaścittasya prakṛsatvāt tannivarttyatayā duṣkṛtasyaiva buddhisthatvāt tatraiva paryavasyati.) PMādh, p. 480.

说，那些恶业的后果(vipāka)影响人生的三个方面，即出生、健康和快乐。① 假想的反对者这样插话：

> (业)果既不能强制实施也不能阻止发生，因为人们既不能将业果付诸实践，也不能阻止业果发生。因此，在这个文本中对于这一主题的讨论并不合适，因为它是一种将禁止和阻止放在首位的论述。②

按照弥曼差传统的说法，达摩仅仅关注那些积极和消极的行为规则。为了验证这一观点，摩陀婆援引了弥曼差的两项其他传统原则，并以一种合适的视角进行论证：

> 这并不是一种瑕疵，因为这一讨论的有效性源自这样一种事实，即它是一种对赎罪的鼓励与释义。而且，这种鼓励或解释分享了与禁止或阻止相关的(表达的，aikyatā)业这类单词，因为，它分别鼓励人们参与那些被命令的事情，驱使
> 135 人们远离那些被禁止的事情。这就是熟知那些传统的人中存在的规则(maryādā)。③

摩陀婆接受了反对者提出的前提，即业果与消极或积极的规则并无直接的关系，但是他也运用弥曼差关于鼓励与解释的范

① PMādh, p. 481: jātyāyurbhogalakṣaṇam vipākaṃ.

② 同上注：nanu nāyaṃ vipāko vidhātuṃ pratiṣeddhum vā śakyate ananuṣṭheyatvād avarjanīyatvāc ca | ata eva tasmin vidhipratiṣedhapareṇa śāstreṇa tannirūpaṇam ayuktam。

③ 同上注：nāyaṃ doṣaḥ | prāyaścittārtbavādatvena tadupayogāt | arthavādas tu vihite pravarttakatvena pratiṣiddhān nivarttakatvena ca vidhipratiṣedhaikyatāṃ bhajate iti nyāyavidāṃ maryādā。

畴，来确认以下重要但附属性的联系，即关于业的讨论与达摩规则主要延伸范围之间的联系。这种联系在禁止或阻止与支持性鼓励和劝阻这类词语之间以及对于有关这些词语的任何一个解释之间，最终找到了统一的表达。这也成为一项弥曼差原则，其被称为蔼迦伐羯塔(ekavākyatā，“全体一致”)，其中的所有文本陈述都被理解为表达一种且只有一种观念，即命令或禁止一项特定行为。其他辅助性陈述，包括那些鼓励与解释性范畴，仅仅在同某些单一命令或禁令相关联并支撑该命令或禁令时，才具有价值和相关性。

摩陀婆的表述将恶业的后果(非达摩的效果或结果)置于达摩的神学边缘。业作为鼓励和解释性范畴，对于恶业的后果，人们无能为力。因此，一种对恶业及其业果的考量就不能够构成达摩和法律中最重要的问题：什么是强制性的？达摩要求我做出一种积极的行为还是一种消极的限制？业果，特别是赎罪，对于达摩有着重要的辅助作用，但是它们对于有关种姓与人生阶段达摩的系统表述，在结构上并非不可或缺。① 这种恶业的可怕征兆被称为自愿赎罪者的启示(inspiration，prarocana)。法论作者在论及旦陀时根本不讨论业果，只有在提到赎罪时才稍带提到业，因为业这种所谓的惩罚缺少一种真正的行动者。② 这种业的惩罚是客观发生的，而不是由那些根据达摩规范实施惩罚的行动者所施加

---

① 法论将业置于一个非常重要的位置，但并非同种姓与人生阶段达摩这一系统性核心关切分开考虑。早期的区别体现在从种姓与人生阶段之法转向对《摩奴法论》中关于业的讨论：“四种姓的法至此你已经全部讲述完毕，无罪垢的人啊！现在请如实告诉我们行为的最终果报。”(MDh 12.1)

② P. V. Kane, *History of Dharmaśāstra* (Poona：BORI, 1962-1975), Vol. 4, p. 177：“关于 Karmavipāka(业果)著作的教诲，尽管阴沉可怕，但得出如下结论，鉴于灵魂已经准备好因其罪行而等待和经受折磨，没有灵魂会丧失希望。”

136 的。对达摩和业的讨论更多集中于积极的责任，而非消极的后果。

在印度教传统中，这种对行为当前和长期效果的推断可能会引发难以置信的复杂后果，其中只有一部分在法论中得到体现。与上述情况相反，印度教法传统倾向于在不经探询或系统阐述一个关于业本身明确理论的情况下，承认或接受大量关于业的说法。最终，我们在同一个文本中发现诸多关于业的观点的不同表述。[①] 更加常见的是，我们发现在印度智识传统中，达摩的作者和评注者对业的思考之投入程度，并未达到在其他印度智识传统中的程度，而是简单列举业和转世的不同体系，没有进行更多理论思考。[②]

众所周知的是，筏驮摩那于 16 世纪出版的那本《关于惩罚的区分》中缺乏对于业或业的理论的实质性讨论。其理论太浅显，以致很难将业与旦陀连接起来，两者分别就像宇宙的与人间的惩罚。但在对有关种姓与人生阶段制度的法律的主要阐述中，业主要作为一种假定的理论背景存在，它是一种遥远的真理，并未对达摩的确定或施行产生作用。正如哈克以及其他人所提到的，所有达摩都涉及业。换言之，所有法律行为总体上都是行为的一部分，但是对什么是合法的和良善之分析，必须区别于对守法和为善或其对立面的物质和精神效果之分析。

最后，如果这本书的核心论点是正确的，那么业果（karma

---

① 参见 Ludo Rocher, "Karma and Rebirth in the Dharmaśāstras." In Wendy Doniger O'Flaherty (ed.), *Karma and Rebirth in Classical Indian Traditional* (Berkeley: University of California Press, 1980), pp. 61–90，对《摩奴法论》中关于业的多样甚至有时冲突的观点进行了系统回顾。

② 同上注，p. 77。

vipāka)与印度教法的核心格格不入，因为它处理一种不可见的、超自然的、非常规的过程。业因此并不适于法律体系，它的神学指向出世的过程和本质。当然，业形成了所有人类行为的背景，但是却并不能成为法论的核心，因为业缺乏对日常生活的关切。业对于日常行为的暗示是法论研究的主题，也就是说，在积极的业当中，达摩等同于法律，而非达摩则等同于消极的业及其后果。以此种方式而言，业的“果报”仅仅是间接作为达摩的一部分。

因为业具有被神学边缘化、模糊性、无利益性、不协调等方 137
面的原因，我认为总体上业在印度教法的精神中并非一项重要的因素。业果是法论所建立的达摩契约中的细微末节，它的效果以一种细节的方式呈现，但是没有人阅读它，在任何情况下，它的目的是为作恶总体呈现出一种可怕的想象景象，以此激发人们行善。相反，只有善业，或者说达摩，对于传统而言才重要。因此，我们可把业置诸一旁，转向讨论对印度教法而言重要的惩罚形式。更加重要的是，我们可以超越以下观念：报应是理解印度教法中惩罚作用的唯一关键因素。业的因果报应形式中的报应结果自说自话，我们可不予理会。

印度教法理学中的惩罚首先是关于预防与威慑。法论中反复提到对犯罪予以抑制，即国王使用审判程序与惩罚“调查”或“阻止”犯罪。正如一位16世纪的汇纂者所指出的：“国王针对犯罪运用审判程序予以压制。而当犯罪被压制时，关于种姓与人生阶段体系的法律就构建起来。只有当这种法律被构建起来之后，人们才能履行那些法律要求的责任。”① 这一顺序也将审判

① *Sarasvatīvilāsa*, p. 15：vyavahāradarśanāddhi duṣṭanigrahaḥ । duṣṭanigrahe sati varṇāśramadharmāvasthitiḥ । tadavasthitau satyām eva tadvihitadharmānuṣṭhānam.

程序和与之相互作用的规范性实践(习惯法)联系起来，作为相互构成的制度。简言之，就是审判法和实体法相互强化。就禁止与威慑而言，在这种相互关系中，一个关键联系在于迫使犯罪者被置于法律面前受到惩罚。在社会层面，从国王和政府的视角看，惩罚的预防功能占主导地位。

在个人层面看，相比之下而言，赎罪是惩罚的一种形式，根据文本表述，它阻止了可能发生的违法违规行为。赎罪纠正了罪犯的思维倾向，当其诉诸公共仪式的强制，也能够传递出关于违法犯罪严重后果的公共信息。根据毗吉纳奈什伐罗的评注：“对于(罪孽)标志的列举，如肺病或其他疾病，可能在婆罗门谋杀者及类似人等中产生一种压迫性恐惧，从而导致他们更加专注于赎罪。”(YS 3.216)①

138 旦陀和赎罪都是惩罚的形式。旦陀是基于国王强制施加的责任产生的一种惩罚，而赎罪则是源自犯罪者自愿的赎罪。② 但最终，世俗惩罚与赎罪融为一体，像下面这一段所描述的那样：“当人们实施了犯罪并且遭到了国王的惩罚，他们也就可以无瑕疵地进入天堂，就像那些做好事的贤人一样。”(MDh 8.318；VaDh 19.45)评注者鸠鲁迦(Kullūka)认为，“通过这种方式，所表述的事实是，惩罚像赎罪一样，也导致罪孽的减少”③。它们

---

① Vijñāneśvara on YS 3.216：etac ca kṣayitvādilakṣaṇakathanaṃ prāyaścittonmukhībhūtabrahmahād yudvegajananārthaṃ.

② Robert Lingat, *The Classical Law of India*, trans. J. D. M. Derrett (Berkeley：University of California Press, 1973), p.63：“确实，赎罪与惩罚不同，它是自愿的……因此赎罪并不仅仅是一种赎罪，它还具有威慑性。”

③ Kullūka on MDh 8.318：evaṃ prāyascittavad daṇḍasyāpi pāpakṣayahetutvam uktam. 也见 *Daṇḍaviveka*, p.9，这一段和其他部分都被引用，以论证惩罚如何纠正罪孽。

最初共同运作建立起一种社会秩序和个人约束的基础，从而使得关于种姓与人生阶段的法律繁荣起来。这一秩序的前提，就是法律所施加的威慑作用和人们的自愿惩罚。* 这样一种威慑试图从消极方面在社会和个人层面起到预防和限制犯罪行为的作用。

在印度教法理学中，将惩罚视作对违反规范行为的一种消极回应，这种观点虽然非常重要，但是也有可能误导我们，使我们忽视达摩文本中那些更为重要的关于惩罚的积极表述。对于惩罚的消极表述会歪曲惩罚在印度教法体系中的支撑作用，而事实上，惩罚使得种姓与人生阶段制度的运行成为可能。换言之，惩罚扮演了一种积极的角色，具有一种积极的目的，是对预防或威慑可能发生作用的一种有效补充，使得任何报复性功能都黯然失色。印度教法中的惩罚因此强调了基于报复的公正和威慑。事实上，印度教观念中的惩罚使得法律成为可能，对这个问题我们必须更加细致地加以考量。

三、作为法律的媒介的惩罚

惩罚包含了对人的不完美性以及易错性的一种承认。惩罚可

* 本书作者认为赎罪是自愿性惩罚，但根据印度教法中有关赎罪的大量相关文献和对这些文献的研究，在印度教法中，赎罪并非完全靠行为人自愿。在多数情况下，婆罗门主导的种姓会议对染有罪孽的行为人做出赎罪决定，涉及开除种姓和经赎罪后恢复种姓的决定，程序尤其严格。只有没有被发现的罪孽，才完全靠行为人自愿赎罪。至于赎罪过程的监督存在困难，属于另外一个问题。另外，作者把赎罪作为惩罚完全是一种外在视角，印度教认为赎罪是对罪衍的补救和对不良行为的矫正，而不是惩罚。赎罪有多重方式，例如把通过祭祀和布施等善行赎罪作为惩罚就讲不通，甚至苦行赎罪也不是惩罚，而是一种补救性修行。

以用于纠正人类那些不可避免的错误，以及那些对完美理想路径不可避免的偏离，在这种前提下法律才能够最有意义地存在。没
139 有惩罚，法律就只是一个难以企及的梦想。依靠惩罚，法律则成为各种宗教目标行为的训练场。与此同时，惩罚也确保了体系的整体稳定，并促使那些罪犯被重新接纳。

1921 年，两项关于惩罚(或暴力)与法律之间关系的研究著作出版，两项研究的观点截然不同。两者都研究在国家构建时惩罚的作用，特别是以国家暴力形式存在的惩罚的作用。其中本雅明(Benjamin)的《对暴力的批判》一文具有较大影响，他探讨了一个富有挑战性话题，即在没有国家法律的情况下，仅仅通过非工具性政治手段，是否能够维持正常的社会秩序。[①] 萨尔卡(Sarkar)的《关于国家的印度教理论》一文则少为人知，该文为印度教的治国方略提出了辩解的理由，主张国家的两大支柱即财产与法律，均依赖于惩罚。[②]

本雅明的论文以复杂而闻名，某种程度上可以说晦涩难懂，但是他提出了和这一讨论高度相关的如下观点："所有暴力手段不是基于制定法律就是基于维护法律，如果这种暴力手段不基于上述方式产生，那么它就丧失了所有的有效性。进而言之，暴力作为一种手段，即便在最有利的条件下，也与值得质疑的法律的性质相关联。"[③] 此外，他还指出："制定法律就是一种权力构造，

① Walter Benjamin, "Critique of Violence." In *Reflections: Essays, Aphorism, Autobiographical Writings*, trans. Edmund Jephcott, ed. with an intro. Peter Demetz (New York: Harcourt, Brace, and Jovanovich, 1978), pp. 277-300.

② Benoy Kumar Sarkar, "The Hindu Theory of the State," *Political Science Quarterly* 36: 1(1921): 83.

③ Benjamin, "Critique of Violence," p. 287.

在某种程度上，是一种暴力的直接表现。”[1] 本雅明批评了法律和暴力之间似乎难以避免的联系，设想了一个通过非暴力的、非工具性手段来实现革命的方案，由此打破那种他所认为的把法律置于世界中心的可怕暴力神话。本雅明自始至终都在关注暴力而非惩罚，他的话语通过选择一种不同的术语，有意地激发国家行为的重构，即国家选择不同的方式对待个人。无论如何，他虽然认为可以诉诸不是作为刑罚的其他形式的国家暴力，如军事和警察暴力，但对刑罚怀有恶意。

本雅明关于法律依靠暴力作为存在基础的这种深刻论述，从某种角度看难以理解，因为他似乎是将法律减化为如此明显的披着“法律目的”外衣的暴力表现形式，这就为服务于任何其他目标的法律留下了很小空间。事实上，他似乎很愿意总体上抛弃 140
作为一种社会制度的法律，因为“在可预见的未来，对法律的攻击完全徒劳”[2]。如果不考虑本雅明所著的关于欧洲第一次世界大战的那些重要的解释性文献，从这篇论文当中我们可以很清楚地看到，暴力创设了法律，而且维持了法律。[3] 本雅明对法律深度依赖暴力和惩罚这一点进行了深度反思，我们为了从这种富有洞见的反思中获益，无须步他的后尘，卷入那种令人棘手的对法律意识形态的批判。此外，本雅明得出的结论显然失之消极：法律与暴力之间这种密切的，也许是不可分离的联系，使得对于法律和暴力的拒斥成为一种必要，以此促成一种对社会秩序完全不

---

① Benjamin, “Critique of Violence,” p. 295.

② 同上注，p. 300。

③ Robert M. Cover, “Violence and the Word,” *Yale Law Journal* 95 (1985-1986): 1601-1629，主张法律解释本身是法律和暴力交会的过程。科威尔尖锐地揭示了以下通常隐秘的方式，即暴力是法律规划中特有的成分。

同的、革命性建构方案。①

相比之下，萨尔卡虽然也在印度教法理学中发现了法律和暴力惩罚之间这种深度和必要的联系，却提出了积极的观点，即法律的基本教化功能依赖于存在国王的惩罚。萨尔卡的注意力并非集中在法律和暴力上，而是从更宏观的视角着眼于印度的治国方略。虽然他的评论在较狭隘范围内并非像本雅明的那么宽泛，但是他的核心观点在重要的方面反映了本雅明的观点。

> 印度教国家理论中有两个“不可分割的偶然因素”，第一个是 mamatva（“为我所有”性[“mine”-ness]）或 svatva（suum，为人所有之物）学说，即“为人所有”性或财产（proprium）学说；第二个是达摩学说（法律、正义和责任）。在这两种学说的背后，它们都依赖于旦陀原则（惩罚、限制或制裁）。由此我们可以发现印度教统治哲学的核心要义。国家之所以成为国家，是因为它可以强制、限制或强迫。剔除了社会生活中的控制或限制因素，作为整体的国家就消失了。旦陀总体而言（Überhaupt）是国家关系的实质。没有旦陀就没有国家，若没有旦陀，即没有制裁，那么国家在术语上就是一个矛盾体。②

萨尔卡按下列提纲进行了归纳总结：

---

① 本雅明设想的秩序，除了存在令人难以忍受的低效以及令人生厌之外，还拒斥个人的某些必要的过程，如出错、犯错和从或轻或重刑法中吸取教训。总而言之，一个由妥协商讨所构成的外交谈判式与双方合意的世界，成为社会秩序构建的仅有模式（同上注，p. 293），只有排他性的相对或多元的真理和理解才能出现。

② Sarkar, “Hindu Theory of the State,” pp. 83–84.

1. 没有旦陀，就没有国家。

2. (a) 没有旦陀，就没有达摩；

(b) 没有国家，就没有财产权。[1]

随后，他将这一讨论引申到印度教文本中较为流行的惩罚机 141
制，这种机制旨在创建一个有序世界，而这个世界曾经遭受无政府主义规则的毁坏，按照梵文的表述，那里盛行一种“鱼塘法则”(matsyanyāya)。惩罚的核心效果是造成恐惧，据萨尔卡所言，这种效果就是威慑。[2] 在这一方面，印度教的观点与欧洲经典的关于惩罚的起源和权利的观点完全一致。例如，法理学家贝卡利亚(Beccaria)在1764年的论述中就指出，惩罚源自“每个人的专制精神”和“无政府主义的普遍原则”，因此，惩罚的权利能够捍卫法律远离“每个个人的僭越”。[3] 最终，法律的目的“无非预防犯罪者对同伴实施肉体伤害，并对其他人产生威慑效果，使他们避免实施类似的行为”[4]。除了造成恐惧，萨尔卡还强调惩罚中的教育功能。事实上，他在论文中得出如下结论：“可以说，与旦陀原则相一致，国家被设想为教育机构或道德实验室。也就是说，国家是一个这样的组织，在其中和通过它，人的天生恶习得以清除，由此，国家成为普遍提升人类的有效机制。”[5]

---

① Sarkar, “Hindu Theory of the State,” pp. 83-84.

② 同上注，pp. 88-89。比较 Kane, *History of Dharmaśāstra*, Vol. 3, p. 22：“对于旦陀的称赞预设了这样一种理论，即人们基于对暴力和惩罚的恐惧而服从法律和法论的命令。”

③ Beccaria, *On Crimes and Punishments and Other Writings*, trans. Richard Davies, ed. Richard Bellamy (New York: Cambridge University Press, 1995), p. 9.

④ Beccaria, *On Crimes and Punishments and Other Writings*, trans. Richard Davies, ed. Richard Bellamy (New York: Cambridge University Press, 1995), p. 31.

⑤ Sarkar, “Hindu Theory of the State,” p. 90.

本雅明无疑会嘲笑萨尔卡的观点，认为他从积极的角度看待惩罚的观点，乃出自盲目乐观的人之口。归根结底，如果古代印度有关惩罚的文本可以表明什么，那么，它们表明的是，生活在古代和中世纪印度现实中的人们必须被依法处死、放逐、杖打和断手削足，而国家作为一个价值导师的这种“道德实验室”（moral laboratory）的抽象概念，似乎缓解了惩罚的冷酷现实，并使这种冷酷现实获得了辩解理由。但是，关于法律与暴力和惩罚的联系是应持积极还是消极态度的争论，不应各执一端，我想更深度地审视印度教的某些惩罚观，以便发现可能的方式，即使不能融合上述两种观点，至少也能有效利用上述两种观点中的洞见。

为了实现这一目的，我们应当仔细研究罗切尔在研究印度教刑法时提出的观点。他基于对法论的研究，提出了“萨诃萨”这一概念，这个概念一般意义上是指暴力犯罪，特殊意义上是指抢劫，这是一个能够涵盖所有类型犯罪的总括性概念。他还进一步指出：“萨诃萨不仅比所有其他犯罪形式更严重，而且其对于
142 法律与秩序所具有的危害，标示出这一概念的基本特征。”① 这一观点的后半部分对应本雅明观点的关键点，即“法律认为暴力掌握在个人手中是危害法律体制的一种危险”②。因此，在印度教法理学中，一般暴力犯罪行为也被类似地视作对法律秩序的一种最隐蔽的威胁。暴力的主要问题不在于它对个人或组织的伤害，而在于它给国家或法律权威造成的威胁。

对本雅明而言，这仍是从法律世界衍生出的一种观点，因此也是一种关于暴力不可避免的意识形态。无论如何，罗切尔的观

① Rocher, “Ancient Hindu Criminal Law,” p. 27.

② Benjamin, “Critique of Violence,” p. 280.

察确认了这一事实：印度教学者同样担忧非法律化暴力带来的危险，而且像几乎所有的法律思想家一样，把法定惩罚视为唯一合法的回应机制。本雅明本人开始提出一种超越依赖暴力那种纯属消极特性的法律观，他主张“寻找某些［针对不道德行为］戒条的理由，这种理由的必要性不再基于暴力行为对受害人会造成什么伤害，而基于这种行为对上帝和行为实施者带来了什么危害”[①]。对于本雅明来说，法律及其暴力必须消除，以制止法律制裁带来的肉体折磨，但是不道德的行为必须受到谴责，取而代之的方法是采取修辞和制度的机制，关注的重点是那种行为带来的负面结果，即对个人和作为非历史、超验实体的上帝所带来的负面后果。

惩罚目的关注点的转变，即从保护受害人和为其复仇转向谴责行凶者的精神或道德世界，初看上去无异于修复。在这里，本雅明似乎隐含地否认，印度教传统所强调的自我赎罪和矫正也属于惩罚和暴力的一种形式，尽管赎罪和矫正无疑不属于本雅明意义上的法律手段。在这一点上，印度教法传统提供了一种法律隐喻——本书中已多次使用这个词语——它允许我们看到惩罚的积极方面，既不排斥与暴力那种常常不无丑陋的联系，也没有将其视为国家形成伦理的光荣工具。

惩罚像印度教法的其他要素一样，是达摩仪轨的一部分。在日常生活中，以一个家庭为例，惩罚服务于上文述及的所有目的。惩罚通过报复来平衡不公正的现象；使人们恐惧，威慑可能发生的犯罪行为；为犯罪人提供修复机会，允许他们以一种好的身份重新进入社会秩序中；教育人们在社会中如何作为和在社会

① Benjamin, “Critique of Violence,” pp. 298-299.

中如何学习待人接物。通过上述种种功能，惩罚也使得其作为首
143 要的社会仪轨在实现其最终的社会目标中更加富有成效。这些目标通过神学思考作用于日常生活的过程一旦得以确定，正如它们在印度教法理学中得以确定，刑法的运行就同时确立和支撑了这种以仪轨为模型的法律体制。

这种仪轨的背景不是家庭而是社会，更加确切地说，是基于神学构建的种姓与人生阶段的社会秩序，此时仪轨与作为法律世界组成部分的所有人的生活本身共存。在这个层面，惩罚是法律的媒介(vehicle)即机制，借助着这种机制，法律过程动态地影响个人的生活。法律作为一种仪轨，在由这种法律观念所创建的修辞世界中，存有一种默示的承诺，在个人生活的法律之旅的途中以及终点，仪轨之益会自然增加。惩罚和赎罪矫正个人在仪轨方面所犯的错误，这种错误将对个人构成威胁，使个人偏离众所周知的正道。惩罚与赎罪是通过法律仪轨引导人们行为的舵盘。因此，它们是修复性的，更重要地，它们在仪轨的意义上具有功效。

为了实现法律仪轨的目的和从仪轨中获益，一个人无法避免犯错并经受惩罚。小错、失足或大错难以避免，但是比错误更糟的是一个不受惩罚的错误。不加以纠正的仪轨错误，不论无意还是有意，都会损害整个程序的效力。在此抽象层面，惩罚和赎罪与严酷的现实之间确实存有一段不可忍受的距离，但对这种抽象有两点支持理由。第一，惩罚和赎罪存在于从严厉和暴力到温和和非暴力的连续统一体中。第二，不管是暴力还是温和的手段，都不像本雅明所言，“赎罪的暴力对人类来说不可见”①，至少在

① Benjamin, “Critique of Violence,” p. 300.

印度教的观念中，法律仪轨可以有效推动对错误和不法行为予以补赎。

法律修辞世界的生活包含一种仪轨，首先它由服从法律者和法律约束的行为构成，其次由错误认知、邪恶以及那些危及法律的行为构成。《摩奴法论》很好地捕捉到了这种要素的组合："如果多行善而少作恶，它就在那些粗大元素覆蔽之下享受天堂中的安乐。"（MDh 12.20）* 因此，对摩奴而言，这种法律仪轨虽模糊却美好的目的论的目标，将惩罚从一种单纯实现政治目的的手段，提升为促进社会本身繁荣的机制。

---

* 此处译文参考了〔古印度〕《摩奴法论》，蒋忠新译，中国社会科学出版社1986年版，第241页。

第七章　法律与实践(ācāra)

144 在像这样的一项研究中，关于实践与历史的章节总不可避免地是一项不无缺憾的工作。一些读者可能困惑于这项研究迄今表现的对待历史背景的漫不经心。事实上，也许最近学术界最重要的趋势可能就是近乎普遍强调“永久历史化”（always historicize）。[1] 然而，对于历史构成范围的描述有时又过于狭隘，论及印度时尤其如此。[2] 我确信，对历史研究而言，那些尝试探索思想预设、解释实践以及对现实生活事务进行学术概括的研究，必要且重要。实际上，它们本身即构成历史的一部分。

在本书第一章中，我们已经考察了印度教法律文本中所表述的权威法律渊源。在这最后一章中，我将在法律实践与习惯法的背景下回到法的权威问题。换言之，我想要研究在对法的权威的描述与实施问题上，法论传统和其他历史渊源之间有什么联系和

---

① 弗雷德里克·詹姆森(Frederic Jameson)在 *The Political Unconscious: Narrative as a Socially Symbolic Art* (Ithaca: Cornell University Press, 1981)的前言中的著名开篇短句，已得到广泛引用和讨论。

② 关于印度历史的问题，最近的著作见 Velcheru Narayana Rao, David Shulman, and Sanjay Subrahmanyam, *Textures of Time: Writing History in South India 1600–1800* (New York: Other Press, 2003)。可比较 Patrick Olivelle, *The Āśrama System: The History and Hermeneutics of a Religious Institution* (New York: Oxford University Press, 1993), p. 33:“一种过分简单化的预设是，只有‘事件’是历史性的。尝试理论性和神学视角的自我理解，如同战争和王朝，乃是文化史的一部分。”

不同。习惯法(ācāra)的概念标示出，学术性规范、思想和预设同实践中的法律规则和制度之间，同时存在着概念性和实践性联系。这一背景很重要，因为在梵文文本以外的历史法律文本中，有关引用吠陀及法论的记载相对欠缺，实际上欠缺到了惊人的程度，由此习惯法就显得格外重要。我们拟从达摩文本入手考察 145
“习惯法”的性质。

一、一般习惯法与特殊习惯法

法论中有两种相关的习惯法观念。第一种在本书第一章已经介绍过，指的是作为一种法律渊源的习惯法。习惯与习惯法的分类常常引起疑问，为了更确切起见，本书的习惯法概念始终是指具有规范性与强制性特征的规则，而习惯本身并不必然具有这种特征。[①] 为此，我通常将“习惯法”理解为“地方法”(local law)或“共同体准则”(community standards)，以期表明它的规范性特征及适用上的限制。有关观点通常认为习惯法的权威特征基于“所观察到的‘贤人’(good people)行为”，我们很难采取这种思路。[②] 我们如何想象这种场景呢？我们能否认为自己所观察到的“贤人”做的任何事情均为达摩？当然不能。甚至连梅

① 对将“习惯”(custom)和“习惯法”(customary law)标示为“习惯法”(ācāra)的做法，较为实质性的批评见 Donald R. Davis, Jr., *The Boundaries of Hindu Law: Tradition, Custom, and Politics in Medieval Kerala*, Corpus Iuris Sanscriticum et Fontes Iuris Asiae Meridianae et Centralis, Vol. 5, ed. Oscar Botto (Torino: CESMEO, 2004), pp. 128-144。

② Adam Bowles, *Dharma, Disorder, and the Political in Ancient India: The Āpaddharmaparvan of the Mahābhārata* (Leiden: Brill, 2007), p. 197 (emphasis added).

达帝梯也期待这一假象(straw man)："当神启经或圣传经中没有陈述，但博学之人这样做并将[其]视为达摩，那么即使是该人的[行为]也应被理解为仅有的符合吠陀的行为，一如之前[提及的渊源]。"①

然而，只谈论"行为"，可能意味着为了确定何为达摩，一个人只须见证或观察"贤人"的行为。我认为正是这种对行为的关注，导致我们对习惯法的错误理解。如果我们转而关注"贤人"要素，即习惯法应当与特定情境，或至少是受人尊重之人的一般情境相联系，那么我们就可以构想习惯法权威的不同图景。此处，习惯法是所宣布的规范，这种规范也已经实际得到实行，并由在特定团体中握有权力者将它们付诸实践。当然，法论中所设想的理想之人是博学的男性婆罗门，即吠陀知晓者(Veda-knower)，但在法论中，神学意义上必不可少的掌握吠陀知识的理想
146 之人，在法论中容易且常常转变成具体情境下的"贤人"概念，而"贤人"常常被等同于特定共同体的首领。

"贤(人)习惯"(sadācāra)中的"贤"(sad-)在语境上并不明确，实际上被默认作一种原型和假定的吠陀时代婆罗门的理想。当第一个要素——sadācāra 中的 sad——常常被其他情境下所确立的标准所替代，ācāra(习惯法)与吠陀的神学联系也因此减弱或者消失。文本大量地论及适用于特别的地区、家庭、种姓和商业团体(corporate groups)的各种习惯法。当习惯法超越了贤人原

① Medh on MDh 2.6: yatra śrutismṛtivākyāni na santi śiṣṭāś ca dharmabuddhyānutiṣṭhanti tad api vaidikam eva pūrvavat pratipattavyam. 可比较 Kumārila on PMS 1.3.7:"只有贤人的行为才是达摩，实施这种行为本身就被认为是达摩；因为实施这些行为的人，就是指那些主持吠陀祭祀的人。"(Ganganatha Jha, trans., *Tantravārttika,* p. 184)

型的界限，那么它就似乎仅仅成为由各种社会机构的首领所接受和推行的规范。这种转变对于理解以下一点非常重要：在印度教法理学中，各种社会群体所公开确认的习惯法如何被吸收到文本之中。

以下是我关于我们应该如何想象相关文本的历史的观点。① 现今学者们的一个牢固的共识是，认为法论是用一种专门学术用语所汇集的关于习惯法的记录。② 如果习惯法是被观察到的行为，那么法论就应当是一种民族志报告，即一个观察者的日志。达摩包括作者与同侪和学生的对话、作者的记忆、作者关于先前文本的知识，以及他们自己的日常工作事项(见图1)，就此而言，达摩文本很可能并非根据观察产生，而是由推论形成。然而文本一旦形成，它们就成为法律教育的源泉，在某些情形中，甚至成为法律实施的渊源。新的文本和评注，既吸收了旧文本的智慧，又在某种程度上吸收了新的时期和新的地方的习惯法。在该传统中，学者们的主要意图是以文本形式阐明婆罗门种姓的习惯法。从《摩奴法论》开始，这种意图的范围有所扩展，也包括刹帝利种姓的习惯法。法论的大部分内容都与上述两种习惯法的文本阐述者中的一个有关。这两种理想法律主题主导着法论的话语，并共同作为解释任何达摩——可能涉及其他种姓的人们的达

① 就法论的创作、传播和接受这一循环周期的更具描述性的阐释，参见 Donald R. Davis, Jr., "Recovering the Indigenous Legal Traditions of India: Classical Hindu Law in Practice in Late Medieval Kerala," *Journal of Indian Philosophy* 27: 3 (1999): 166-167。

② Richard W. Lariviere, "Dharmaśāstra, Custom, 'Real Law,' and 'Apocryphal' Smṛtis," *Journal of Indian Philosophy* 32: 5-6(2004): 611-627; Patrick Olivelle, "The Semantic History of Dharma: The Middle and Late Vedic Periods," *Journal of Indian Philosophy* 32(2004): 491-511; Albrecht Wezler, "Dharma in the Vedas and in the Dharmaśāstras," *Journal of Indian Philosophy* 32(2004): 629-654.

摩——的范例。

147

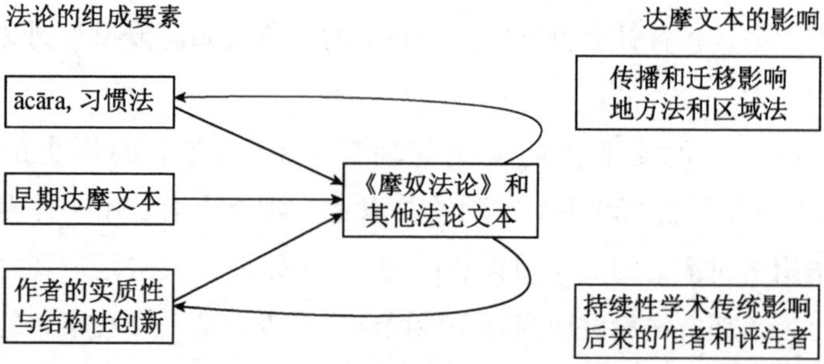

图 1　印度教法文本与实践的关系

因此，在关于习惯法的一般概念中，这些文本关心的是描述适用于古典梵文文本中的两种理想种姓——婆罗门和刹帝利——的各种各样的实体规则。然而，当文本留意到这两种种姓之外的习惯法时，即使前文提及的习惯法也已被充分认定为达摩，但对它们的参照也总是简单提及和含糊其辞。

因此，最终，习惯法和达摩之间的区别非常微小。[①] 事实上，按照定义，所有的习惯法都是达摩。在哈克勾勒的三重组合中，[②] 习惯法首先不仅在实施过程中是达摩，作为实施之前的规范，它也是达摩。但是据我所知，实施之后的习惯法从未能与作为功德(merit)的达摩相媲美。然而，二者之间的细微区别，是我们不应过于草率地将印度教习惯法(ācāra)等同于习惯

① Donald R. Davis, Jr., "*Dharma* in Practice: *Ācāra* and Authority in Medieval Dharmaśāstra," *Journal of Indian Philosophy* 32: 5(2004), especially pp. 818, 824.

② 参见 Paul Hacker, "Dharma in Hinduism," *Journal of Indian Philosophy* 34 (2006): 490, 曾在该书导论中引用。

(custom)或一般习惯法(customary law)范畴的一个充分理由,[①] 因为那些范畴，会造成以下分裂：一方面是达摩，一方面是并不体现印度教法精神的习惯法。印度教习惯法不仅是达摩的 148
渊源，而且也是达摩的最高形式或模式，因为它是已经被实施了的达摩。

在另一个三重组合中，达摩被划分为习惯法、审判程序和赎罪，即一种我早先分别将其对应于实体法、程序法和刑法的分类。尽管无论是审判程序，还是赎罪(和惩罚)，均为达摩的形式，即适用于事情出错时的达摩。相反，习惯法则是事情正确时所采用的达摩形式。在正常、理想的世界，人们惯于实施那些在达摩的习惯法分支中所列举的规范性行为。这部分达摩描述了圣礼和家户仪式、婚姻、饮食、洗浴和其他所有涉及个人的达摩，尤其是涉及婆罗门的达摩。这些是构成达摩内核的法律仪轨——当这些行为适当且在实施上与传统一致时，将在现世和来世产生像仪式那样的功果。人类生活的日常行为就这样被置于一种神学语境中，借助这种语境，人们以文本和传统所描述的特定方式合法地履行那些行为时，就会为个人带来巨大的功德，并使整个体系有条不紊。

梵行期最受赞赏的例子来自《祭言法论》:“他应起立并握住阴茎，用捧起的土和水彻底清洗自己直至去除臭味和污秽。”(YS 1.17)毗吉纳奈什伐罗的评注解释道：“关于洗浴的措辞‘直至去除臭味和污秽’对处于任何人生阶段的人来说都一样，

---

① 例如，Robert Lingat, *The Classical Law of India*, trans. J. D. M. Derrett (Berkeley: University of California Press, 1973), pp. 176-206, 在他的“达摩和习惯”一章中，过分强调了习惯法(ācāra)和达摩之间的区别。

但是对用土次数进行严格规定，其目的并不可知。”[1] 但疑问总是会被提出：我们是否真的需要一个文本来教导我们如何清洗身体，或者教导我们不要将小便撒到风中，正如我们从《摩奴法论》（MDh 4.48）中所学习到的那样？毗吉纳奈什伐罗的评注不仅针对《祭言法论》文本所描述的基本行为，而且指向规定适当净身用土精确次数的其他文本。[2] 关于用土的具体规定恰如毗吉纳奈什伐罗所清楚表述的：清洗的目的众所周知，但是具体的净身目的却不可见，即我们通过任何正常知识途径都不可知。

149 法论基础文本及评注中所描述的几乎每一项日常行为，都可能伴随着这个同样的否定声明（disclaimer）。以特定方式净身而带来的超越且不可见的效果，被接受为不可挑战的真理。这样一来，把神学框架应用于日常生活环境就导致了一组仅仅部分上可解释的法律规则，其益处虽不甚明确但肯定存在。仅仅基于卫生的理由来解释这些规则，不仅粗鲁地将文本的意义简单归于一个据称科学的基础，而且错失了所有这种规则的重要神学意义。陈述那种神学意义的一种方式，是声称没有哪一种人类的行为能够超出达摩的范围，以及我们作为人所做的任何事情都至关重要，而对于这些事情，我们并不总能直接领悟。为了实现这种日常行为的神学的（和伦理的）目标，人们就需要接受一种以难以证明其合理性的法律规则为形式的权威。

---

① Vijñāneśvara on YS 1.17：atra gandhalepakṣayakaram iti sarvāśramiṇāṃ sādhāraṇam idaṃ śaucam | mṛtsaṃkhyāniyamas tu adṛṣṭārthaḥ.

② 例见 VaDh 6.18–19：“圣传经要求如用土清洁时，阴茎一次，左手三次，两只手两次；肛门五次，左手十次，两只手七次。这是家居期的净身仪式。梵行期净身仪式的上述步骤次数两倍于家居期，林居期三倍于家居期，遁世期四倍于家居期。”

第二种即特殊习惯法，其准确含义是指种姓、人生阶段以及基于共同体纽带形成的规则，这些规则共同构成了与个人及其所属团体有关的实体法规则。然而，与一般习惯法不同的是，特殊习惯法作为国王达摩的一部分而被描述和讨论，而非作为达摩的权威渊源的一般性阐述的一部分而被描述和讨论。《摩奴法论》对此有一概括性陈述："知法的国王应该仔细调查种姓的、地区的、行会的和家族的法，然后确定各人的法……他应该认可善人与正直的再生人所承认的习俗，只要这些习俗并不与特定的地方、家族或种姓法相冲突。"(MDh 8.41，46)在此段中，基础文本用达摩一词表示"法"，但这正表明梅达帝梯在讨论达摩与习惯法时将二者自由转换，这恰是一个证明二者之间存在微小而非巨大差别的很好例子。此外，这些规则都属于吠陀的覆盖范围，一些文本还花费时间使用大量的神学语言来证明这些特殊习惯法的正当性。①

摩奴提到的习惯法规则是指与文本规则(textual rules)即达摩不同的规则(只要其不与文本规则相冲突)。然而，我所称的特殊习惯法，实际上在文本中从未有过详细的规定，而这恰是要点之所在。印度教法理学在其自身的限制之外，为法律的创制留下了足够的空间。为了使各种团体习惯法相互协调，论者提供了神学与法律的理由，但文本本身并不详细列举那些法律。这样说并 150
不会改变以下事实，即许多法论规则可能恰恰来源于文本创制或汇编时婆罗门团体的特殊习惯法。对此，一种理解的思路，是说文本代表了过去系统化的习惯法，而同时，文本也维护其他当时尚未被具体列举的习惯法的正当性与合法性。

---

① 参见 Medh on MDh 8.41，46。

为了基于习惯法的作用评估印度教法的精神，我们必须进一步检视以下紧张关系，即在文本中偶尔出现的法论与习惯法之间在某些法律情境下各自具有相对的优势。① 如我们在第二章中所见，就达摩的神学意涵而言，毫无疑问，法论享有优势地位。评注者一再强调，绝无世俗规则或惯例，可以超越在这些文本中可以发现的权威和有关人的行为的主张。同时，我们也发现许多文本和作者认为，在实践中，习惯法具有更大权威。毗什婆鲁帕认为，对文本的解释必须合乎习惯法，而非与此相反(YS 3.250)；阿萨哈耶主张，“当法论与习惯法(lokavyavahāra)相互矛盾时，应该无视法论，而应当依循被确立为习惯法的规则”(NSMā 1.38)；梅达帝梯声称，习惯法实际上恰好是圣传经的另一种形式，与文本并无不同(MDh 2.10)。综上所述，在实践的情境中，“习惯法”具有优先性，或至少与法论具有平等的地位，这种观点常常得到人们的支持。

在某些情况下，大胆宣称习惯法是法律的上位渊源着实令人惊奇。比如，评注者密特罗弥什罗对《摩奴法论》中有关正知的诗句的梵文小品词 ca(并且)的曲解(MDh 2.6)，大大扩展了习惯法的范围：“并且也正因此，即便是不知吠陀者，即穷困和卑贱之人的‘习惯法’，也具有权威。同样地，良善的首陀罗和其他人的习惯法，对他们的子嗣而言，也具有权威。”② 在这里，令人惊奇的要素在于哪些人的习惯法得到承认。在对这个诗句的

---

① 现今关于法论中印度教法文本与习惯法之间紧张关系的最佳论述，参见 P. V. Kane, *History of Dharmaśāstra* (Poona: BORI, 1962–1975), Vol. 3, pp. 856–884。

② *Paribhāṣāprakāśa,* p. 9，在 Kane, *History of Dharmaśāstra*, Vol. 3, p. 881 中引用，fn. 1722: evaṃ cāvedavidām api kṣīṇadoṣapuruṣāṇām ācāraḥ pramāṇam | tathā ca sacchūdrādyācāras tatputrādīn prati bhavati pramāṇam。

几乎每一个评注中，通常都将“贤人”注解为“吠陀知晓者”。像密特罗弥什罗这样明确地将“吠陀知晓者”与“不知吠陀者”(non-veda-knowers, avedavidām)等同视之，颠覆了习惯法与吠陀 151
相联系这一公认的观点。于是，在大多数文本把首陀罗视为卑劣和无价值的同义词的情况下，竟然宣称首陀罗的习惯法同样具有合法性，又进一步颠覆了在大多数文本中所确立的预期。如何调和这种观点与公认的法律渊源的位阶之间的关系？

对此的解决方案可能在每一种法律体系中均能发现，即使其不承认这一点，亦复如此。当法律规范明确，个人权利义务和责任不会引发困惑、受到质疑或威胁时，就应适用正常认识论意义上的法律渊源位阶。为了获得法律所能够提供的利益，明确的仪式性惯例、契约性协议和强制性赎罪必须予以执行。当特定情况下个人的法定义务或权利的性质存在疑问或争议时，问题就出现了。在这种情况下，正规的法律渊源位阶已经无助于问题的解决，而需要有另一种识别法律的方法。在此种情况下，地方法或习惯法是确定相关解决方案或在正式审判程序中做出判决的主要依据之一。[①] 就密特罗弥什罗所提及的首陀罗而言，问题在于文本对低种姓团体或任何其他地方合作团体的达摩言之甚少。这种忽略的一个附带后果是导致了以下疑问，即涉及法论中几乎没有论及这些的人群、团体或机构时，在实践中应该如何处理。这种疑问要求用文本以外的方式来确定法律。换言之，吠陀或圣传经

① 国王敕令是文本之外的另一种法律创制的渊源。这就是我们应如何理解《利论》和《那罗陀法论》中常常受到误解的关于审判程序四足(the four feet of legal procedure)的规则。在审判或其他正式法律程序中，习惯法和国王敕令或决定可高于其他形式的司法裁决效力。见 Robert Lingat, “Les Quatre Pieds du Procés,” *Journal Asiatique* 250(1962)：489-503。

文本中很少涉及首陀罗遵守达摩的规定，但他们确实拥有习惯法，而这种习惯法是作为合适的替代物。在大多数情况下，习惯法被认为是决定和/或判定相关法律的充足的渊源。直言之，在正常情况下，采用正规法律渊源位阶，但在具有疑问或争议时，必须参考非文本化法律渊源。

二、印度教法理学的实用性

密特罗弥什罗对甚至是最底层的社会团体和首陀罗的习惯法予以合法化，表明古代与中世纪印度的法律实践世界，比法论中
152 所承认的情况要复杂得多。实际上，我们不该期待一个学术传统能够细致入微地描绘地方法律实践的历史，相应地，本研究的整体结构也避免这一问题。不过，读者也许有理由对以下问题感到好奇，即法论对自己作为宗教法理学之实用性所持的观点，以及印度教法在实践中的历史证据。

在法论中，实践法的内部证据出自有些罕见的例证，在这些所列举的案例中，文本传统超出了自身的边界。我们要寻找的正是这些地方，在那里，文本要么承认学术传统范围之外的某些特定法律具有独立效力，要么援引一些偏离主流的例子，即在大多数评注中所使用的没有标明历史年代的例子。前一章已引述了一些法论如何赋予国王以有限制的立法权能。然而，除了国王之外，更重要的是在被称为“违反惯例”（Non-Observance of Conventions）这一法律纠纷类型*下，我们注意到一些指向文本外部

---

* 参见本书第 141 页所列纠纷类型。

的讨论。这个类型业已超出那些给定内容的类型范围，对这个类型进一步进行讨论，将会在总体上很好地理解以下一点，即法论如何看待实践中运行之法。

虽然只是一个法律纠纷类型，但是“违反惯例”所包含的内容，在概念上却与“习惯法”联系起来。[1] 由古代与中世纪印度的无数合作团体所制定的惯例规则，充当了当时实践中运行之法的一个主要渊源。同样值得注意的是，根据法论关于法庭(dharmādhikaraṇa)的论述，这些合作团体还负责执行它们自己的审判程序。[2] 评注者伐遮斯波提·弥什罗对此问题有清晰的论述：

> 无论如何，在所有案件中都应尊重专家的意见。例如那罗陀指出：“在关于商人、工匠、农民和演员的案件中，裁决是不可能的，除非那些熟知(这些行业的)特性的人应当负责处理这类案件。”这是一项示例性论述；它表明每一个这类案件均应与该领域的专家联手解决。[3]

因此，这一法律纠纷类型本身从其性质上展示了法论作者对经验现实的实际影响和具体吸收的要素所给予的关注。同时，法论通过可行的技术性论证，确认了这些惯例法作为法论学术传统的组成部分，由此对该法律领域提供了独特的法理学阐述。 153

做出这种确认的主要方法是将惯例规则(samaya)置于波梨

---

① 下面的论述是改编自 Donald R. Davis, Jr., “The Non-Observance of Conventions: A Title of Hindu Law in the *Smṛticandrikā*,” *Zeitschrift der Deutschen Morgenländischen Gesellschaft* 157：1(2007)：105-107。

② *Smṛticandrikā*, pp. 38ff.

③ *Vyavahāracintāmaṇi* 33 (Rocher's translation).

婆沙(paribhāṣā)范畴，这个范畴的含义是技术性、补充性的规则或元规则(meta-rules)，用以确定对属于论类(śāstra)的著作中的一般规则进行详细解释。[①] 在技术性规则范畴下，惯例不会威胁到法论本身的权威，而是在论类著作没有规定或规定模糊不清时发挥作用，以对在任何特定情形下何为达摩做出补充或澄清。这里，法论已经隐含承认了自身提供的法律规则具有局限性，但通过承认这些惯例性规则，同时维护了印度教法的精神。如此理解"违反惯例"表明，惯例的实践意义远大于法论中所认为的仅仅具有的一般重要性，因为惯例代表了一个超出文本之外的广泛法律领域。

像在所有法论的讨论中一样，有关婆罗门的规则在这一法律纠纷类型下也占据着首要地位，并且作为理解其他团体如何设置规则的典型范式。[②] 然而，婆罗门最终恰好主要作为另一个团体而出现，这个团体为了他们的公共管理可以创制集体性惯例。实际上，法论中所考虑的团体中，甚至包括"作为异教的"(如佛教徒和耆那教徒)僧侣团体，[③] 以及非雅利安身份的团体。因此，将这些团体形成的惯例也称为达摩，意义重大，因为达摩在通常

---

① Donald R. Davis, Jr., "Intermediate Realms of Law: Corporate Groups and Rulers in Medieval India," *Journal of the Economic and Social History of the Orient* 48: 1(2005): 95-100.

② Patrick Olivelle (ed. and trans.), *Manu' Code of Law* (New York: Oxford University Press, 2005), p. 12.

③ Olivelle, *Āśrama System*, p. 209 指出，很可能甚至与印度教隐修院(maṭhas)有关的法律，也应当包含在此标题下。他在那里一般地讨论了此类隐修机构——不论是佛教、耆那教，还是印度教——对中世纪印度的法律可能产生的潜在巨大影响。《圣传经释义》(*Smṛticandrikā*)从这类"异教徒"(pāṣaṇḍa)范畴中排除了所有吠陀团体，但确实提到隐修院中的服务作为这些团体中的一项惯例的一个例子。

含义上具有严重的排他性和种族中心主义。[①] 被称为“萨秣耶达摩”(samayadharma)的合作团体惯例法，并不构成对法论中种姓与人生阶段达摩(varṇāśramadharma)的至高地位的质疑，因为惯例是派生性和从属性达摩，从未允许以惯例废除明确的文本规则。然而，实践中的事实是，法论之法与合作团体之法，主要适 154
用于各自独立的领域，而这一点在文本中虽未言明却可以从中推论出来。如我们所见，法论虽然考虑到上述两者之间的冲突问题，但这个问题几乎没有任何实践意义。法论的影响，更多是在实践情境中所运用的观念、方法和推理。[②]

也许出人意料，国王的品格也显著地出现在“违反惯例”的讨论中。当然，向臣民反复灌输和维持种姓与人生阶段制度，是理想的印度教国王的最高职责之一。然而，在这一法律纠纷类型下，国王还必须认可和执行在其王国内的合作团体所设立的惯例规则。同时，在文本中，印度教政治理论所授予国王的传统上的独占性惩罚权，也在某种程度上有所缓和。在某些情况下，一个团体自己对违反团体法的成员实施各种不同的惩罚，不仅有其必要性，而且为团体成员所期望。规定中还包括国王可以采取敕令的形式维护达摩，这或是指批准或确认那些已有的法律规范，或是指为一个群体制定新法，通常是前一种情况，后一种情况很少出现。在有关合作团体惯例的讨论中，所涉及的关于国王的论述同样指向超出法论直接范围的某些法律现实与谈判机制。还有，这一法律纠纷类型并没有违反或挑战文本中对国王达摩的标

① Wilhelm Halbfass, *India and Europe: An Essay in Philosophical Understanding* (Albany: SUNY Press, 1988), pp. 172ff.

② Davis, “Recovering the Indigneous Legal Traditions,” p. 199.

准表述。相反，我们发现它尝试在法论的概念框架内，对国王敕令和团体惯例实践的合法性，从法理学上做出阐释和予以认可。

当我们把目光转向印度教法在实践中的案例时，不可能列出一个总体清单。[①] 相反，我只能对可获得的证据类型予以概括列举，以便读者至少能够对印度教法律史获得某些一般性认知，它们是：

1. 在时间流程中反复传抄的文本；

155 2. 石碑与铜器上的铭文；

3. 寺庙和王室法院档案馆的文书记录；以及

4. 外国游客和其他人的报道。

通常，文本传统的使用必须谨慎，其缘由我们在本书中已经反复指出。由于涉及印度史的诸多维度，故而对上述证据的收集与编目才刚刚开始。

印度碑刻极多。[②] 在印度寺庙和其他宗教机构的石墙上，发现许多刻文，大多数刻文通常记载为供奉神祇和祭司而对寺院的布施。较大的寺庙地处经济再分配网络的中心，那些网络在许多地方经济中发挥重要作用。刻文中的布施信息本身及附带性细节提供了法律交易方面的证据。相似的细节同样出现在王室的铜板铭文中，这些铭文可能记载了国王向婆罗门赠赐村庄和向寺庙赠赐礼物的事项。此外，其他政治、宗教和法律的历史细节，也经常被包含在对布施者的颂词与对土地边界和接受布施者的描述

---

① 最新的调查可参见 Axel Michaels, "The Practice of Classical Hindu Law." In Timothy Lubin, Jayanth Krishnan, and Donald R. Davis, Jr. (eds.), *Hinduism and Law: An Introduction* (New York: Cambridge University Press, 即将出版)。

② Richard Salomon, *Indian Epigraphy* (New York: Oxford University Press, 1996)是对印度刻文及其释义的最好研究。

中。在石刻铭文中发现法律细节的例子包括，在1118年和1166年发生的迦摩罗人(Kammālas)之间的种姓纠纷，其中涉及提请婆罗门会议决定所谓“战车制造种姓”(chariot-maker caste)的适当种姓地位，[①] 以及在相对古老的592年的刻文，其中包含72项“习惯法”，这些“习惯法”是国王毗湿奴仙那(Viṣṇuṣeṇa)命令一个商人团体应予遵守的内容。[②] 除了这些例子，尽管碑文学在阐明印度史的法律和许多其他维度具有巨大潜力，但关注法律的石刻铭文研究却极为稀少。

历史上涉及法律实践的第二类资料来源，发现于距今更近一段时间的资料库或文献档案中，这些文件通常记载在棕榈叶上。比如寺庙中通常保存着有关收入和支出的详细账簿，其中包括寺庙所属土地的抵押、出租及出售的记录。在有关寺庙收入和支出的附随性描述中，经常附带地提供关于执法、法域、逮捕、审判
程序和惩罚的重要信息。关于此种描述的一个很好的例子来自 156
1607年的喀拉拉。[③] 这条记录是用于说明寺庙所收到的一件男式衣物和武器。然而，该记录的剩余部分叙述了有关男子曾因谋杀一位婆罗门，被逮捕和囚禁于寺庙中，政治上司介入此事，经过他们的批准，该男子最后被处决。通过这种方式，就某一目的而做成的记录，也可以成为当时喀拉拉许多其他方面法律的信息来源。包含这些记录的资料库和文献档案很少得到研究，更少得到编辑和出版。

---

① J. D. M Derrett, “Two Inscriptions Concerning the Status of Kammalas and the Application of Dharmasastra.” In *Essays in Classical and Medieval Hindu Law*, Vol. 1 (Leiden: Brill, 1976), pp. 86–110.

② D. C. Sircar, “Glimpses of *Ācāra* and *Vyavahāra* in Early Indian Literary and Epigraphic Records.” In Richard W. Lariviere (ed.), *Studies in Dharmaśāstra* (Calcutta: Firma KLM, 1984), pp. 3–14.

③ 完整记录的翻译参见Davis, *Boundaries of Hindu Law*, pp. 83–85。

类似的文书，也见之于各种案牍集和其他示例性法律文书的汇编中。其中最著名的是《案牍样本》(*Lekhapaddhati*)*，它包含一些令人感兴趣的模本，即类似现代形式的制作法律文书的模本，以及其他形式的法律交易的样本记录，这些样本记录旨在为誊写有关内容的书吏提供指导。不过，一些这类案牍集与文书汇编通常仅仅被发现而尚未被研究。此外，这些早期档案材料对于法律史研究的潜在用途尚待发掘。

实践中法律史的最后一个信息来源——传教士、旅行者、官员和其他访问或游历过印度的人的报道——业已得到很好的研究。从马可·波罗(Marco Polo)开始，相继有些欧洲的访问者与旅行者到达印度，他们中的许多人记载了游历期间所见或以其他方式搜集到的法律方面的情况。在18世纪殖民主义兴起期间，这些观察和报道密度加大，并持续至整个19世纪。那段历史虽然很重要，以至于常常取代了整个古代与中世纪的法律史。当然，除欧洲人外，在他们之前，已有来自中国的佛教徒旅行者，其中一些人描述了法律实践的部分情况，还有穆斯林旅行者和官员，尤其是阿尔贝鲁尼(Alberuni)，他对法律事务的关注引起了印度穆斯林统治者的重视。这类旅行者报告虽然对中世纪印度的法律实践具有某些洞察，但它们所提供的证据，在其关注点上经常具有选择性或随机性的特点，而且充满可想而知的偏见，这两个特点合在一起，足使他们对印度教法律史的描述令人质疑，有时不足为据。

因此，在探寻印度教法的实用性问题时，我们不可避免地面临一种智识的困境。名副其实的印度教法，应该指的是既受法论

---

* 《案牍样本》是印度13世纪各式案牍样本的合集。

中印度教法理学文本传统的影响，同时又对这种文本传统产生影响的法律制度。其他用于确定法律制度具有印度特色的标准，如 157
与印度教寺庙、种姓或者印度教宗派相关联，似乎全都不足以作为将印度教法与一般法律区别开来的描述性基础。不如说这些因素仿佛只是一些更大潜在格局的附带因素，在这种潜在格局中，一个特定意义的印度教法才会在这些背景中而不是在其他背景中得以运行。然而，正如我们透过几个不同视角的观察所见，法论的撰著并非旨在构建一种功能性法律体系。如本章所述，法律的实际执行，留给了互有交叠的合作团体和政治统治者。于是，文本所构想和表述的自身的适用性或可行性与在既定时空下实际可能发生的情况之间，就存在差距。法论对实践的影响以及对实践性**印度教法**的创制，乃是通过达摩传统的婆罗门守护者、国王以及其他研究达摩人们的影响，而间接地得以实现。在许多情况下，这种影响很有可能得到证明。然而，更为切实而重要的事实是，法论代表了到目前为止我们从古代和中世纪印度所能获得的关于法律的最详尽而系统的反思，这一传统延续了两千多年而未中断。因此，当论及关于法律的**思考**时，法论几乎是唯一可供参考的依据。相比之下，就法律的实施而言，法论则仅仅为实体性与程序性规则提供了可资利用的一种资源，并且仅仅为法律的实际运行提供了一些理念。法律与实践的研究中所存在这一困境具有怎样的寓意，仍有待下一节进行考察。

三、研究印度法律史和印度教法律史的进路

基于法论撰写一部印度法律史乃是错误之举。我这样讲有两

层意思。第一，法论本身不能为法律实践提供直接证据，因为它形成于学术传统之中且为学术传统而创作，这个学术传统将自己的语言表达和评注性操作而不是与它们相关联的东西置于优先地位。法论为法律史提供的通常是间接证据，用奥利维尔的一个贴切短语来说，就是“元话语”(meta-discourse)。[①] 第二，即使参考其他的历史资料，从法论入手也不可避免地会形成一种这样的法律观，即认为实践要么与文本一致，要么不同。这是一个自始
158 就困扰印度教法研究的文本与实践关系的难题。法论并非法典，与从中可以找到相应配料的食谱不同，法论也不是为一种法律制度或一种宗教—法律制度所准备的。法论是梵学家所撰著的学术著作，梵学家与当代的教授并无不同，这些著作——包括本书在内——倾向于遵循自己的规则并相当自由地游离于现实生活，即使它的目的之一是更好地理解现实生活，亦复如此。

因此，印度法律史研究较为适当的关注点，应该是法论与碑铭记录中所称的“习惯法”或某些等同于习惯法的东西。从“习惯法”入手研究印度法律史具有三个显著优势：

1. 该切入点首先关注地方的、情境的和具体的法律史，这些法律史代表了不同地方、不同时期的特征；探讨“习惯法”需要关注具体性和特殊性。

2. 该切入点利用的法律语言，存在于有关法律制度及其实践的特定历史材料证据中；“习惯法”或它的等同物几乎总是意味着“法律”(law)一词，这一点可以在印度的历史材料中发现。

3. 该切入点能充分激发我们的能力，利用包括法论在内的

---

① Olivelle, *Manu's Code of Law*, p. 64.

一切可用的法律史资料，而避免不必要地看重某一种资料来源。[①]

这里需要强调的是，从“习惯法”的层面及其语言出发，会迅速将我们带离“印度教法”领域，因为“印度教法”一再强调一种法论中心主义的法律史观，由此会使人们预判，在考察法律制度或实践时，印度教具有某种优先地位。在缺乏其他信息的情况下，印度教法并非就是默认选项。相反，印度古代和中世纪的法律制度可能融合了许多影响，在本书所研究的文本中的印度法理学**可能**只是其中之一。从“习惯法”的历史层面和印度教法理学入手，研究不同法律之间在多大程度上彼此交叠或相互影响，则属于经验调查和学术论证的问题。要把一项法律制度描述为印度教法律制度，正如我对中世纪的喀拉拉所做的研究那样，需要证明和清楚地阐明法论对该制度的影响。尽管按照严格的学术要求应避免这种失之简单的预设，但把“印度教的”(Hindu)与“印度的”(Indian)两个概念加以混淆已成为近年来政治的权宜之计。这种倾向已经在一些学术著作中有所反映，但是我无论如何都无法认同这种做法，因为这种做法不仅误解了历史上法律实践与制度的现实，而且还弱化和消解了印度教传统本身所包含的协调而优美的法律观。法论对法律和宗教的实际影响 159
仍是一个有趣的议题，但如果我们仅仅在历史证据中寻找法论的痕迹，就另当别论。与此相反，我们必须从历史中法律实践的证据出发，并以此为基础构建特定时空下的法律图景。一种较为清晰的历史法律制度或法律的某些微小部分图景，一旦变得更为清晰，我们就能有效地依据像法论这样的文本，开始探讨这样的问

① 上述概括源自 Davis, *Boundaries of Hindu Law*, p. 150。

题，即印度教法理或所有其他付诸文本的法律思想是否影响了法律。

从这些反思中所涌现的是印度法律史研究的未来可能图景。我们首先需要的是更多的来自印度不同地方和不同时期的微观法律史研究。在某些情况下，只有当学者以发展法律史的观点阅读现存证据材料时，这样的微观历史研究才能浮现。举个简单的例子，虽然人们公认，在存量甚巨的印度石刻铭文材料库中，其中很大部分也是法律文件，尤其涉及法律布施的记录，但人们通常不是从法律史的思路出发去阅读这些材料。在其他情况下，通过考察那些至今尚未得到充分研究，甚或尚未被使用的历史材料，微观历史研究才能出现。举一个我本人的例子，一位与我一起从事研究的喀拉拉邦历史学家纳拉亚南（M. G. S. Narayanan），向我介绍了一种常见于印度南部许多地方的历史文献类型，虽然这些文献是为保存财务账簿所做的记录，但其中包含大量的有关法律诸多方面的信息。我唯一的期望是，类似的记录也存在于印度的其他地方，并能发现可能用于法律史研究的其他类型的历史证据材料。①

随着更多法律微观历史或区域历史研究的出现，我们可以开始考虑对它们进行学术上的整合和比较，以辨别印度法律史的发展是遵循一般模式，还是遵循更带有区域特征的独特发展趋势。此种情形下的学术模式是有关印度研究领域的革新，这一模式由始于19世纪50年代激增的印度教民族志研究首创。现今许多关于印度教的地方性、区域性以及跨区域性的出色民族志研究，都

① Axel Michaels，“The Practice of Classical Hindu Law”，考察了所意识到的可能性。

可以用于细致入微地阐释印度教的现行结构及其性质，从而作为探索印度教历史发展的基础。民族志研究其实并未忽视印度法。160
实际上，已有几项出色的民族志研究聚焦于法。①

相反，人类学视角对于法律史的研究，却没有找到深入探索印度教传统早期发展的研究路径。作为印度教学者，我们已经学会如何解读教派传统、弃世实践、仪式和献身等，在这种解读的过程中，我们在心中始终把握有关这些事务的实践知识。② 由此，针对印度教传统的这些维度，我们开启了一种自下而上的视域，但涉及法律的研究时，我们从未开启这种视域，部分是因为在殖民主义时期，印度教法被彻底地废除并以完全不同的方式被重新设计。在以这种方式表述时，我的意思不过是说，对印度法律史的研究常常反映印度史的研究。通过深入考察法律在更大历史背景中所处的地位，进行区域史和具体政治史研究，这样的转变尚未出现。

基于区域进而基于跨区域法律历史的坚实历史基础，我们最终就能以一种不源自文本路径的历史为背景，重新解读诸如法论这样的规范文本。③ 长期以来，文本路径一直是印度教法研究与印度法律史的枷锁。当我们把文本路径的优先地位予以降低时，

---

① 参见最近著作，Robert M. Hayden, *Disputes and Arguments among Nomads: A Caste Council in India* (Delhi: Oxford University Press, 1999)，以及书中所引的大量书目。

② Louis Dumont and David Pocock, "For a Sociology of India," *Contributions to Indian Sociology* 1: 1(1957): 7-22; J. A. B. van Buitenen, "On the Archaism of the *Bhāgavata-Purāṇa*." In Milton Singer (ed.), *Kṛṣṇa: Myths, Rites, and Attitudes* (Chicago: University of Chicago Press, 1966), pp. 23-40.

③ 关于不参考法论来撰写印度教法历史的试验性尝试，参见 Donald R. Davis, Jr., "An Historical Overview of Hindu Law." In T. Lubin, J. Krishnan, and D. R. Davis (eds.), *Hinduism and Law: An Introduction* (New York: Cambridge University Press，即将出版)。

我们的预期就会发生剧变。我们应该预料到，文本确实同时影响着思想和实践，但它们同时也受到社会、宗教、经济以及政治等变化的影响。认为社会制度相互构成，现今几乎是老生常谈。文本的详细程度以及法论作者希望他们被认作达摩和法律的最终裁决者这一事实，促成了受这些文本支配的解读。然而，只要翻转这种方法论进路，我们就能将文本置于适当的位置。根据这种观
161 点，文本仍然具有权威，这是一种建构修辞世界、建构话语、教化思想甚至为实践提供实体性规则的权威。同时，文本从不存在于真空之中。与法律不同的其他社会制度的历史演进，毫无疑问会影响法律的发展，即使这种历史发展像在法论文本中那样隐而不见和轻描淡写，亦复如此。

关于这一点，我必须重申我对法论性质的观点，因为这种观点来自一个特殊的学术谱系，并且多少与一些其他主流观点存在争议。[①] 在印度教法研究中，一个已经确立的观点是，对于法论的后来评注，其目的在于使旧文本与时俱进，并增加与评注者同时代相关的新材料。[②] 易言之，根据这一观点，评注者试图调适并修正古典基础文本，以回应社会、宗教和政治环境中的变化。不可否认，历史变化影响并必然影响甚至是最封闭的学术传统的

---

① 具体来说，我从卢多·罗切尔和他的学生帕特里克·奥利维尔与理查德·拉里维埃的工作中，获得了对达摩的文本传统的基本理解。关于罗切尔的观点以及他的学生对其做出的更详细阐述，请见我对后书所做的介绍：Ludo Rocher, *Studies in Hindu Law and Dharmaśāstra*, ed. Donald R. Davis, Jr.（Torino：CESMEO, 即将出版）。关于印度教法的历史与发展的一个相似的观点，亦见之于 U. C. Sarkar, *Epochs in Hindu Legal History*（Hoshiarpur：Vishveshvaranand Vedic Research Institute, 1958）。

② A. S. Altekar, *Sources of Hindu Dharma in Its Socio-Religious Aspects*（Sholapur：Institute of Public Administration, 1952）；以及最近的 Ashutosh Dayal Mathur, *Medieval Hindu Law: Historical Evolution and Enlightened Rebellion*（Delhi：Oxford University Press, 2007）。

内容。但声称注释者和后来的作者**有意**输入变化，以改变他们之前的传统，从而与后来的时代相适应，就完全是另外一回事。在某些情况下，他们确实这么做了——以法论术语保护地方法，或者引入新的议题并以前所未有的详细程度来阐述这些议题。① 在大多数情况下，似乎同样明显的是，他们并不是有意改变文本以适应当地情势，或者根据变化了的历史环境更新文本。更多的时候，文本规范的地方化或这些文本在具体情境下付诸实施，都发生在文本传统之外。评注者的主要兴趣必须理解为正确地解释先前的传统。

如果大多数情况下评注者并不是有意革新传统，那么我们也 162
许会提出这样的问题：他们的评注工作意欲何为？对于这个问题的完整回答，需要考察印度整个学界的诸学术传统，而这些传统所涉及的领域远不止法律与宗教。不过，当考虑这些各种各样的学术传统时，就那些最适合的模式和隐喻，我们还是可以略做一些讨论。当人们试图理解某些事情时，总会有不同的工具或方法可用。对于放大效应来说，一台显微镜在客观上是更为有效的工具，但是当用于阅读时，它的作用却不如眼镜或放大镜。同样地，当我们观察印度教法律史，尤其是印度教法，所选择的理论的和方法论的视角，会极大地影响对那个历史的描述结果。

我们正在寻找的是一个理论框架，这个理论框架怀有对印度

① 据我所知，最恰当的例子是喀拉拉依据母系继嗣的实践，对法论中关于收养的规则进行的适应性重述。参见 Donald R. Davis, Jr., “Matrilineal Adoption, Inheritance Law, and Rites for the Dead among Hindus in Medieval Kerala.” In Steven Lindquist (ed.), *Essays in Honor of Patrick Olivelle* (Firenze: Firenze University Press，即将出版)。包括寡妇殉葬(satī)、朝圣(tīrthas)等在内的新的问题，被纳入中世纪的法论，并在其中得以扩展，以使法论在某种程度上适应新的情况。在这种新的情况下，社会实践提出了这些问题。

教法那样的传统类似的关切。20 世纪 50 年代，在高善必（Kosambi）和许多其他学者对印度的研究中，兴起了一种强健有力和成果斐然的马克思主义史学。20 世纪 80 年代，马克思主义方法转而为古哈（Guha）和其他学者所拓展的底层研究（subaltern studies）铺设了道路。这两种学术潮流，与诸如后殖民主义的更广阔的学术潮流一道，直接关注历史中沉默的和被压制的声音，以便克服前辈学者的大人物史学和东方主义史学。我们不应忽略这些“自下而上”的史学方法的重要贡献。实际上，上文所描述的这种新型法律史的一般研究方法，其最初的灵感皆来源于一种相似的愿望，即希望能绕开规范性文本限制性视角（restrictive lens）而又不完全抛弃文本。同时，当有人像我现在做的一样，对那些相同的规范文本的性质与历史效价（historical valence）怀有兴趣时，那么，实践导向与底层导向方法的适当性可能就会受到质疑，因为它们并没有与这些文本的作者享有相同的价值观念和社会视角。结果，我们只是对文本内容做了颠覆性解读，即先入为主地窥视文本内容背后的东西和在文本字里行间来回穿梭，寻找那些历史学家所关注的其他事务的线索。颠覆性解读可以产生令人兴奋的结果，但这种解读并不能向我们呈现完整的图景。

抱持同情的心态解读文本，同样可以形成重要的洞识。而且我想要表明的是，还存在着一种尚未被充分利用的政治、社会和文化进路的编史传统，这种进路的编史传统可能更适合于研究法论和印度教法。这种进路的编史传统虽然还没有很好的方法加以
163 标识，但是，通过黑格尔、托克维尔和涂尔干的作品，再到更为晚近的尼斯比特（Nisbet）、伯格（Berger）和卢曼（Luhmann）的研

究，它的现代智识史在欧洲可以追溯到伯克(Burke)，在印度则可以追溯到最初的东方主义者琼斯(Jones)和科尔布鲁克的研究。[①] 这一思想进路的基本特征可能是观察者投身其中的视角，即认为人类内在且主动地嵌入先在的社会制度与传统之中。根据这种观点，社会和传统在很大程度上是物化或实体化(substantivized)的。这一观点的其他特征，则源于一种认为社会和传统是有形的观点。

尼斯比特认为有五个特征足以概括这一观点。[②] 第一，强调共同体和归属共同体的积极价值，并把这一点作为人类生活的意义和期望的组成部分。在所认定的共同体中，家庭和市民社会的各种社团占有显著的位置。第二，权威具有优先于权力的地位，权力的主张受到怀疑和严格限制。第三，认为身份/地位是区分社会中个人的最有效标准。相比政治的、法律的、宗教的或者经济的区分，社会性建构的对荣誉的认可，才是身份/地位分层的基础，而这种身份/地位的分层决定了个人与团体的自我认知与自我表现。第四，认为神圣的或超越的观念，作为智慧传统的终极源泉和具有积极意义的预判标准，指导着人们行为。第五即最后，所谓异化是这样一种意识，该意识坚持认为一度有的某种完美秩序与传统不可避免地从理想的状态趋于失落和退化。人类进步的设想在此处被翻转过来，即转而强调人性在某种程度上与时俱退。

就这一传统中学者们所做的详细论述而言，上述五个特征虽

---

① 这一名单毫无疑问会使某些读者回想起这一思想进路的“保守社会学”的不幸名称，尽管这一标签更多地意指时政，而非从事内在的智识活动。

② Robert A. Nisber, *The Sociological Tradition* (New York: Basic Books, 1966).

然仅举其要点，但已经表明，它们适合深度投身于印度教法传统研究的学者。主张上述观点的学者和投身于印度教法传统的学者，都对易于腐败和滥用权力的机构即国家保持不信任的立场，反而宁愿强调共同体及其传统权威在维护秩序方面的能力。这两类学者都以实体的甚至实质的视角来观察传统和社会地位，认为人与人之间的其他区别不那么重要。并且，这两类学者都认为历史不无遗憾但又不可避免地远离原初的超越理想。

印度教法理学把国王作为国家的潜在作恶者，因而十分关注
164 国王的完美性和达摩品格。在神学的意义上，如我们在种姓制度与人生阶段中所见，国家只具有从属性地位。同时，善政国家被视为达摩在此世界中的守护者，并且只有借助这种善政机制，在当下时代*才能维持达摩的外观。此外，我们已经看到，为了传播并保持达摩的完整性，传统被赋予最高价值，而种姓制度和人生阶段作为传统的理想形式。这套体系中人(people)所处的位置，关乎个人的(personal)实质预设、社会地位的基础以及人的固有特性。最后，作为与时俱退这一人们所熟悉的时间主题，在法论和其他婆罗门传统文献中一再重复。当下时代的退化，恰恰是人类的逐渐异化，即脱离了永恒吠陀经典所描述的理想状态。

因此，总体说来，我们可以这样理解印度教法传统，即认为它是对适合于印度教教徒(尤其是男性婆罗门)日常生活的神学阐述。作为一个悠久学术传统的最高成就，这种阐述旨在促进并证明传统权威的正当性，旨在解释并强化传统的社会地位，旨在

---

* 根据印度教教义，历史时间可划分为四个时代：第一个时代是圆满时代，达摩有四足；此后是三分时代、二分时代和争斗时代。自圆满时代之后，偷盗、欺诈和说谎不断增加，人类逐渐退化，秩序递减，达摩也依次失去一足，最后便是无序状态。此处是指陷入争斗的时代，不同于最初的理想时代。

把人类生活置于适当范围且具有共同利益的共同体中。这种观点并未考虑当时生活的紧急事件、传统如何适应环境变化的需要乃至重要的历史事实在印度教法理学中所起的重要作用。文本虽然承认这些现实，但根据异化原则，它们更多的是极力希望从过去寻找解决方案，而很少关注当下和将来。

基于这一简要的考察，我只想指出，在探讨像印度教法理学这样的智识性和社会性传统中，所采用的众多方法应包括以同情态度对待这种传统的方法，所使用的预设应观照和适合印度教传统本身。我认为，在大多数“保守主义”所诉诸的思想谱系中，还存在着大量尚未开发的这类资源可资利用。[①] 我虽然发现人们对印度教法传统贴上了混乱不堪和充满偏见的标签，但我对于这些说法却没有更好的替代性评价，无论如何，我认为这些说法总是在所难免的。此外，我并不认为本书的读者会对以下观点感到惊异：印度教法理学传统是一个“保守的”传统。探讨该传统中的社会与历史，为我们提供了一种同情地理解印度教传统的方式，通过这种方式，使得印度教传统的自我呈现，看起来不那么遥远或陌生。

总之，印度法律史的未来，应该从特定时期法律实践的历史材料入手，在印度的历史材料中，这些证据材料在概念层面上即所认定的“习惯法”。那些证据材料的配置和比较解释，应该汇 165
集不同的证人证实同一法律史；每个证人都会带有偏见、遗漏和受到某种影响。只有分辨和判断每份证据材料对于有关特定历史背景或问题的价值之后，才能最好地描述有关法律。在某些情况下，法论可能是极好的历史证据材料；在另外一些情况下，法论

---

① 我相信读者会很好地将个人政见与知识探索区分开来。

作为证据则会带来很糟的后果。石刻碑铭、寺庙记录、其他形式的文献和国外人士的记载，亦如此。然而，这些多样化的资料来源合在一起就具有某种潜力，来对印度法律史做出具有说服力的解释，并作为更广泛的超越印度或南亚文化渗透区域比较法律史的基础。此外，当这些规范性文本不是以自我套用(tautologically)的方式被重新解读时，这种重新解读就会兼具颠覆性和同情性视角，从而不仅汇聚来自底层视角的洞见，而且包容以下视角，这种视角把印度教法律文本的解释与当下智识视域联系起来，而这种智识视域与解释学上的解释相类似，强调传统、共同体和权威。

尾　论

比较会使我们不敢相信在我们不熟悉事物中所发现的相似 166
性。这是因为，人们在不熟悉的事物中发现相似的东西时，会感到威胁和恐惧，这种感知深深地植根于人类巨大的苦难经历。相似性会破坏等级制度和歧视性待遇，暴露权力在意识形态基础上的弱点，从而制约权力。比较按其本质乃始于显示相似性。否则，选择事物来进行比较就没有多大意义。如果没有相似性作为基础，比较的过程就变成了学术研究的惯常做法：喋喋不休地叙述差异，同时不断消除陌生感。有人用相对主义和多元主义的“药方”来证明不通过比较也可以实现协调，但面对各种各样的相同点和连接点，很难完全实现这种协调。我并不坚持万物归一，或认为任何事物本质上都相同，因为寻求或预设事物之间一定具有相似性都会产生与永恒主义（perennialism）一样的风险。但是，与共性相比，人们更容易看到差异，因为差异可以想见，而在涉及文化、宗教、历史、语言时，共性必然展现。

目前，比较法学术研究已经从前一个阶段转到后一个阶段。在前一个阶段，普通法和大陆法的范畴支配着有关非洲、亚洲和

美洲法律体系的描述；[①] 在后一个阶段，甚至诸如法律、审判、法院、犯罪以及判决等基本范畴，都被认为不适合且无助于理解
167 “非中心”或“非国家”法律体系。[②] 后一种研究方法源自法人类学——重要性与过去相比始终未变，但这种方法所推动的上述范式转变，依然没有改变法学和法律理论讨论中，非欧美法律体系长久以来所处的边缘地位。总体来说，法学院学生、教授以及对法律史感兴趣的人士从来不认为这些事与自身有多少关系。前一个阶段吸引了来自主流法律研究的某些兴趣，[③] 但所付出的代价却是使比较法法律体系的研究出现了严重的扭曲。后一个阶段通过关注特定情境中法律的语言、概念、历史和政治的特性，纠

---

① 现代比较法律史的奠基之作是亨利·萨姆纳·梅因的著作《古代法》(Henry Sumner Maine, *Ancient Law: Its Connection with the Early History of Society and Its Relation to Modern Ideas,* 10th edn (London: John Murray, 1906[1861])。梅因的作品展现了法律发展演进的模式，列举和比较了从原始社会法律到现代法发展过程中不同阶段呈现出的特征。孟德斯鸠《论法的精神》则使用了不同的语调和方法(Montesquieu, *The Spirit of the Laws*, trans. and ed. Anne M. Cohler, Basia C. Miller, and Harold S. Stone [Cambridge: Cambridge University Press 1989])。孟德斯鸠的研究方法强调法律与地理位置、法律与文化的深层联系。此外，他对印度法、中国法、埃及法和阿拉伯法律(当时他所能了解的法律范围)之间的差异做描述，并将其与哥特法、日耳曼法、罗马法、希腊法与普通法之间的差异，进行了平等的比较。因此，孟德斯鸠使用人文科学的描述性术语(君主政体、契约、刑法等)，从而使所研究的制度显示出某种程度的相互批判性阐释。

② 拒绝把法律作为分析范畴的经典著作是 Paul Bohannan, *Justice and Judgment among the Tiv* (Prosepects Heights, IL: Waveland, 1989[1957])。对于博汉南(Bohannan)而言，法律是“英语国家处理自己的制度和社会控制思想的‘民俗体系’”(p. 5)。关于更详细的分析，参见 John L, Comaroff and Simon Roberts, *Rules and Processes: The Cultural Logic of Dispute in an African Context* (Chicago: University of Chicago Press, 1981)。科马罗夫和罗伯茨重新确认“已有的怀疑，即怀疑将‘法律’作为孤立研究领域的价值”(p. 243)，同时认为“用来分析茨瓦纳语制度的各种方法都可以启发我们对于其他社会安排的理解”(p. 246)。

③ 在此，我联想到法律现实主义对初民法(primitive law)的研究兴趣。卢埃林(Llewellyn)与霍贝尔(Hoebel)的合著是很好的例子。参见 Karl N. Llewellyn and E. Adamson Hoebel, *The Cheyenne Way: Conflict and Case Law in Primitive Jurisprudence* (Norman: University of Oklahoma, 1941)。

正了上述扭曲，但在这样做时，却明示或暗示主张“法律”具有不兼容性和不可比性，即无论法律是什么，毕竟都属于非洲、亚洲和美洲人的所做所为。

钟摆回归的时刻已经到来。我们不应担心对深厚而丰富的法律语言遗产的利用，即便这些法律语言遗产源自欧美的法律传统；同时，我们也不应对以下观点存有芥蒂，这种观点认为在欧美学术中甚至属于核心的法律概念，也并非支配性和不可辩驳的绝对真理。这里所说的是一种相互调适的模式，即一种提炼和反思某些范畴的过程，这些源自不同语言和符号学系统的范畴从而通过比较视角得到提炼和反思。[①] 简言之，如果要做出一项令人信服的解释，表明在比较中揭示了某些重要内容，就必须允许印度教法理学挑战当前流行的对法律的理解。这种方法同样适用于任何此类比较研究，也转而适用于理解印度教法本身。在比较研究中，没有什么能免于修正。但事实上，问题恰恰是一些法律观被视为具有 168
这种免疫力，它看起来如此自然和显而易见，以至于显得不容置疑，尽管这些法律观的历史起源相对较晚，理论上属于混血儿。

印度教法研究的历史过去且迄今为止仍然主要是罗列差异的历史，也是提供理由证明印度教法如何恰好像任何其他法系那样成熟的历史。[②] 这种倾向主要可以归结为印度教法早期研究对现

---

① Jacob Neusner, “Judaism in the History of Religions.” In James S. Heifer, *On Method in the History of Religions* (Middletown: Wesleyan University Press, 1968) 讨论了宗教研究背景下的这一问题。

② 20 世纪早期，印度学者的许多最优秀研究都部分或全部受到后一种关切的推动。例如，Priyanath Sen, *The General Principles of Hindu Jurispridence* (Calcutta: University of Calcutta, 1918), p. 38：“当然，我不是断言印度教法理学各个方面都如人们期望的那么完美，但我希望能表明，它在主要方面与最发达的古代（罗马）法理学相比，也毫不逊色。”

实世界的寓意。在解决实际的法律案件过程中，早期东方学者翻译法论并对印度教法的适用性发表意见，至关重要，而这就有必要把印度教法同英国法区别开来。这种现实世界的做法持续到英国在印度殖民统治的终结，在一定程度上，此后还在延续。英国政府对他们所称的“印度教法”的各种误解、简化和歪曲都被完整记录下来。[1] 但这里我认为，问题的关键是印度之外关于印度教法的研究，在起初，政治与实际利益和研究议题就模糊并妨碍了对这个传统的思想和历史进行更深入的人文主义探究。

换言之，一旦为了从事所谓“非侵入式”殖民行政管理，出于了解印度教法细节的迫切“需要”，就会进入一种惯性，即仅仅是了解**有关**印度教法，而不是**从**中学习。本书的主要目的是阐释印度教法理学中某些关键概念性观念(conceptual ideas)，以便我们能够从印度教有关法律的思考中获得教益。由此而来的知识不是直接用于实践类型的知识，也不可能在当今印度和其他地区提高执行和适用现代印度教法的功效。相反，本书对印度教法的描述旨在揭示所有地方法律体系中尚待解决的问题，并指出印度教针对这些问题所提供的某些答案。

一、印度教法的精神：一个概括

169 在每一章中，我都尝试表明，法论作者所提出的某些关键性

① Bernard Cohn, “Law and the Colonial Stare in India.” In J. Starr and J. F. Collier (eds.), *History and Power in the Study of Law* (Ithaca: Cornell University Press, 1989); Richard W. Lariviere, “Justices and Panditas: Some Ironies in Contemporary Readings of the Hindu Legal Past,” *Journal of Asian Studies* 48: 4(1989): 757-769.

神学概念和责任，如何通过反思日常生活中那些责任所具有的寓意而构建出来。我坚持认为，印度教法概念以及这种法律本身都源于神学运用于日常生活中的过程。

狭义法律概念认为法律仅仅与国家制度、法院和立法机关相联系，法论中达摩所包括内容的广泛性对狭义的法律概念直接提出了挑战。此外，达摩与家户和家庭密切相关，这使法律的关注点转向最普通的社会场域。在此，印度教传统提醒我们，当法律并非不言自明地同日常生活事务隔绝开来时，某些概念的和实际的优势就会涌现出来。

在影响深远的达摩概念中，我们首先考察了正知概念，它是表示达摩渊源的若干词语之一，它涉及的是我们如何认知达摩。达摩三大主要来源及其相互之间的位阶合起来表明，法律权威依赖于逐步消除人类行为的选择空间。法律的关键任务是消除某些选择，出于历史、文化或政治的原因，这些选择被视为不稳定、不必要、不适当的因素，甚至是危险的因素。法律颇具一种修辞习性，接受这种习性就有必要通过减少日常生活中的选择，既加以限制，又可带来自由。

减少选择并没有消除随着时间流转而不断发展法律的必要性，在通过法律所想象和确立的秩序中，存在某些断裂，减少选择也没有消除修补这些断裂的必要性。弥曼差告诉我们，只有在对法律进行诠释，并使法律服从伦理之善时，才是最完美意义上的法律。诠释通过针对最重要的行为确立原则和具体规则，也致力于消除日常生活中关于如何行动的潜在的无休无止的选择。判断这些或明或暗的原则和具体规则的标准，是处于决定时刻中和面临现实选择的那些人们内心的伦理之善。在印度教传统中，伦理之善一直同种姓制度与人生阶段体系相一致，而这属于所有法论所默认的达摩概念。

印度教法在实体上首先关注债的理念，包括人类之间互相因
170 先天和由契约所欠的具体之债和一般之债。在印度教法理学中，债对整个体系的贯穿和它的范式性作用表明，通过法律的界定和确认，法律某些方面的作用与法治具有同等重要的作用。人们通过承担法律所认可的角色，获得法律的承认和保护。这些角色转而使许多可能会陷入混乱的人类活动具有条理性和目的性。

在印度教法理学中，下述观念补充了债的这些不同作用，即通过承认财产权和所有权，人类使用、创造和占有的实物体现法律上理想化的人际关系，并将这种关系具体化。一方面，财产权确认了令人不安的现实，即财产倾向于强化毫不妥协的不平等，将剥削性社会关系嵌入法律规则和法律角色，使这种关系永久化；另一方面，印度教的财产观认为，所有人都对物质世界拥有不可转让的所有权利益份额，永远不得完全剥夺这种利益份额。后一种观点的伦理诉求至少在一定程度上约束了前一种财产观的恣意蔓延。

在每个涉及实体法的领域，冲突、争端和不确定性都会经常出现。毗耶伐哈罗（疑问与纠纷/审判程序）观念是印度教在达摩范畴内解决这些问题的方案。作为国王的管辖领域，毗耶伐哈罗提供了一系列现实世界的程序，用来管控一种以神学的和超越的关联为基础的体制。最终，印度教法理学中的审判程序使我们明白，真正的正义只有通过传统与理性之间相互冲突但又保有必要的阈限才能实现。在这种具有阈限的社会境遇中，毗耶伐哈罗坚持把义务论的正义观视为公平，同时把根据情境构建的正义观视

为一种伦理美德。

审判程序的结果几乎都是旦陀/刑杖，这是若干惩罚形式的综合性概念。除了威慑和有时的报复后果，惩罚还承载达摩以两种独特的方式存在。第一，旦陀作为国王达摩的另一种形式，作为达摩进入俗世的现世手段。它是国王理想王国（rājya）的精髓，是达摩得到遵守和维持的保证。第二，旦陀允许在现世达摩的范围内犯下可能的错误。每一种法律和宗教体系都需要有赎罪机制，以修补法律秩序之网出现的断裂。旦陀是印度教法中的这种机制。惩罚权经常承载着能力，即有能力挫败对国家统治构成的各种威胁，有能力对危害依法构建的社会秩序的人施加痛苦。不
可否认，这种观点具有价值，我们还应提醒自己，惩罚具有正面 171
效应，首要是允许并确保国家生存，并在个人、共同体甚至社会层面，允许法律秩序出现的许多破损得到修复。

最后，本书中由这七个概念所呈现的印度教法图景来源于法论文本中所赋予的法律想象范围或法律宇宙观。法律实践的重要问题，即使与文本不完全分立，在一定程度上也与文本相距遥远。通过承认习惯法或共同体准则，这些文本本身对法律实践做出回应，并成为现实法律生活过程的内在组成部分。在这里，这些文本所指向的立法和法律制度世界远远超出了文本所述范围。这些文本认可习惯法的效力，并将习惯法作为达摩的合法渊源，但就此止步，再没有深入涉及实践中历史法律制度的细节。结果，如果我们关心实践中印度教法的**历史**，就不能从法论着手，而应着眼于任何历史证据，我们可以从习惯法中发现这种证据。

人们也可以选择印度教法的其他概念研究印度教法，但我相信我所选取的八个概念恰当地强调了这些文本中所体现的各种印

度教法角色、过程和概念。在这些可被阐释的概念中，首先是种姓与人生阶段达摩——种姓与人生阶段的制度——的观念。如要完整说明这个特定概念，需要更多的文字来阐述，但这个观念最根本的前提在达摩观念中得到编码，而达摩观念本身在法论中得到描述。因此在本书中，每当印度教法中涉及达摩概念，都按照上述思路将达摩概念理解为主要的基础性概念。另一个值得单独成章的重要概念是赎罪，我在第六章中论述了它的某些具体内容。赎罪构成理解达摩的早期核心概念，因此，可以被视为印度教传统的精神实质。法论中有大量章节讨论这个论题，足以显示其重要性。但我认为，赎罪的作用似乎与旦陀有关，并常常从属于旦陀，对此我也在第六章中进行了论述。

最后，我把国王置于法论的范围，在某种程度上是间接地论及，有人可能会质疑我这种做法。对于国王达摩及国王职责，我没有独辟专章加以论述，主要理由是我认为，先前对印度教法的研究，特别是兰加和戴瑞特所做的研究，过于关注国王及其在印度教法律想象和印度教法律实践中的作用，对此，我们有证据加以证明。国王常常出现于其他概念性标题中，并确实与婆罗门一
172 起成为印度教法精神中的核心人物。同时，在我看来，这两类人都是种姓和人生阶段体系的构成部分，第一章的论述充分揭示了这两类理想人物的突出地位。当然，在此结构内，婆罗门和国王的历史行动，既建构了法论中所描述的规范，又背离了这些规范。但是，将法论视为一部法典，可能会严重误解第三章所述的印度教法文本和实践的问题。

这八个概念一道为我们提供了了解印度教法精神的坚实框架，并表明法律是日常生活的神学。但是，正如我们在上一章讨

论习惯法时所见，我们很可能，甚至很有必要考虑这一议题的相反表述，即宗教是超凡生活和超越的法律化(legalization)。这种表述未免显得别扭，却揭示了处于宗教制度建构核心的一个重要过程。宗教制度试图捕捉宗教生活中的超越性即超常体验，并把这种体验转译成为可重复的仪轨、伦理和道德准则、赎罪或矫正程序，凡此种种，都具有合法化的特征。这里存在鸡生蛋、蛋生鸡的问题，但只要简单承认两种程序都必须同时发挥作用，同时展现出在印度以及其他可能的地区，宗教与法律之间具有密不可分的联系，我们就能避免探求源头性问题。如果我们将宗教想象成是对超常体验、敬神、信念、人、物和事件施加规则性限制(rule-based limits)的产物，那就必须承认，某些情况下的合法化行为优先于并构成宗教观念和宗教制度的基础。反过来，从法律的角度看，通过以法律规则的形式把如何、何时、为何以及什么这类问题予以具体化，神学就把日常行为置于一个超越的宗教意义框架之中。一言以蔽之，法律使超常具有人为的可控性(humanly manageable)，而宗教使俗常具有人为的意义性(humanly purposeful)。[①]

二、古典印度教法的批判

在上述概括印度教法精神的基础上，有必要在此反思印度教

① 可比较 John Witte, Jr., "Introduction." In J. Witte, Jr. and F. S. Alexander (eds.), *Christianity and Law: An Introduction* (Cambridge: Cambridge University Press, 2008), p. 1:"宗教给法律注入了精神，激励坚守仪轨和正义。法律为宗教提供了结构，推动其有序和组织化。"

173 法理学的缺陷，并针对其法律想象提出可能的批判。可以提出的批判之处甚多，但我只集中评论一个严重缺陷。关于这一点，我发现汉娜·阿伦特(Hannah Arendt)的著作，有助于识别出印度教法律观在涉及人性、正义和平等之类的大问题上所存在的某些盲点。首先看看下面的引文：

> 我们从无国籍人士那里得到的经验中令人惊异的一面是，他们犯罪后在法律上处于有利地位，但事实上似乎是，与犯罪的某些人相比，无辜人所享有的法制保护更容易被完全剥夺……剥夺法制保护……即其所享有的全部权利，不再同具体犯罪相关……无权利的不幸……他们不再属于任何共同体。他们的困境不在于他们在法律面前不平等，而在于没有法律保护他们。
>
> 侵犯人权的犯罪……总是以权利是整体而非局部之善或效益作为借口加以正当化……一旦宗教或自然法的绝对和超越的尺度失去权威，对于个人、家庭、民族或最大群体的成员而言，就不可避免地在法律概念上将权利(right)等同于善(good)。[①]

阿伦特解释的无国籍人士的法律困境，也适用于古典印度教法最严重的缺陷。通过强调吠陀和种姓与人生阶段达摩的伦理之善，古典印度教法理学以人们所熟知的同印度相关的等级制方

---

① Hannah Arendt, *The Portable Hannah Arendt*, ed. Peter Baehr (New York: Penguin, 2000), pp. 36, 40.

式，用那些伦理价值来衡量个人价值。[1] 这样一来，如同在极权体制下，我们今天所认可的人类生存基本权利都受到压制，这种压制在意识形态上几乎没有受到异议。更具体言之，在吠陀世界或种姓和人生阶段达摩中，低种姓的人无任何地位。在这些领域中，低种姓人无权利可言。由于没有法律地位，至少在印度教体系内部，这些群体在改变善和改进自身条件方面，没有任何话语权，也没有机会。

这意味着在印度教法理学中，几乎没有或根本没有关于低种姓的法律。从法论的视角看，这些低种姓的人们大致相当于阿伦特所说的“无国籍人士”的地位。根据这套体系（无一不是绝无仅有），他们不属于任何明确的社会群体，所以几乎没有或根本没有法律或法律保护。

因此，对传统印度教法的主要批判，是认为其未能包含一种 174
平衡性权利意识（balancing sense of right），以对抗过分强调另一端，即过分强调那种狭隘限定的关于善的意识。在“共同达摩”（sādhāraṇadharma）概念及其所描述的基本道德价值中，可以发现这种平衡意识。但法论很少（如果有的话）提供如何将这些价值观带入司法语境的方法。印度教法的体系本身基本将特定人群贬降为无法律地位、道德沦丧以及不属于任何共同体（community-less）的存在。

对这种批判进行反驳，无疑可以从引用阿伦特观点的另一面着手，即超出现行切实可行规模的人类共同体环境和现实制度，

① 关于印度等级制研究的经典著作是 Louis Dumont, *Homo Hierarchicus: The Caste System and Its Implications,* trans. Mark Sainsbury, Louis Dumont, and Basia Gulati (Chicago: University of Chicago Press, 1980)。

人权就无法实现或得到保障。法论提出或至少承认这种环境，尽管它仅仅以否认低等级同高等级享有同样权利和特权的方式，反映了它所处的历史时代。那些与它同时期的古代法理学又何尝不是如此呢?

认为古典印度教法缺乏第五章所分析的合法性概念，这导致了一种含蓄但可能无意的主张，即因为缺乏集权的这种国家，无人拥有法定权利。与之相似的是，阿伦特认为，民族国家范围外的人权诉求注定要失败，并在事实上给无国籍人士带来了更坏的后果。仅就现代世界而言，这种论断似乎很合理，但古代印度所面临的政治形势明显不同。在中世纪的印度，法制大多由中间共同体予以界定和执行。法律保护本身由这些中间共同体提供，仅仅在极少数情况下才由地区内的军事强国提供。

但是，可以在法论中发现关于印度教法精神的系统性论述，很少涉及确保全体人民如何获得法律保护和政治安全保障这一议题。事实上，真实情况似乎与此相反。低种姓人群、非印度教群体、外国人都被不同程度地降格为法律不可知论(legal agnosticism)的地位，一种“我们才不关心你们干什么”的态度。哈尔伯法斯(Halbfass)尖锐地评论了正统达摩讨论中所嵌入的原教主义的种族中心主义和排外主义。[1] 否认印度教法文本在表述达摩上存在这些方面，就会抹杀达摩作者们创作意图的核心特征，即
175 对可以被恰如其分地称为正统印度教的令人信服的表述。法论提供了家居者的印度教神学，这种神学清晰地界定了良好的印度生活方式，法律在此种神学中发挥了主导作用。此外，那种印度教

[1] Wilhelm Halbfass, *India and Europe: An Essay in Philosophical Understanding* (Albany: SUNY Press, 1988), pp. 172ff.

生活与地位和物质都息息相关，以至于世界上许多人实际上都无资格充分参与达摩传统所展示的印度教生活。

对于这种排斥性，在传统萌芽期和发展期，我不感到愤怒或失望。古代世界的每一种宗教传统都有类似的神学。此外，在印度教近代史上，不同学派的印度教神学家都越来越恰当地强调被早期印度教传统所贬低的平衡性权利意识。换言之，印度教神学已经发展出更巧妙的达摩概念，融入了一种明确而又强烈的诉求，即诉求于固定不变、自然天成和原教主义的道德真理。[①]

毫无疑问，我们也可以很容易地发现对印度教法的其他批判或论争。例如，印度教法律文本的学术性特征，标示出系统的实践性法律规则和所颁布的成文法的缺乏，而这些法律规则和成文法原本可以为某个区域的个人权利提供更多保护，并可确保该区域的审判程序更为连贯一致。我通常避免在本书中论及法律实践问题，主要是因为我已在其他地方对于法论与法律实践之间的关系进行了复杂论证，并且在前一章中也有所涉及。

相反，当我们探索印度教法的精神时，我们似乎有义务一开始就向对法律和宗教感兴趣的现代读者，提出引人入胜和扣人心弦的思想。本书的结构和内容均受到这种视角和态度的促动。因此，在本书文末，我不以批判结尾，而是就印度教法之美，做些观察和总结。

---

① 例如，关于扩展性和普遍化的达摩概念，参见 Sarvepalli Radhakrishnan, *The Hindu View of Life* (London: George Allen & Unwin, 1927)。

三、印度教法之美

为了探寻印度教法传统之美并证明这一点，我们可以先从伽达默尔的建议说起——“法律诠释学的作用是提醒我们人文科学的真实过程是什么”。为找到当前法律问题的解决方案，法官或律师必须同时是法律史学家和掌握逻辑学的法学家，伽达默尔给人们留下的印象是，最切实可行的人文主义研究模式是接触过去
176 的文本和思想。[①] 伽达默尔关心的是呈现多种多样的方法，以便借由这些方法，在同前见和对思想的“前理解”的关联中，我们对于过去文本的阅读，赋予我们一种借助和经由历史锻造而成的当下意识。他希望将诠释学活动普遍化，使其成为人文学科认知中不可或缺的必要活动。

印度教法文本即法论既符合也很好地佐证了伽达默尔的论点。首先，在直接层面，印度教法传统运用并发展了自己的诠释学体系，以完成使传统在当下保持活力的相同任务。在此层面，一般说来，印度教法的诠释学，与法律解释学一样，有助于我们“区分什么是各种诠释学的真正共通点：只有通过解释，被理解的意义才能得以具体化和充分实现，但解释活动完全受制于文本本身”[②]。印度教传统中的学者和评注者所从事的活动和产生的文本，准确地抓住了特定情境下早期文本意义表述中的这种悖

---

① Hans-Georg Gadamer, *Truth and Method,* 2nd rev. edn, trans. Joel Weinsheimer (New York: Continuum, 1989), p. 327.

② 同上注，p. 332。

论，并确切地把握了这些可能严重影响适用规则和观念的前见。法论的读者必须注意到其诠释原则和预设的错综复杂性，以便理解和阐述实践操作中的印度教法的想象。

然而，其次一点却是，唯独现代印度教法领域的历史学家（historian of Hindu law）恪守以下观念："对他来说，把自己当成文本的接收者，并接受文本对他提出的主张，根本不可能。"[①] 相反，现代历史学家已经与印度教文本中的理念保持距离："那是他们过去所作所为"和"那是他们过去所作所为"。伽达默尔向我们展示了往返于这种立场的路径，以及经常被歪曲的意涵。[②] 在法论中，我们发现法律诠释学能够发挥作用，但在法论之外，我们不得不追问这些文本能否和应否对今天的我们具有任何意义或相关性。因此，顺着这种思路，我坚持认为，古老印度教法文本的一些教诲，能够且应该对我们当今的思维方式产生影响。我已经尝试接受法论对我和我们阐明的主张，并探索接受此种主张对理解法律和宗教究竟具有什么意义。 177

我从印度教传统中学到的最重要和最美好之事是把法律同宗教和日常生活密切联系起来进行思考的价值。如此多的法律研究都是把强势国家控制作为预设前提，法律与宗教生活相分离，以及法院与家庭之间断裂分立。大家都很自然地将法律与法院和立法机关的活动联系起来，并将其限制在法院和立法机关的活动范围内。甚至其他富有魅力的研究也深受这些预设陷

① Hans-Georg Gadamer, *Truth and Method,* 2nd rev. edn, trans. Joel Weinsheimer (New York: Continuum, 1989), p. 335.

② Edward Said, *Humanism and Democratic Criticism* (New York: Columbia University Press, 2004).

阱之害。[①]

例如，正是这种错误的预设限制致使赫伊津哈(Huizinga)在其经典著作《游戏的人》中，将法律与游戏联系起来。赫伊津哈认为，所有的游戏都是“脱离‘真实’生活，进入暂时可以自行全权控制的活动领域”[②]。根据这种观点，法律类似于游戏，因为法律也是一场其结果或输或赢的竞争。[③] 抽象的正义概念和对与错的概念全都是由后来文化所添加。赫伊津哈关注诉讼、神判以及宣誓断诉，并以此来解释法律类似于游戏，这绝非偶然。我要争论的不是在这些领域所做的比较，而是在这些领域人为地划出一条线，并以此为人类生活中法律所发挥作用的全部范围。如上所述，从概念上把法律从日常生活中抽象出来，会导致彻头彻尾的工具主义，其中法律仅成为实际文化工作的一种工具。但赫伊津哈对法律的限制，实际上揭示了法律如何深深植根于日常生活，因为法律类似游戏的成分显示为更大社会存在的一小部分缩影。此外，在诉讼、神判以及宣誓断诉过程中，以竞赛、规则为基础的游戏本身是生活游戏的升华和再创造。在这一过程中，规则变得更加技术化、更加有力度和更加含有自觉意识。因此，如果认为法律像游戏一样，需要将自己置于“真实生活”之外，

---

① 例如，Marci Hamilton, *God vs. the Gavel: Religion and the Rule of Law* (New York: Cambridge University Press, 2005) 对现代美国以宗教之名实施罪恶和犯罪进行了尖锐和富有启发性的批判。但是，在汉密尔顿看来，宗教与法律、法律与日常生活之间的明确区分是事物的自然状态，是无可置疑或至少不受质疑的真理。他此处所提出的看法并未损及汉密尔顿的论点，尤其不妨碍他的以下主张，即宗教是默认之善。相反，大部分宗教法律研究都需要更细微地研究宗教，并对日常生活中法律的运行保持更开放的态度。

② Johan Huizinga, *Homo Ludens: A Study of the Play-Element in Culture*, trans. R. F. C. Hull (London: Routledge, 1949), p. 8.

③ 同上注，p. 78。

那么伴随而来的主张就是把法律仅仅限定为诉讼和其他司法活动。这种观点尽管有助于洞察处在正式诉讼中法律的某些维度，178
但总体上弱化了我们对法律的理解。

在此提及赫伊津哈把法律和游戏联系起来的言外之意，旨在点破人们普遍地将法律限定在法院和立法机关的活动范围内。在某种程度上，法国大革命后的欧美法律史是不断地将法律仅仅限定在法院和立法机关活动范围内的故事，而法院和立法机关都受国家控制。但是，许多学者在法律多元主义、宗教法或法人类学方面的研究表明，如果根据多少人从概念上理解法律，这种叙事非常有用，但却掩盖现实中的多元法律秩序、替代性规范体制，以及宗教或传统的法律自身获得(self-appropriations)创造性、协调性和安良滋善(good-producing)之潜能。相比之下，印度教法把所有这些统称为达摩，我们不妨自问，把它们都称为法律会有何种益处。

此外，印度教法要求参与“真实生活”，即对真实日常生活的接受，而赫伊津哈却试图把这种真实的日常生活同法律语境剥离开来。法律不仅针对违反规范的行为或旨在通过惩罚恢复法律均衡，即印度教法词语中审判程序和赎罪所构想的场景；法律还意味着且更经常意味着规范的日常运行，即人们遵守法律。在印度教法理学中，习惯法一词标示了这一点。

在现代世俗法律体系背景下，法律渗透到人类生活的方方面面的思想，听起来令人反感，甚至让人感到危险。在权利话语、民主以及适当限制政府权力的时代，由于法律与国家之间存在密切和潜在的关联，我们也有充足理由坚持法律存在边界的法律观。对法律范围实施限制的必要性也与近几个世纪以来的法律职业化有关，这种职业化的转变要求法律有可操作的实际边界。但是，即使较为狭义法律观也有存在的充足理由，与之相反的法律的无所不在的法律观，同样有存在的充足理由。在后一种法律观中，法律标题下多种多样的规范体制得以配备并同时共存。印度教法等宗教法律体系提醒我们，法律或类似法律的程序和制度甚至在最日常的人类环境中发挥作用，法律不必是国家的独占领域，法律可使人类繁荣，正如它可约束人类之恶。

179 印度教法之美在于该传统所强调的重点对于法律的重新定位。首先，这种传统坚持法律无边界，人类生活的方方面面都属于法律范围的一部分。法律领域与生活本身共同扩展。达摩是义务和规则的集合体，这些义务和规则影响每个人并期望每个人予以遵守，同时根据某些人的观点，这些义务和规则也影响每件事，并期望每件事予以遵守。从印度教法对这方面的强调中，我们可以看到法律与日常生活之间的密切联系。其次，人们通常把法律描述为一种制度，这种制度仅仅调控法律所规定的人类行为，但与此相反，印度教法理学却把法律主要描述为人类得以繁荣的制度。繁荣观理念是贯穿本书的目的论，其将种姓和人生阶段制度作为充分实现人类潜能的理想架构。印度教法在指向这种系统性目标的运行中，反过来又从神学上赋予家庭和家族以优先地位，把这两者作为法律的宗教功效得以发挥的核心社会场域。

最后，从比较法角度，我们从印度教法所获得的教益是，尽管法律在某种程度上可以是别的事务，但它也是日常生活的神学。除上述对于法律的重新定位外，这种构想挑战了所有仅仅以彼世和终极来界定的宗教概念，因为这些观点很少考虑宗教思想适用于日常生活。因此，本研究的最终结论可以概括如下：无论何时何地的一套宗教或神学问题（和我所意指的宏观问题：什么意味着人的完全实现？人类在世界上处于何种位置？生命的意义是什么？），一旦同日常行为关联起来进行探讨，答案和结果注定是我们可以称之为法律的规范、制度、修辞和仪轨。

参考文献

PRIMARY WORKS IN SANSKRIT, BY TITLE

梵文原始文献(按题名排序)

Baudhāyanadharmasūtra. In Olivelle, *Dharmasūtras.*

Bṛhadāraṇyaka Upaniṣad. In *The Early Upaniṣads.* Ed. and trans. Patrick Olivelle. New York: Oxford University Press, 1998.

Daṇḍaviveka of Vardhamāna Upadhyāya. Trans. Bhabhatosh Bhattacharya. Calcutta: The Asiatic Society, 1973.

Dharmakośa. Vyavahārakāṇḍa. Ed. Laxman Shastri Joshi. Wai: Prājña Pāṭhaśaḷa Maṇḍala, 1937–1941.

Gautamadharmasūtra. In Olivelle, *Dharmasūtras.*

Mānavadharmaśāstra. Ed. and trans. Patrick Olivelle, *Manu's Code of Law.*

Manusmṛti with the Manubhāṣya of Medhātithi. Ed. and trans. Ganganatha Jha. 10 Vols. Delhi: Motilal Banarsidass, 1999 [1920–1939].

Mīmāṃsānyāyaprakāśa of Apadeva. Ed. and trans. Franklin Edgerton. New Haven: Yale University Press, 1929.

Mīmāṃsānyāyasaṃgraha (A Compendium of the Principles of

Mīmāṃsā) by Mahādeva Vedāntin. Ed. and trans. James Benson. Wiesbaden: Harrassowitz, forthcoming.

Nāradasmṛti. Ed. and trans. Richard W. Lariviere. 2nd edn. Delhi: Motilal Banarsidass.

Sarasvatīvilāsa: Vyavahārakāṇḍaḥ. Ed. R. Shama Shastry. Univ. of Mysore Oriental Library Pubs. Sanskrit Series No. 71. Mysore: Gov't Branch Press, 1927.

Smṛticandrikā of Devaṇabhaṭṭa. Ed. L. Srinivasacharya. Vyavahārakāṇḍa. Vol. 3. Part 2. Gov't Oriental Library Series. Bibliotheca Sanskrita No. 44. Mysore: Gov't Branch Press, 1914.

Tantravārttika of Kumārila. Trans. Ganganatha Jha. Delhi: Sri Satguru, 1983[1903-1924].

Vasiṣṭha-Dharmasūtra. In Olivelle, *Dharmasūtras.*

Vyavahāracintāmaṇi of Vācaspati Miśra. A Digest on Hindu Legal Procedure. Ed. and trans. Ludo Rocher. Gent: University of Gent, 1956.

Yājñavalkvasmṛti with the Mitākṣarā of Vijñāneśvara. Ed. Narayan Ram Acharya. Delhi: Nag, 1985.

SECONDARY WORKS

其他文献

Abel Richard L. (ed.) *The Law & Society Reader.* New York: New York University Press, 1995.

Alexander, Frank S. "Property and Christian Theology." In *Christianity and Law: An Introduction.* Eds. J. Witte, Jr. and F. S.

Alexander. Cambridge: Cambridge University Press, 2008.

Altekar, A. S. *Sources of Hindu Dharma in Its Socio-Religious Aspects*. Sholapur: Institute of Public Administration, 1952.

Arendt Hannah. *The Portable Hannah Arendt*. Ed. Peter Baehr. New York: Penguin, 2000.

Aristotle. *Nicomachean Ethics*. 2nd edn. Trans. Terence Inwin. Indianapolis: Hackett, 1999.

Ball, Milner S. *The Word and the Law*. Chicago: University of Chicago Press, 1995.

Beccaria. *On Crimes and Punishments and Other Writings*. Trans. Richard Davies, ed. Richard Bellamy. New York: Cambridge University Press, 1995.

Benjamin, Walter. "Critique of Violence." In *Reflections: Essays, Aphorism, Autobiographical Writings*. Trans. Edmund Jephcott, ed. with an intro. Peter Demetz. New York: Harcourt, Brace, and Jovanovich, 1978[1921], pp. 277-300.

Berger, Peter. "Sociology and Freedom." *The American Sociologist* 6(1971): 1-5.

Berman, Harold J. *Law and Revolution: The Formation of the Western Legal Tradition*. Cambridge: Harvard University Press, 1983.

"Toward an Integrative Jurisprudence: Politics, Morality, and History." *California Law Review* 76(1988): 779-801.

Bohannan, Paul. *Justice and Judgment among the Tiv*. Prospect Heights, IL: Waveland Press, 1989[1957].

Bourdieu, Pierre. "The Force of Law: Toward a Sociology of the Juridical Field." *Hastings Law Journal* 38(1986-1987): 814-853.

Bowles, Adam. *Dharma, Disorder, and the Political in Ancient India: The Āpaddharmaparvan of the Mahābhārata*. Leiden: Brill, 2007.

Brick, David. "Transforming Tradition into Texts: The Early Development of Smṛti." *Journal of Indian Philosophy* 34(2006): 287–302.

Buitenen, J. A. B. van. "On the Archaism of the Bhāgavata-Purāṇa." In *Kṛṣṇa: Myths, Rites, and Attitudes*. Ed. Milton Singer. Chicago: University of Chicago Press, 1966.

Carmichael, Calum. *The Spirit of Biblical Law*. Athens: University of Georgia Press, 1996.

Certeau, Michel de. *The Practice of Everyday Life*. Trans. S. Rendall. Berkeley: University of California Press, 1984.

Chatterjee Śāstri, Heramba. *The Law of Debt in Ancient India*. Calcutta: Sanskrit College, 1971.

Clooney, Francis X. "Jaimini's Contribution to the Theory of Sacrifice as the Experience of Transcendence." *History of Religions* 25(3)(1986): 199–212.

"Why the Veda Has No Author: Language as Ritual in Early Mimamsa and Post-Modern Theology." *Journal of the American Academy of Religion* 55(4)(1987): 659–684.

Thinking Ritually: Rediscovering the Pūrva Mīmāṃsā of Jaimini. Vienna: De Nobili, 1990.

Cohen, Abraham. *Everyman's Talmud: The Major Teachings of the Rabbinic Sages*. New York: Schocken, 1995[1949].

Cohen, David. *Law, Violence and Community in Classical*

Athens. New York: Cambridge University Press, 1995.

Cohn, Bernard. "Law and the Colonial State in India." In *History and Power in the Study of Law*. Eds. J. Starr and J. F. Collier. Ithaca: Cornell University Press, 1989.

Comaroff, John L. and Simon Roberts. *Rules and Processes: The Cultural Logic of Dispute in an African Context*. Chicago: University of Chicago Press, 1981.

Cover, Robert M. "Foreword: *Nomos* and Narrative." *Harvard Law Review* 97(1983–1984): 4–58.

"Violence and the Word." *Yale Law Journal* 95(1985–1986): 1601–1629.

Das, Veena. *Life and Words: Violence and the Descent into the Ordinary*. Berkeley: University of California Press, 2006.

Davis, Jr., Donald R. "Recovering the Indigenous Legal Traditions of India: Classical Hindu Law in Practice in Late Medieval Kerala." *Journal of Indian Philosophy* 27(3)(1999): 159–213.

"Being Hindu or Being Human: A Reappraisal of the puruṣārthas." *International Journal of Hindu Studies* 8(1–3)(2004): 1–27.

The Boundaries of Hindu Law: Tradition, Custom, and Politics in Medieval Kerala. Corpus Iuris Sanscriticum et Fontes Iuris Asiae Meridianae et Centralis. Vol. 5. Ed. Oscar Botto. Torino (Italy): CESMEO, 2004.

"*Dharma* in Practice: *Ācāra* and Authority in Medieval Dharmaśāstra." *Journal of Indian Philosophy* 32(5)(2004): 813–830.

"Intermediate Realms of Law: Corporate Groups and Rulers in Medieval India." *Journal of the Economic and Social History of the Orient* 48(1)(2005): 92–117.

"A Realist View of Hindu Law." *Ratio Juris* 19(3)(2006): 287–313.

"Hinduism as a Legal Tradition." *Journal of the American Academy of Religion* 75(2)(2007): 241–267.

"Maxims & Precedent in Classical Hindu Law." *Indologica Taurinensia* 33(2007): 33–55.

"The Non-Observance of Conventions: A Title of Hindu Law in the *Smṛticandrikā*." *Zeitschrift der Dentschen Morgenländischen Gesellschaft* 157(1)(2007): 103–124.

"On Ātmatuṣṭi as a Source of Dharma." *Journal of the American Oriental Society* 127(3)(2007): 279–296.

"Before Virtue: Halakhah, Dharmaśāstra, and What Law Can Create." *Law & Contemporary Problems* (2008): 99–108.

"Law." In *Studying Hinduism: Key Concepts and Methods*. Eds. Sushil Mittal and Gene Thursby. New York: Routledge, 2008.

"An Historical Overview of Hindu Law." In *Hinduism and Law: An Introduction*. Eds. T. Lubin, D. R. Davis and J. Krishnan. Cambridge: Cambridge University Press, forthcoming.

"Matrilineal Adoption, Inheritance Law, and Rites for the Dead among Hindus in Medieval Kerala." In *Essays in Honor of Patrick Olivelle*. Ed. Steven Lindquist. Firenze: Firenze University Press, forthcoming.

Day, Terence P. *The Conception of Punishment in Early Indian Litera-*

ture, Waterloo: Wilfred Laurier University Press, 1982.

Derrett, J. Duncan M. (ed.) *An Introduction to Legal Systems*. New York: Praeger, 1968.

Derrett, J. Duncan M. *Religion, Law, and State in India*. London: Faber, 1968.

History of Indian Law (Dharmaśāstra), Handbuch der Orientalistik Vol. 2. Part 1. Ed. J. Gonda. Leiden/Köln: Brill, 1973.

"Two Inscriptions Concerning the Status of Kammalas and the Application of Dharmaśāstra." In *Essays in Classical and Medieval Hindu Law*. Vol. 1. Leiden: Brill, 1976, pp. 86-110.

Essays in Classical and Modern Hindu Law. 4 Vols. Leiden: Brill, 1976-1978.

Douglas, Mary. *Purity and Danger: An Analysis of Concepts of Pollution and Taboo*. London: Routledge, 1966.

Dumont, Louis. *Homo Hierarchicus: The Caste System and Its Implications*. Trans. Mark Sainsbury, Louis Dumont, and Basia Gulati. Chicago: University of Chicago Press, 1980.

Dumont, Louis and David Pocock. "For a Sociology of India." *Contributions to Indian Sociology* 1(1)(1957): 7-22.

Engel, David. "Law in the Domains of Everyday Life: the Construction of & Community and Difference." In *Law in Everyday Life*. Eds. A. Sarat and T. Kearns. Arm Arbor: University of Michigan Press, 1993.

Fuller, C. J. *The Camphor Flame: Popular Hinduism and Society in India*. Rev edn. Princeton: Princeton University Press, 2004.

Gadamer, Hans-Georg. *Truth and Method*. 2nd rev. edn. Trans. J.

Weinsheimer and D. G. Marshall. New York: Continuum, 1989.

Ganguly, J. N. C. "Hindu Theory of Property." *Indian Historical Quarterly* 1(1925): 265-279.

Geertz, Clifford. "Local Knowledge: Fact and Law in Comparative Perspective." In *Local Knowledge: Further Essays in Interpretive Anthropology*. New York: Basic Books, 1983.

Ghoshal, U. N. *A History of Indian Political Ideas*. Bombay: Oxford University Press, 1959.

Gladstone, W. E. "Proem to Genesis." *The Nineteenth Century* 19(1886): 1-21.

Goffman, Erving. *The Presentation of Self in Everyday Life*. New York: Anchor, 1959.

Gordon, Robert. "Critical Legal Histories." *Stanford Law Review* 36(1984): 57-125.

Hacker Paul. "Dharma in Hinduism." *Journal of Indian Philosophy* 34(2006): 479-496.

Halbfass, Wilhelm. *India and Europe: An Essay in Philosophical Understanding*. Albany: SUNY Press, 1988.

Tradition and Reflection: Explorations in Indian Thought. Albany: SUNY Press, 1991.

Hallisey, Charles. "The Surprise of Scripture's Advice." In *Religious Identity and the Problem of Historical Foundation*. Eds. Judith Frishman, Willemien Otten, and Gerard Rouwhorst. Leiden: E. J. Brill, 2004.

Hamilton, Marci. *God vs. the Gavel: Religion and the Rule of Law*. New York: Cambridge University Press, 2005.

Hart, H. L. A. *Essays on Bentham.* Oxford: Clarendon, 1982.

Hayden, Robert M. *Disputes and Arguments among Nomads: A Caste Council in India.* Delhi: Oxford University Press, 1999.

Hegel, G. W. F. *Elements of the Philosophy of Right.* Trans. H. B. Nisbet, ed. A. W. Wood. New York: Cambridge University Press, 1991.

Heim, Maria. *Theories of the Gift in South Asia: Hindu, Buddhist, and Jain Reflections on Dāna.* New York: Routledge, 2004.

Helmholz, R. H. *The Spirit Classical Canon Law.* Athens: University of Georgia Press, 1996.

Hopkins, Thomas J. *The Hindu Religious Tradition.* Belmont: Wadsworth, 1971.

Huizinga, Johan. *Homo Ludens: A Study of the Play-Element in Culture.* Trans, R. F. C. Hull. London: Routledge, 1949.

Huxley, Andrew (ed.). *Religion, Law and Tradition: Comparative Studies in Religious Law.* London: Routledge, 2002.

Jameson, Frederic. *The Political Unconscious: Narrative as a Socially Symbolic Act.* Ithaca: Cornell University Press, 1981.

Jha, Ganganath. *Manusmṛti: With 'Manubhāṣya' of Medhātithi.* 10 Vols. 2nd edn. Delhi: Motilal Banarsidass, 1999[1920–1939].

Johansen, Baber. "Secular and Religious Elements in Hanafite Law: Function and Limits of the Absolute Character of Government Authoity." In *Islam et Politique au Maghreb.* Eds. E. Gellner and J. Vatin. Paris: Centre National de la Recherche Sciencifique, 1981.

Jolly, Julius. *Hindu Law and Custom.* Trans. Batakrishna Ghosh.

Calcutta: Greater India Society, 1928.

Kamali, Mohammad Hashim. *Principles of Islamic Jurisprudence*. 3rd edn. Cambridge: Islamic Texts Society, 2003.

Kane, P. V. *History of Dharmaśātra*. 5 Vols. Poona: BORI, 1962-1975.

Keller, Nu Ha Mim (trans.). *Al-Maqasid: Nawawi's Manual of Islam*. Rev. edn. Beltsville, MD: Amana, 2002.

Kirfel, Willibald. "Frühgeschichte des Eigentums in Altindien." *Anthropos* 60(1965): 113-163.

Klostermeier, Klaus K. *Survey of Hinduism*. 2nd edn. Albany: SUNY Press, 1994.

Kumar, Dharma. "Private Property in South Asia? The Case of Medieval South India." *Comparative Studies in Society and History* 27(2)(1985): 340-366.

Kuttner, Stephan. "Harmony from Dissonance: An Interpretation of Medieval Canon La." In *The History of Ideas and Doctrines of Canon Law in the Middle Ages*. London: Variorum Reprints, 1980.

Lariviere, Richard W. "Witness as the Basis for all Other Modes of Proof in Hindu Law." *Adyar Library Bulletin* 51(1987): 60-70.

"Justices and Paṇḍitas: Some Ironies in Contemporary Readings of the Hindu Legal Past." *Journal of Asian Studies* 48(4)(1989): 757-769.

"Law and Religion in India." In *Law, Morality, and Religion: Global Perspectives*. Ed. Alan Watson. Berkeley: University of California Press, 1996.

"Dharmaśāstra, Custom, 'Real Law,' and 'Apocryphal' Smṛtis." *Journal of Indian Philosophy* 32(2004): 611-627.

Lingat, Robert. "Les Quaere Pieds du Procé." *Journal Asiatique* 250 (1962): 489-503.

The Classical Law of India. Trans. J. D. M. Derrett. Berkeley: University of California Press, 1973.

Litowitz, Douglas. "Gramsci, Hegemony, and the Law." *Brigham Young University Law Review* 2000(2)(2000): 515-552.

Llewellyn, Karl N. and E. Adamson Hoebel. *The Cheyenne Way: Conflict and Case Law in Primitive Jurisprudence*. Norman: University of Oklahoma, 1941.

Logan, William. *Malabar*. 2 Vols. New Delhi: Asian Educational Service, 1995[1887].

Lubin, Timothy. "Authority." In *Hinduism and Law: An Introduction*. Eds. Timothy Lubin, Jayanth Krishnan, and Donald R. Davis, Jr. Cambridge: Cambridge University Press, forthcoming.

MacCormack, Geoffrey. *The Spirit of Traditional Chinese Law*. Athens: University of Georgia Press, 1996.

MacIntyre, Alasdair. *After Virtue: A Study in Moral Theory*. 2nd edn. Notre Dame: University of Notre Dame Press, 1984.

Mahmood, Saba. "Ethical Formation and Politics of Individual Autonomy in Contemporary Egypt." *Social Research* 70(3)(2003): 1501-1530.

Maine, Henry Sumner. *Ancient Law: Its Connection with the Early History of Society and Its Relations to Modern Ideas*. London:

John Murray, 1861.

Malamoud, Charles. "The Theology of Debt in Brahmanism." In *Cooking the World: Ritual and Thought in Ancient India.* Trans. David White. Delhi: Oxford University Press, 1996.

Mantena, Karuna. *Alibis of Empire: Social Theory and the Ideologies of Late Imperialism.* Princeton: Princeton University Press, forthcoming.

Marriott, McKim (ed.). *India through Hindu Categories.* New Delhi: Sage, 1990.

Mathur, Ashutosh Dayal. *Medieval Hindu Law: Historical Evolution and Enlightened Rebellion.* Delhi: Oxford University Press, 2007.

Mayne, John D. *A Treatise on Hindu Law & Usage.* 1st edn. Madras: Higginbotham, 1878.

McCrea Lawrence. "Hindu Law and Scriptural Hermeneutics." In *Hinduism and Law: An Introduction.* Eds. Timothy Lubin, Jayanth Krishnan, and Donald R. Davis, Jr. Cambridge: Cambridge University Press, forthcoming.

Mendelsohn, Oliver. "How Indian Is Indian Law?" In *Enculturing Law: New Agendas for Legal Pedagogy.* Eds. M. John and S. Kakarala. New Delhi: Tullika, 2007, pp. 132-157.

Menski, Werner. *Hindu Law: Beyond Tradition and Modernity.* Delhi: Oxford University Press 2003.

Michaels, Axel. *Hinduism: Past and Present.* Princeton: Princeton University Press, 2004.

"The Practice of Classical Hindu Law." In *Hinduism and Law: An* lntroduction. Eds. T. Lubin, D. R. Davis, and J. Krishnan. Cambridge: Cambridge University Press, forthcoming.

Montesquieu. *The Spirit of the Laws*. Trans. and. ed. Anne M. Cohler, Basia C. Miller, and Harold S. Stone. Cambridge: Cambridge University Press, 1989.

Moosa, Ebrahim. "Allegory of the Rule (*Ḥukm*): Law as Simulacrum in Islam?" *History of Religions* 38(1)(1998): 1-24.

Ghazāli and the Poetics of Imagination. Chapel Hill: University of North Carolina Press, 2005.

Narayana Rao, Velcheru, David Shulman, and Sanjay Subrahmanyam. *Textures of Time: Writing History in South India 1600-1800*. New York: Other Press, 2003.

Nelson, J. H. *A View of the Hindu Law as Administered by the High Court of Judicature at Madras*. Madras: Higginbotham, 1877.

Neusner, Jacob. "Judaism in the History of Religions." In *On Method in the History of Religions*. Ed. James S. Helfer. Middletown: Wesleyan University Press, 1968.

Nimmer, David. "'Fairest of them All' and Other Fairy Tales of Fair Use." *Law & Contemporary Problems* 66(1-2)(2003): 263-288.

Nisber, Robert A. *The Sociological Tradition*. New York: Basic Books, 1966.

Ocko, Jonathan K. and David Gilmartin. "State, Sovereignty, and the People: A Comparison of the 'Rule of Law' in China and India." *Journal of Asian Studies* 68(1)(2009): 55-100.

Olivelle, Patrick. "Renouncer and Renunciation in the Dharmaśāstras."

In *Studies of Dharmaśāstra*. Ed. Richard Lariviere. Calcutta: Firma KLM, 1984, pp. 81-152.

The Āśrama System: The History and Hermeneutics of a Religious Institution. New York: Oxford University Press, 1993.

(ed. and trans.). *Dharmasūtras: The Coads of Āpastamba, Gautama, Baudhāyana, and Vasiṣṭha*. Delhi: Motilal Banarsidass, 2000.

"Manu and the *Arthaśāstra*: A Study in Śāstric Intertextuality." *Journal of Indian Philosophy* 32(2-3)(2004): 281-291.

"The Sematic History of Dharma: The Middle and Late Vedic Periods." *Journal of Indian Philosophy* 32(2004): 491-511.

(ed. and trans.), *Manu's Code of Law: A Critical Edition and Translation of the Mānava-Dharmaśāstra*. South Asia Research Series. New York: Oxford University Press, 2005.

"The Power of Words: The Ascetic Appropriation and Semantic Evolution of Dharma." In *Language, Texts, and Society: Explorations in Ancient Indian Culture and Religion*. Firenze: Firenze University Press, 2005.

"Explorations in the Early History of Dharmaśāstra." In *Between the Empires: Society in India 300 BCE to 400 CE*. Ed. Patrick Olivelle. New York: Oxford University Press, 2006

(ed.). *Dharma: Studies in Its Semantic, Cultural and Religious History*. Delhi: Motilal Banarsidass, 2009.

"Dharmaśāstra: A Textual History." In *Hinduism and Law: An Introduction*. Eds. Timothy Lubin, Jayanth Krishnan, and Donald R. Davis, Jr. Cambridge: Cambridge University Press, forthcoming.

Penner, J. E. *The Idea of Property in Law*. Oxford: Clarendon, 1997.

Pollock, Sheldon. "The Idea of Śāstra in Traditional India." In *Shastric Traditions in Indian Arts*. Ed. A. L. Dallapiccola. Wiesbaden: Steiner, 1989.

"Playing by the Rules: Śāstra and Śāstric Literature." In *Shastric Traditions in Indian Arts*. Ed. A. L. Dallapiccola. Wiesbaden: Steiner, 1989.

Postema, Gerald. *Bentham and the Common Law Tradition*. Oxford: Clarendon Press, 1986.

Prasad, Leela. *Poetics of Conduct: Oral Narrative and Moral Being in a South Indian Town*. New York: Columbia University Press, 2007.

Radhakrishnan, Sarvepalli. *The Hindu View of Life*. London: George Allen & Unwin, 1927.

Radin, M. *Reinterpreting Property*. Chicago: University of Chicago Press, 1993.

Rawls, John. *A Theory of Justice*. Cambridge: Belknap/Harvard University Press, 1971.

Reinhart, A. Kevin. "Islamic Law as Islamic Ethics." *Journal of Religious Ethics* 11(2)(1983): 186–203.

"Transcendence and Social Practice: *Muftīs* and *Qāḍīs* as Religious Interpreters." *Annales Islamologiques* 27(1993): 5–28.

Ricoeur, Paul. *Interpretation Theory: Discourse and the Surplus of Meaning*. Fort Worth: TCU Press, 1976.

The Just. Trans. David Pellauer. Chicago: University of Chicago

Press, 2003.

Rocher, Ludo. "Ancient Hindu Criminal Law." *Journal of Oriental Research Madras* 24(1954–1955): 15–34.

(ed. and trans.). *Vyavahāracintāmaṇi by Vācaspati Miśra: A Digest of Hindu Legal Procedure.* Gent: Vanmelle, 1956.

"'Lawyers' in Classical Hindu Law." *Law and Society Review* 3(1969): 383–402.

"Hindu Law and Religion: Where to Draw the Line?" In *Malik Ram Felicitation Volume.* Ed. S. A. J. Zaidi. New Delhi: Malik Ram Felicitation Committee, 1972.

"Schools of Hindu Law." In *India Maior: Congratulatory Volume Presented to J. Gonda.* Eds. J. Ensink and Peter Gaeffke. Leiden: Brill, 1972.

"Karma and Rebirth in the Dharmaśāstras." In *Karma and Rebirth in Classical Indian Traditions.* Ed. Wendy Doniger O'Flaherty. Berkeley: University of California Press, 1980.

"Inheritance and *Śrāddha*: The Principle of 'Spiritual Benefit.'" In *Ritual, State and History in South Asia. Essays in Honour J. C. Heesterman.* Eds. A. W. Van den Hoek, D. A. Kolff, and M. S. Oort. Leiden: Brill, 1992, pp. 637–649.

Jīmūtavāhana's Dāyabhāga: The Hindu Law of Inheritance in Bengal. New York: Oxford University Press, 2002.

Studies in Hindu Law and Dharmaśāstra. Ed. Donald R. Davis, Jr. Torino: CESMEO, forthcoming.

Rocher, Ludo and Rosane Rocher. "Ownership by Birth: The *Mitākṣarā* Stand." *Journal of Indian Philosophy* 29(2001): 241–

255.

Roy, Kumkum. "Defining the Household: Some Aspects of Prescription and Practicein Early India." *Social Scientist* 22(1994): 3-18.

Said, Edward. *Humanism and Democratic Criticism.* New York: Columbia University Press, 2004.

Salomon, Richard. *Indian Epigraphy: A Guide to the Study of Inscriptions in Sanskrit, Prakrit, and the Other Indo-Aryan Languages.* New York: Oxford University Press, 1998.

Sarat, Austin and Thomas Kearns. "Beyond the Great Divide: Forms of Legal Scholarship and Everyday Life." In *Law in Everyday Life.* Eds. A. Sarat and T. Kearns. Ann Arbor: University of Michigan Press, 1993.

Sarkar, Benoy Kumar. "The Theory of Property, Law, and Social Order in Hindu Political Philosophy." *International Journal of Ethics* 30(3)(1920): 311-325.

"The Hindu Theory of the State." *Political Science Quarterly* 36(1)(1921): 79-90.

Sarkar, U. C. *Epochs in Hindu Legal History.* Hoshiarpur: Vishveshvaranand Vedic Research Institute, 1958.

Scharfe, Hartmut. *The State in Indian Tradition.* Handbuch der Orientalistik 3: 2. Leiden: Brill, 1989.

Schofer, Jonathan W. *The Making of a Sage: A Study in Rabbinic Ethics.* Madison: University of Wisconsin Press, 2005.

Sen, Priyanath. *The General Principles of Hindu Jurisprudence.* Calcutta: University of Calcutra, 1918.

Shapiro, Scott J. "Authority." In *The Oxford Handbook of Jurisprudence and Philosophy of Law*, eds. Jules Coleman and Scott Shapiro. New York: Oxford University Press, 2002.

Sircar, D. C. "Glimpses of *Ācāra* and *Vyavahāra* in Early Indian Literary and Epigraphic Records." In *Studies in Dharmaśāstra*. Ed. Richard W. Lariviere. Calcutta: Firma KLM, 1984, pp. 3–14.

Sontheimer, Günther-Dietz. *The Joint Hindu Family: Its Evolution as a Legal Institution*. Delhi: Munshiram Manoharlal, 1977.

"Religious Endowments in India: The Juristic Personality of Hindu Deities." In *Essays on Religion, Literature and Law*. Eds. H. Brückner, A. Feldhaus, and A. Malik. New Delhi: Manohar, 2004.

Spellman, J. W. *Political Theory of Ancient India*. Oxford: Clarendon Press, 1964.

Tamanaha, Brian Z. *On the Rule of Law: History, Politics, and Theory*. Cambridge: Cambridge University Press, 2004.

Law as a Means to an End: Threat to the Rule of Law. New York: Cambridge University Press, 2006.

Umphrey, Martha Merrill, Austin Sarat, and Lawrence Douglas. "The Sacred in Law: An Introduction." In *Law and the Sacred*. Eds. A. Sarat, L. Douglas, and M. M. Umphrey. Stanford: Stanford University Press, 2006.

Vikør, Knut. *Between God and the Sultan: A History of Islamic Law*. New York: Oxford University Press, 2005.

Waldron, Jeremy. "Property Law." In *A Companion to Philosophy of Law and Legal Theory*. Ed. Dennis Patterson. Malden, MA:

Blackwell, 1996.

Weiss, Bernard G. "Interpretation in Islamic Law: The Theory of *Ijtihād.*" *American Journal of Comparative Law* 26 (1977–1978): 199–212.

The Spirit of Islamic Law. Athens: University of Georgia Press, 1998.

Wezler, Albrecht. "Dharma in the Vedas and the Dharmaśāstras." *Journal of Indian Philosophy* 32, (2004): 629–654.

White, James Boyd, "Rhetoric and Law: The Arts of Cultural and Communal Life." In *Heracles' Bow: Essays on the Rhetoric and Poetics of the Law.* Madison: University of Wisconsin Press, 1985, pp. 28–48.

Whitman, Walt. "Song of Myself." In *Leaves of Grass.* Ed. Jerome Loving. New York: Oxford University Press, 1998[1855].

Wilson, Stephen. *Feuding, Conflict and Banditry in Nineteenth-Century Corsica.* New York: Cambridge University Press, 1988.

Witte, Jr. John and Frank S. Alexander (eds.). *Christianity and Law: An Introduction.* Cambridge: Cambridge University Press, 2008.

索 引

（本索引中页码为原书页码，即本书的边码。原书部分页码标注不全）

Acquisition，取得

according to *śāstra*，根据论（法论）而取得，90

legitimate means of，其合法方式，90

adhikāra，权利，100，115，173

aggregation，整合

in *Mīmāṃsā*，在弥曼差中，57

agriculture，农业，41

alienation，异化，164

animals，动物

killing of，其宰杀/杀生，57，119

anomie，失范，87

anthropology，人类学，108，160，167，178

archetype，原型/典型范式，51，78，81，153

Arendt，H.，阿伦特，173

Arthaśāstra，《利论》，75，133

arthavāda，释义，参见 explanation，解释

Asahāya，阿萨哈耶，15，73，76，97，109，150

Aśoka，阿育王，47

assault，伤害/攻击，129，132

ātman，阿特曼/自我，65，89，107

authority，权威，37，40，42，43，45，119，120，144

choice and，选择与权威，46

legal roles and，法律角色与权威，82

of commands，有关命令的，42

of persons，有关人的，42

autonomy，自治性，76，123

as relative and contextual，自治性

是相对化和情境化的，76

bathing，洗浴，4
Beccaria，贝卡利亚，141
Benjamin，W.，本雅明，139—140，142
Berman，H.，伯尔曼，126
Bhagavad-Gītā，《薄伽梵歌》，38
Bhāruci，跋鲁吉，15，97
Bildung，教化，125
Brahmin，婆罗门，34，45，72，74，81，100，107，116，145，146，147，153，164
Buddhism，佛教，33，85

Canon law，天主教教会法，10，21
capital punishment，死刑，131
caste，种姓，18，19，33，100，106，149
Certeau，M. de，塞托，7
children，孩子/子嗣/子女，3，73，82，83
choice，选择
  elimination of through law，通过法律消除，45，76，83，169
Christianity，基督教，89
  church and state，教会与国家，11
Civil law，大陆法，121，166
class，阶层，89
Clooney，F. X.，克鲁尼，65
code-practice problem，文本/典则与实践关系难题，157
Colebrooke，H. T.，科尔布鲁克，97
colonialism，殖民主义，160，168
Comaroff，J. and S. Roberts，科马罗夫和罗伯茨，123
commands，命令/诫命，14，40，41，50，51，68
  in *Mīmāṃsā*，弥曼差中的命令/诫命，49
commentaries，评注，15，21，81，90
  Mīmāṃsā and，弥曼差与评注，56
  purpose of，其目的，20，161
  stock examples in，其中的积累案例，80
Common law，普通法，121，166
community，共同体，163
comparative law，比较法，166
comparison，比较，166
conflict，冲突，109
  ethics and，伦理与冲突，113

conservative social theory，保守的社会理论，162—164
content-independence，内容独立，40
contracts，契约/合同，75，82
corporal punishment，身体刑，131
corporate groups，合作团体，122，151，152
punishment within，其内部的惩罚，133，154
crime，犯罪
six categories of，六类犯罪，129
crossing guards，过街协警，4
culture，文化
law and，法律与文化，83
customary law，习惯法，27，117，171
as source of *dharma*，作为达摩渊源的习惯法，30
authority and，权威与习惯法，150
contrasted with *ācāra*，习惯法与 *ācāra*（印度教法中的“习惯法”）相比较，145，147
Dharmaśāstra as systematization of，作为对习惯法系统化的法论，150
legal history and，法律史与习惯法，158

Das，V.，达斯，7
deadbeat dad，未尽扶助和养育责任的父亲，83
debt，债/债孽，169
congenital，先天之债，71，82
contractual，契约之债，71，81
property and，财产与债，95
theology of，债之神学，71
decree，敕令，120，133，154
Derrett，J. D. M.，戴瑞特，59，90，93，99，100
deterrence，威慑，137
Devaṇṇabhaṭṭa，提婆那跋多，111
Dhāreśvara，达累什伐罗，97
dharma，达摩
ācara and，习惯法与达摩，147
as rule and substance，作为规则和要旨，17
contextuality of，达摩的情境性，17
in *Dharmasāstra,* 法论中的达摩，16—19
in *Mīmāṃsā*，在弥曼差中，49，61

justice and，正义与达摩，126
law and，法律与达摩，22
property and，财产与达摩，92
sources of，其渊源，26，27，169
three-fold classification of，其三层类别，118，148
topical divisions of，其主题性划分，19
dharmafication，达摩化，32
Dharmaśāstra，法论，13
as textbooks，作为法书/教科书，15
commentaries on，法论的评注，参见 commentaries，评注
continuity of，其长期存续，22
digests of，法论的汇纂，参见 digests，汇纂
discursive production of，法论是言说/话语推论的产物，146
formats of，其形式，15
legal history and，法律史与法论，157
legal practice，法律实践，146
nature of，其性质，161
not a legal code，其不是法典，14，157，172
Orientalist view of，东方学家的法论观，13
origins of，其来源，14
reliance on *Mīmāṃsā*，对弥曼差的依赖，54，62，
Veda and，吠陀与法论，55
Dharmasūtras，法经，27
digests，汇纂，15，21，118
Douglas，M.，道格拉斯，5
dowry，嫁妆，96

ectype，副本/变型，51，78，153
ekavākyatā，蔼迦伐羯塔（“全体一致”）135
Engel，D.，恩格尔，9
ethical good，伦理之善，39，64，67，102，173
ethical submission，伦理服从，64，66，169
ethics，伦理，63，71，125
event-oriented，事件导向的伦理，65
hermeneutics and 诠释学与伦理，63，69
ethnography，民族志，159
expiation，赎罪，143，170
explanation，解释

in *Mīmāṃsā*，在弥曼差中，51，58，134

family，家庭，35，84，107，169
foreign accounts，外国人的报告，156
formularies，案牍集，156
fronts，前台，85

Gadamer，H-G.，伽达默尔，175
Gaṅgeśa，甘格霞，93
Geertz，C.，格尔茨，8
gift，布施/赠与，75
Gladstone，W. E.，格莱德斯通，6
Goffman，E.，戈夫曼，85
Gramsci，A.，葛兰西，8，86
Guha，R.，古哈，162

Hacker，P.，哈克，17，67，136，147
Halbfass，W.，哈尔伯法斯，174
Hegel，G. W. F.，黑格尔，23，102
hegemony，霸权，86
hermeneutics，诠释学，46，47，63，66，68，69，169，176
  ritual，有关仪式，50
hierarchy，等级/层次/位阶，106
  in sources of law，法律渊源的等级/层次/位阶，31，151
Hindu 印度教的
  not equivalent to Indian，不等同于印度的，158
Hindu jurisprudence，印度法理学，13
Hindu law，印度法，13
  definition of，其概念，13，156
  history and，历史与印度教法，21
  humanities and，人文学科与印度教法，168
  in practice，在实践中，154
  schools of invented，编造出的印度教法学派，97
  vs. law in India，印度教法对印度的法，158
Hinduism，印度教，12，13，23，25，33，37，38，39，70，81，85，106，159，160，174
  household in，其中的家户，参见 householder Hinduism，家居者印度教
history，历史，144
Holmes，O. W.，霍姆斯，15
Horace，贺拉斯，60
household，家户，23，33，169

householder，家居者/家主，35，81
householder Hinduism，家居者印度教，36—39
  elements of，其要素 39
  theology of，其神学，38
Huizinga，赫伊津哈，177
ḥukm（command），命令，68
hygiene，卫生，5

ideal legal subject，理想的法律主体，72，146
ideal person，理想人物，理想状态的人，64，73
ijmā'（consensus），公议，30
imperfection，不完美性，138，170
impersonalism，非人格主义，55，110
inheritance，继承，96
  two principles of in Hindu law，印度教法的两个原则，99
injunctions，禁令，参见 commands，命令/诫命
inscriptions，铭文，155
interest，利息，74
Islamic law，伊斯兰法，10，30，35，37，42，59，64，68，85，95，121
  marriage in，其中的婚姻，72

Jainism，耆那教，85
Jewish law，犹太教法，10，64
Jīmūtavāhana，吉穆陀伐诃那，98
joint family，联合家庭/大家庭，82，84，95，99，100
  theories of property and，财产与联合家庭理论，100
judgment，判决
  dharma and，达摩与判决，120
justice，正义，113，123，125，170
  as conflict，作为冲突的正义，126
  as virtue，作为美德的正义，126
  embedded in other concepts，嵌于其他概念中，127

Kane，P. V.，凯恩，16，99
karma，业，134—137
  effects of，业的效果/业果，134，136
  ordinary life and，日常生活与业 136
  relative unimportance of in Hindu law，在印度教法中相对不重要，137

Kerala，喀拉拉，100，156
kingship，王权，118
kratvartha，有益于仪式的/行为目标，91
Kṣatriya，刹帝利，34，147
Kullūka，鸠鲁迦，138

labor，劳务，41
land tenure，土地保有权，100
social status and，社会地位与土地保有权，101
language，语言
Mīmāṃsā view of，弥曼差语言观，49
law，法律
as result of interpretation，作为解释的产物，64
as ritual，作为仪式/仪轨，67，142，143
connected to religion and ordinary life，将法律同宗教和日常生活相联系，177
ethical good and，伦理之善与法律，67
ethical rules and，伦理规则与法律，59
European notion of，欧洲法律概念，1
expansive view of，扩展的法律观，23，60，106，179
limitations on，对法律范围实施限制，178
nature of，法律的性质，2
non-textual sources，非文本渊源，151，153
positive character of，法律的积极性，2，37，79，178
recommendations and，建议与法律，60
restricted view of，具有局限性的法律观，37，178
scale of，其规模，9，39，174
sources of，其渊源，25
spirit of，其精神，23
texts and，文本与法律，152
law and society，法律与社会，24，44
Laws of Kātyayana,《迦旃延那法论》，111
Laws of Manu，《摩奴法论》，5，15，31，40，64，72，113，143
Laws of Nārada，《那罗陀法论》，73，74，76，78，109，120

Laws of Śaṅkha and Likhita，《商迦与梨基陀法论》，20
Laws of Viṣṇu，《毗湿奴法论》，16，20
Laws of Yājñavalkya，《祭言法论》，17，18，31，116，148
legal imagination，法律想象，119，171
legal representation，法律代理，123
legality，合法性/法制，119，120
  corporate groups and，合作团体，74
legislation，立法，8，25，36，119，120
Lekhapaddhati，《案牍样本》，156
life-stage，人生阶段/生活阶段，18，19，33，46，149
  Mīmāṃsā and，弥曼差与人生阶段，56
liminality，阈限，125，126，127，170
Lingat，R.，兰加，119，120，121
lists，清单，80，96，131
Locke，J.，洛克，105

Mādhava，摩陀婆，111，117，134，135
Mahābhārata，《摩诃婆罗多》，26
Maine，H. S.，梅因，70
Malamoud，C.，马拉默德，71
mantras，祷文
  in *Mīmāṃsā*，在弥曼差中，52
Marco Polo，马可·波罗，156
marriage，婚姻，72，73，82
Marx，K.，马克思，105
meat-eating，食肉，57
Medhātithi，梅达帝梯，17，27，29，30，41，57，58，77，117，145，149，150
  on legal procedure 论审判程序，113—116
micro-history，微观历史，159
Mīmāṃsā，弥曼差，134，135，169
  compared to tax-filing，与报税相对比，53—54
  dharma in，弥曼差中的达摩，32
Mitramiśra，密特罗弥什罗，111，150
mortgage，抵押，74
mp3 files，mp3 文件，101
murder，谋杀，129

names，名称，
  in *Mīmāṃsā*，弥曼差中的名称，

52
Narayanan, M. G. S., 纳拉亚南, 159
natural law, 自然法, 10
necessary liminality. 必要的阈限, 参见 liminality, 阈限
New Logic, 新逻辑/正理派, 93, 94
Nisbet, R., 尼斯比特, 163
norms of restriction and production, 限制性规范与生成性规范, 59
nyāya, 正理, 111, 113

obligation. 债务/责任, 参见 debt, 债
Oliville, P., 奥利维尔, 38, 46, 56
option, 选择, 46
in *Mīmāṃsā*, 弥曼差中的选择, 52, 56
ordinary life, 日常生活, 1, 6, 55
and household, 与家户, 23
compared to sacrifice, 与祭祀相对比, 55
debt in, 其债, 82
definition of, 其定义, 7
law and, 法律与日常生活, 2, 7—10, 148, 149
ownership and, 所有权与日常生活, 107
scope of, 其范围, 7
theology and, 神学与日常生活, 6.
ownership, 所有权, 60
by birth, 因出生而获得, 97
by father's death, 因父亲去世而, 97
multiple, 多重所有权, 100
property and, 财产与所有权, 101

palm-leaf records, 刻写在棕榈叶上的记录, 155
paribhāṣā, 波梨婆沙, 153
Pārthasarath Miśra, 帕特萨罗提·弥什罗, 93
Penance, 赎罪, 参见 *prāyaścitta*, 赎罪
Penner, J. E., 彭纳, 106
peremption, 优先地位, 40
person, 人, 65, 85, 89
de-centered position of in Hindu law, 在印度教法中的非中心地位, 66
without legal status, 没有法律地

位的人，173
personhood，个人，86，87
property and，财产与个人，103
person-in-role，角色化的个人，85，86
piṇḍa，98，宾陀/家祭品
play，游戏，177
pluralism，多元主义，2，9，24，178
positivism，实证主义，2
power，权力，163
Prabhākara，波罗婆迦罗，60，93
practice，实践，144，151，175
Pratāparūdra，普罗塔波鲁陀罗，97
prāyaścitta，赎罪，117，118，133，137，138，171
precedent，先例，8，67，108
procedure，程序
categorization of，分类，117
dharma and，达摩与程序，109—116
ethics and，伦理与程序，124
four stages of trial，审判的四个阶段，110
jusciue and，正义与程序，124
metaphor of the pots，壶的隐喻，114
not based on *Veda*，不以吠陀为根据，113
ritual substitute for *dharma*，达摩的仪轨/仪式替代物，113，127
ruler's duty，国王职责，114，116
titles of law，法律纠纷类型，110
prohibitions，禁令
in *Mīmāṃsā*，弥曼差中的禁令，52
property，财产
definition of，财产的定义，93
ethics and，伦理与财产，103，170
expanded conception of，扩展的财产概念，107
fractured，可分的财产，100
inheritance and，继承与财产，97
legal personality and，法律人格与财产，104
Mīmāṃsā on，弥曼差关于财产理论，91，93
moveable and immoveable，动产与不动产，94
ontology and，本体论与财产，94
political philosophy and，政治哲学与财产，105

relationships and, 关系与财产, 99, 102, 103
social status and, 社会地位与财产, 101, 105
social stratification and, 社会分层与财产, 170
state and, 国家与财产, 105
theory of, 财产理论, 90, 94
punishment, 惩罚
dharma and, 达摩与惩罚, 129
four forms of, 其四种形式, 130
mitigating circumstances, 减轻情节, 131
positive character of, 其积极性, 138
ritual of law, 法律仪轨, 142
ruler's duty, 国王的责任, 128
varṇāśramadharma and, 种姓与人生阶段达摩和惩罚, 130
purification, 洁净, 5
puruṣārtha, 有益于个人的, 91
Pūrva-Mīmāṃsā-Sūtras, 《前弥曼差经》, 51

Radin M., 雷丁, 104
Raghunātha Śiromaṇi, 罗怙那陀·悉罗摩尼, 93
Rāmāyaṇa, 《罗摩衍那》, 26
rape, 强奸, 129, 131
Rawls, J., 罗尔斯, 109, 124
realism, 现实主义, 2, 24, 131
recidivism, 累犯, 131
Reinhart, A. K., 莱因哈特, 45
relationships, 关系, 71, 83, 99
in *Dharmaśāstra*, 在法论中, 103
law and, 法律与关系, 70
ownership and, 所有权与关系, 102
religion, 宗教, 2
law and, 法律与宗教, 172
religious law, 宗教法, 10—11, 37, 63, 126, 178
bathing and, 洗浴与宗教法, 4
renouncer, 遁世者, 56, 73, 76, 104, 107
rewards, 回报/果报/奖赏
in law, 在法律中, 58, 79
in rirual, 在仪式中, 50
rhetoric, 修辞, 1, 85, 86, 143, 161, 169
right, 权利
vs. good, 权利对善, 174
rights, 权利, 174, 178
rites, 仪式

primary and secondary elements of，其中的主要和次要因素，50
robbery，抢劫，132
Rocher，L.，罗切尔，97，132，141
roles，角色，45，46，66，81，170
caste and life-stage，种姓与人生阶段，88
in law，在法律中，81—88
legal benefits of，其中的法律利益，87
rule of law，法治，42
rhetoric of，其修辞，44
rule of the lawful，合法之治，43
rhetoric of，其修辞，44
ruler，国王/统治者，14，68，107，128，133，154，171
dharma of，国王达摩，114

Śabara，舍波罗，91
sacrifice，祭祀，55，65，66，72，116
sādhāraṇadharma，共同达摩，174
sāhasa, 萨诃萨，132，141
Sarat. A and T. Kearns，萨拉特和克恩斯，7—9
Sarkar B. K.，萨尔卡，139，140—141
śāstra, 论，22
scholasticism，经院哲学，20，21，22，175
secularization，世俗化，2
self，自我，85，86，89
slander，诽谤，129，132
smṛti，圣传经，26
as source of *dharma*，作为达摩的渊源，28—30
social harmony，社会和谐，108，116
social status，社会地位，163
Sontheimer，G-D.，松特海默尔，95，96
special life，特殊生活
ownership and，所有权与特殊生活，107
spiritual benefit，精神利益，96，98
śrāddha，家祭/祖先祭，96
state，国家，2，10，14，25，33，118，133，139，164
as pedagogic institution，作为教育机构，141
state law，国家法，8
stigmatization，可谴责性，84
Strange，T.，斯特兰奇，97

stratification，阶层，89
subaltern studies，底层研究，162
substantive law，实体法，70
Śūdra，首陀罗，151
surety，担保，74
svadharma，特殊达摩，104
Svatvarahasya，《所有权秘义》，94
sympathetic reading，抱持同情心态的解读，162

Tamanaha, B.，塔玛纳哈，43
Tantra，密教/坦特罗，20，38
tautology，同义反复/自我套用
  in textual legal history，在文本法律史中，160
taxes，税，53
teleology，目的论，39，46，61，67，103，106，125，143，179
temple，神庙/寺院，5，122，155
textual statements，文本陈述
  five categories of in Mīmāṃsā，弥曼差中的五种范畴，51
theft，偷盗/盗窃，129，132
theology，神学，1，2，6，62
  definition of，其定义，5—7
  law and，法律与神学，1，4
titles of law，法律纠纷类型，77—80，110，130
  Breach of Contract for Services，违反服务契约，79
  criminal law，刑法，132
  debt and，债与法律纠纷类型，78
  Miscellaneous，其他各类的，132
  Non-Observance of Convention，违反惯例，122，152—154
  Non-Payment of Debts，未偿之债，74
  Non-Payment of Wages，未付工资，80
  Partition of Inheritance，析产，82
  Partnership，合伙，78
  Relations between Men and Women，夫妻关系，82
  Resumption of Gifts，布施/赠与之重启，75
tradition，传统，26，67，73，163，164
transfer，转化
  in *Mīmāṃsā*，在弥曼差中，50
transgressive reading，颠覆性阅读，162
trial，审判，120，152，
triple-debt，三重债，72，74，81，82，88

twice-born，再生人，34，72

Vācaspati Miśra，伐遮斯波提·弥什罗，152
Vaiśya，吠舍，34
Varadarāja，伐罗陀罗阇，112
Vardhamāna，筏驮摩那，129，131，136
varṇāśramadharma，种姓与人生阶段达摩，33，47，55，61，63，67，106，117，138，143，153，169，171，173
  as an ethical good，作为伦理之善的种姓与人生阶段达摩，62
Veda，吠陀，23，26，42，48，49，55，62，73，110，128，146，173
  as source of dharma，作为达摩渊源，27—28
  dharma in，在吠陀中，48
  lost，遗失，28
  semiotic value of，其符号学价值，28
  singular vs. plural，单数形式对复数形式，26
Vedānta，吠檀多，20，38
Vijñāneśvara，毗吉纳奈什伐罗，18，60，61，91，92，97，98，137，148
violence，暴力
  law and，法律与暴力，139
viṣaya，应用范围，31
Viśvarūpa，毗什婆鲁帕，97，150
vyavahāra，毗耶伐哈罗（疑问与纠纷/审判程序）
  folk etymology of，审判程序的俗语，111

Weiss，B.，维斯，37，59
what pleases oneself，自我满足
  as source of dharma，作为达摩渊源，32
Whitman，W.，惠特曼，85
witness，见证人，75
women，妇女/女性，16
  property and，财产与女性，96

Yoga，瑜伽，20

图书在版编目（CIP）数据

印度法的精神 / (美) 唐纳德·R. 小戴维斯著；高鸿钧等译. — 北京：商务印书馆，2023
（法律与社会丛书）
ISBN 978-7-100-22757-5

Ⅰ. ①印… Ⅱ. ①唐… ②高… Ⅲ. ①法律—研究—印度 Ⅳ. ① D935.1

中国国家版本馆 CIP 数据核字（2023）第 138820 号

法律与社会丛书
印度法的精神
〔美〕唐纳德·R. 小戴维斯 著
高鸿钧 袁开宇 鲁楠 等译

商 务 印 书 馆 出 版
（北京王府井大街 36 号 邮政编码 100710）
商 务 印 书 馆 发 行
南京鸿图印务有限公司印刷
ISBN 978-7-100-22757-5

2023 年 11 月第 1 版 开本 890 × 1240 1/32
2023 年 11 月第 1 次印刷 印张 10⅛

定价：62.00 元